决策者是可以被观察出来的

让客户“动”起来

一学就会的销售心理学

圣铎 ☆ 编著

美绘插画版

Psychology 心理学

Sales Psychology

★ 销售是一场心理博弈战 ★

谁能够掌控顾客的心理，
谁就能成为销售的王者！

了解销售心理学，洞察客户心理；
学习销售心理学，提升销售技巧；
掌握销售心理学，赢得客户青睐；
善用销售心理学，增加成功筹码。

杰出销售员的
心理修炼课

四川人民出版社

一学就会的 销售心理学

圣铎 ☆ 编著

四川人民出版社

图书在版编目（CIP）数据

一学就会的销售心理学 / 圣铎编著 . -- 成都 : 四川人民出版社 , 2020.5（2024.2 重印）
ISBN 978-7-220-11632-2

Ⅰ . ①一… Ⅱ . ①圣… Ⅲ . ①销售—商业心理学—通俗读物 Ⅳ . ① F713.55-49

中国版本图书馆 CIP 数据核字 (2019) 第 210908 号

YI XUE JIU HUI DE XIAOSHOU XINLIXUE

一学就会的销售心理学

圣铎　编著

出 版 人	黄立新
策划组稿	张明辉
责任编辑	薛玉茹
营销策划	张明辉
插画绘制	金版文化
责任校对	林　泉
责任印制	祝　健
出版发行	四川人民出版社（成都三色路238号）
网　　址	http：//www.scpph.com
E-mail	scrmcbs@sina.com
新浪微博	@四川人民出版社
微信公众号	四川人民出版社
发行部业务电话	（028）86361653　86361656
防盗版举报电话	（028）86361653
印　　刷	唐山楠萍印务有限公司
成品尺寸	135mm × 180mm
印　　张	14
字　　数	300千
版　　次	2020年5月第1版
印　　次	2024年2月第2次印刷
书　　号	ISBN 978-7-220-11632-2-01
定　　价	78.00元

前言

Preface

不懂销售心理学就做不好销售。消费者做出购买决定的时候，他的内心一定是被某种动机支配着，这种动机就叫作购买动机。购买动机是顾客的购买意愿和冲动，是驱使或引导顾客向着已定的购买目标去实现或完成购买活动的一种内在动力。它是购买行为的直接出发点，消费者正是在购买动机的支配下才会做出购买的决定。研究顾客的购买动机对于销售工作的重要性显而易见。

销售是一场心理博弈战，谁能够掌控顾客的心理，谁就能成为销售的王者！销售员不懂销售心理学，就犹如在茫茫的黑夜里行走，永远只能误打误撞；优秀的销售员往往就像一位心理学家，最明白顾客的心声，善于了解顾客的真实想法，懂得运用最积极有效的心理影响力，让顾客觉得如果不从他这里购买产品就会后悔。不管是潜移默化的影响、善意的引导、平等的交谈，还是巧妙的敦促，优秀的销售员总是能用自己的能力和魅力，为顾客搭建一个愉悦和谐的平台，让销售变得水到渠成。

但是打开顾客的心门，不是仅靠几句简单的陈述就能够实现的。顾客的消费心理需要引导，因为顾客所做出的任何购买行为都是由他的心理来决定的。这就要求销售员要懂得察言、观色、攻心。只要学会观察，学会换位思考，销售员就能轻易地洞察顾客的心理，赢得顾客的信任，达到销售的目的。

世界权威销售培训师博恩·崔西曾明确指出，销售的成功与销售员对人心的把握有着密不可分的联系。在销售的过程中，恰当的心理策略能够帮助销售员取得成功。销售的最高境界不是把产品

“推”出去，而是把顾客“引”进来！所谓“引”进来，就是让顾客主动来购买。掌握了销售心理学，你就可以判断出顾客的性格类型、洞察顾客的心理需求、突破顾客的心理防线、解除顾客的心理包袱、赢得顾客的心理认同，使顾客快速做出购买决定。

为什么顾客会对你的产品产生兴趣，并最终做出购买产品的决定？在这个过程中，顾客的内心是怎么想的？为什么顾客会相信你这位陌生人，接纳你的建议？为什么顾客会被你说服，改变自己先前的看法，进而做出有益于你的决定？为什么你的顾客会变成别人的顾客，这其中顾客会有一个怎样的心理变化过程？……这些问题都是销售中要解决的心理问题。顾客所做出的任何购买行为都是由他的心理来决定的，如果你可以洞察并影响顾客心理的话，就可以引领顾客的行为朝你期望的方向前进，进而最终实现自己的销售目的。所以，每一位销售员要让销售获得成功，就得研究顾客的心理，寻找顾客的心理突破点。

《一学就会的销售心理学》从消费者的心理分析、如何抓住消费者的心理需求、销售中的心理策略、销售员的自我心理修炼等方面深入浅出地对销售心理学做了缜密的逻辑分析和介绍，并汇集了大量相关的销售实战案例，旨在通过这些案例来揭示现实销售活动中顾客的心理规律，让你能够轻松掌握并应对顾客的心理变化，赢得顾客的心理认同，提升你的销售业绩，使你成为销售高手。

了解销售心理学，洞察客户心理；学习销售心理学，提升销售技巧；掌握销售心理学，赢得客户青睐；善用销售心理学，增加成功筹码。

目录

CONTENTS

第一篇 萝卜青菜，必有所爱
——成功销售从了解客户心理开始

第二篇

以锋利之矛攻其心理之盾
——对客户心理弱点进行击破

第三篇 销售是“心”与“心”的较量——博弈术应用

第四篇

成交高于一切
——成交前后，心理学护航

第五篇 你的嘴巴搭建你的舞台
——销售口才中的心理引导术

第六篇

方法总比困难多

——销售员成功的方法和秘诀

第七篇

营销心理就这么简单
——销售员要懂点实用营销心理学

第八篇　年薪百万不是梦
——杰出销售员的心理修炼课

自

第一篇

萝卜青菜，必有所爱

——成功销售从了解客户心理开始

PART 01 客户永远是主角——下足功夫，把握客户心理特征

了解顾客购买动机

销售心理学一点通：要懂得顾客为什么会购买，就必须充分认识顾客的购买动机。

购买动机是顾客的购买意愿和冲动。这种购买意愿和冲动是十分复杂、捉摸不透的心理活动，因此，销售者必须善于识别顾客的购买动机，以把握机遇促成交易。

动机是代表无法直观的内在力量的一种构成。这里所说的内在力量，是指某一项迫切的需求、愿望、需要或感情。这种内在力量也就是人们通常所说的动力。这种动力激发和强迫主体获得某一行为反应，并规定该反应的具体方向。

购买动机是指为了满足顾客需求而驱使或引导顾客向着已定的购买目标去实现或完成购买活动的一种内在动力。它是购买行为的直接出发点。需求与欲望是购买动机形成的基础，而购买动机则是购买行为发生的驱动力。

虽然顾客的购买动机是复杂多变的，但是经过长期的调查

分析和理论研究，人们总结出一些典型的购买动机模式。

1. 生理性购买动机

生理性购买动机是指消费者为维持和延续生命、改善生活的需要所产生的购买动机。根据需要发展的不同层次，生理性购买动机可以分为以下三种：

（1）生存性购买动机

为了维持和延续生命，人们必须满足自身生理机体的一系列需要。在现实中，消费者的某些购买活动，很大程度上受到生存购买动机的支配。特别是在收入水平较低的人群中，其购买力一般都投向基本的生活资料，即首先满足生存的需要。例如，为了充饥，需要购买食品；为了御寒，需要购买服装；为了遮蔽风雨，需要购买住房；为了治病，需要购买药品……

（2）享受性购买动机

人们的基本生活需求得到满足后，就会进一步产生享受的需求。例如饮食不仅为了充饥，还讲究营养和味道；服装不仅为了遮体，还要求合体与美观；房屋不仅为了栖身，还要求宽敞舒适……为了改善生活条件，人们购买了电视机、组合音响、空调等；为了减少家务劳动，增加闲暇时间，人们购买了洗衣机、电冰箱、微波炉、吸尘器等。

（3）发展性购买动机

发展性购买动机是指由于个体的发展需要而引起的购买动机。人的发展需要，分为体力发展需要和智力发展需要两方面。在体力发展方面，为增强体质的需要，消费者购买体育用品及健身器材等；在智力发展方面，为提高智力水平，消费者购买书籍、订阅报刊、学习技术、进修外语等。

2. 心理性购买动机

心理性购买动机是指因消费者的心理活动而引起的购买动机。由于消费者心理活动的复杂性和多样性，导致心理性购买动机的多样化和繁杂化。我们将心理性购买动机大致概括为以下三类：

（1）感性购买动机

感性购买动机是指消费者在购买活动中由于感情变化而引起的购买动机。根据消费者感情的表现和稳定程度，可把感性购买动机分为情感购买动机和情绪购买动机两个类型。

①情感购买动机，即由人的道德观、群体感、美感等人类高级情感而引起的购买动机。例如，人们出于爱国而购买国产货、认购国库券；为了加深友谊而购买节日礼品；为了爱美而购买化妆用品等。情感购买动机通常既受情绪的影响，也受理智的支配和控制，所以具有相对的稳定性和深刻性，往往可以从购买活动中反映消费者的精神面貌。

②情绪购买动机，即由人的喜、乐等情绪而引起的购买动机。例如，某人为了娱乐而买球票、戏票；儿童为了满足一时的乐趣而购买玩具；家庭主妇为了庆祝

节日而买酒、肉等。情绪购买动机一般具有冲动性、即景性和不稳定性的特点，在购买日常生活用品和文娱体育用品时表现较多。

（2）理性购买动机

它是建立在人们对商品客观认识的基础上，经过对商品的质量、价格、用途、式样等进行分析、比较以后而产生的购买动机。例如，个体消费者为了改善生活而购买电冰箱、电视机等高档生活用品；企业为了生产而购买设备，为了解决供电不足而购买发电机；等等。在理性购买动机驱使下的购买活动，比较注意商品的质量。理性购买动机具有客观性、实用性、周密性和控制性的特点。因此，工厂在购买生产资料及个人在购买高档生活消费品时，其购买行为都是在消费者经过周密研究或深思熟虑之后，才做出购买决定的。而生活上或娱乐上的一般消费商品，因价格低、用量少，无论个人或家庭一般都不会经过反复研讨而决定购买，往往由感性购买动机去驱使消费者完成此类购买活动。

（3）习惯性购买动机

它是基于感情上与理智上的经验，对特定的商品、商标、牌号和商店等产生特殊的信任和偏爱，使消费者重复地、习惯性地前往购买的一种购买动机。

形成这一动机的原因是多方面的，可能是由于商品的质量优良、形状美观、声誉好、有特色；或者商店服务周到、陈设美观、商品丰富、价格公平、秩序良好、地点方便等；也可能是品牌、地位、权威等，在消费者的经验中屡经考验，从而树立了良好的形象所致。这种动机因顾客长期惠顾某一种商品或某一店铺而自然形成习惯，虽然在动机形成过程中感情色彩比较浓厚，但都是建立在理智分析比较的基础上的。因此，这种动机的心理活动相对稳定，一般不太容易受别的购买行为的影响而改变动机。而且，此类顾客不但自己经常光顾，对潜在的顾客还有很大的宣传和影响作用，甚至在店铺的商品或服务出现某些差错时，也能给予充分的谅解。一个店铺能否在消费者中广泛激起习惯性购买动机是店铺经营成败的关键，对此，店铺要高度重视。

3. 社会模式和个人模式

社会模式是指由社会因素引起的购买动机，主要受社会文化、社会风俗、社会阶层及参照群体等因素的影响，由社交、归属、成就、尊重等需要引起。

个人模式是指由个人因素引起消费者不同的个体化的购买动机，主要受性别、年龄、气质、兴趣、爱好、修养、文化、能力等因素的影响。

影响购买行为的**个人因素**

销售心理学一点通：不同的人有着不同的消费心理，相应会做出不同的消费决策。

营销大师科特勒指出，世界各地的消费者在年龄、收入、教育水平、品位方面差异巨大，这些造成了消费者购买产品和服务的差别。消费者的购买决策受到若干个人因素的影响，这些个人因素包括学习、动机、生活方式、感觉、态度等。

1. 学习

人们从行动中学习，学习是指个人由于经验而改变其行为。学习理论家认为学习是经由驱动力、刺激、暗示、反应和强化之相互作用而产生的。

2. 动机

一个人在任何时刻都有许多需要，其中某些需要是生理的需要，这些是由于饥饿、口渴，以及其他不适所引起的生理紧张状态；另外一些是心理的需要，这些是由于需要被肯定、受尊敬或归属感等所引起的心理紧张状态。当上述的需要达到某一足够的强度后，即可变成一种动机或驱动力。

动机是一种被刺激的需要，它足以促使一个人采取行动以满足其需要。需要满足之后，人的紧张状态即可解除。消费者的购买行为常受其动机所左右。张三为什么想买一辆汽车？他想追求的是什么？他想满足何种需要？这些都是营销人员要设法去了解的。

3. 生活方式

生活方式包括使用时间和花费金钱的方式。一个人的生活方式通常通过他的活动、兴趣和意见来表达。即使人们来自相同的亚文化、社会阶层或职业群体，也可能有不同的生活方式。譬如，张三可以选择努力工作追求成就的生活方式，也可以选择游山玩水、悠闲自在的生活方式。假如他选择了悠闲自在的生活方式，他可能会腾出许多时间去看电影、逛街或到各地旅游观光。营销人员应设法了解消费者的生活方式。

4. 感觉

感觉是指人利用眼、耳、鼻、舌、身等感觉器官，接受物体的色、香、味、形等刺激而引起的内在反应。感觉是消费者是否决定购买的第一要素。因此，企业应该把商品的外观、色泽等充分展示给消费者，加强其感觉，从而更好地刺激需求，以激发消费者的购买行为。

5. 态度

通过态度研究，人们希望能够更好地预测消费者的行为，但这常常是徒劳的。一是，消费者所声称的意向常常靠不住；二是，从行为的倾向开始，有许多因素能够改变消费者，如一则广告传闻或与家人、朋友的一次谈论。这些难以预测的因素使得态度——哪怕它是有利于倾向指定产品的测量——仅仅是一个不完善的消费者行为预言家。

态度的测量常常过于忽略行为面。因为人们研究态度一般考虑的是态度的认识面（消费者对产品了解多少）和情感面（消费者对

产品怎么想），而经常遗忘了测量意动面（消费者为了获得或避免该产品会打算怎么做）。

具体购买行为的影响因素

销售心理学一点通：任何购买行为绝不是偶然的，其背后隐藏着丰富的支持或干扰因素。

顾客具体购买行为主要包括购买对象、购买理由、购买方式、购买地点、购买时间和购买频率等六种。由于每种购买行为的具体内容不同，其影响因素也不同。

1. 购买对象

购买对象是指顾客在众多的商品之中选择所要购买的具体商品品种和数量。其影响因素主要有：商品品牌、型号、款式、颜色、包装等产品自身因素；市场行情、价格、售前服务、售后服务等营销因素。

2. 购买理由

购买理由是指顾客为什么要购买这种商品，引发购买决策的需要和动机是什么。其影响因素主要有：个人或家庭的生活、学习、工作、兴趣、爱好等各种内在需要；收入增加、商品价格变化、群体压力、上门推销、广告刺激等外在因素。

3. 购买方式

购买方式是指顾客在购买商品时是自己购买或托人购买，商店购买或邮购、电话订购或送货上门，现金购买或使用信用卡，一次性付款或分期付款。其影响因素主要有：个人购买习惯，销售商提供的购买方式的可选择性，方便程度，可靠程度，所耗时间长短等。

4. 购买地点

购买地点是指顾客到哪里购买自己所要购买的商品，惠顾什么样规模、性质和特点的店铺。其影响因素主要有：居住地点区域，交通状况，商业网点的分布，店铺的信誉，服务质量，服务方式，购物环境等。

5. 购买时间

购买时间是指顾客具体的购买时间选择，白天或晚上、平时或周末、节假日、季节转换前后、换季大减价期间。其影响因素主要有：生活习惯，购物习惯，上下班及休息时间安排，商品本身的季节性和时令性等。

6. 购买频率

购买频率是指顾客多长时间购买一次、每次购买多少。其影响因素主要有：商品的寿命、使用周期，消费强度和频率，家庭结构，收入水平，商品更新换代速度等。

PART 02

要钓到鱼，就要先了解鱼想吃什么——掌握客户的消费心理

顾客很看重精神需求

销售心理学一点通：消费者并不是仅限于对产品本身的满足，还有消费之后所带来的精神愉悦和心理的满足感。

根据马斯洛的需求层次理论，消费者的需求是从生理需求向精神需求发展。对于越高层次需求的满足，消费者越愿意支付较高的费用。为此，企业必须采取相应的市场营销策略：通过市场自我细分、产品象征定位、产品设计与劝说性广告赋予相同成本产品更多的附加值，从而为企业带来更多的经济效益。

星巴克的扩张速度让《财富》《福布斯》等顶级刊物津津乐道，仅仅20余年时间，就从小作坊变成在37个国家有1.1万多家连锁店的企业。

星巴克创始人舒尔茨认为星巴克的产品除了咖啡，还有在咖啡店的体验。于是，他在美国推行了一种全新的“咖啡生活”：“顾客心中第一个是家，第二个是办公室，而星巴克则介于两者之间。在这里待着，让人感到舒适、安全和家的温馨。”

“舒适、安全和家的温馨”满足的就是顾客的精神需求。星巴克的每个小店都有诱人、浓郁的环境：时尚且雅致，豪华而亲切。进入星巴克，你会感受到空中回旋的音乐在激荡你的心魄。店内经常播放一些爵士乐、美国乡村音乐及钢琴独奏曲等，这些正好迎合了那些时尚、新潮、追求前卫的白领阶层。他们天天承受着巨大的工作压力，十分需要精神安慰，这样的音乐正好起到了这种作用。

无论是煮咖啡时的“嗞嗞”声，将咖啡粉末从过滤器敲击下来时发出的“啪啪”声，还是用金属勺子铲出咖啡豆时发出的“沙沙”声，都是顾客熟悉的、感到舒服的声音，都烘托出一种“星巴克格调”。听觉享受之外，还有嗅觉享受。人们每次光顾咖啡店都能得到精神上的放松或情感上的愉悦。有相当多的顾客一月之内十多次光顾咖啡店，这是星巴克具有吸引力的最好证明。

一个优秀的销售人员必须注重顾客的精神需求，从而提升产品或服务的价值。很多销售人员在向顾客推荐产品时，自以为只要有毅力坚持下去，就可以获得成交。然而，销售人员的毅力和坚持却常常引起顾客的不耐烦，甚至把对方吓跑。真正聪明的销售员，会在探清顾客的实际需求之后，再采取相应的“诡计”进行销售。除了品牌、质量、价位等因素，现在的很多顾客也非常重视精神上的满足感。比如下文中的娅娅就是这样的典型顾客。

娅娅无意间看到了一则高级美容店的广告，被广告的内容吸引了，便按地址找到了那家美容店。没想到，那个美容店居然坐落于某商业区最贵的地段。娅娅进入门店之后，发现内部装修非常讲究品位，地上铺着柔软舒适的绒毯，所有的家具都是北欧制的高级品。

看到眼前的这番情况，娅娅安下了心，在美容小姐的引导下，娅娅接受了美容护肤服务。虽然娅娅感觉那家店的美容效果和别的店并没有多大的差别，但是那家店向娅娅索要的费用要比一般的美容店高出一大截。虽然钱包大出血，但因为在高级美容店享受到了一流的美容服务，娅娅感到相当满足。仅仅因为这个理由，娅娅至今仍然时常光顾那家美容店。

很多客户进入美容院，真正期待美容师带给他们的，并不单单是“容貌”的改善，还有消费之后所带来的精神愉悦和心理的满足感。随着经济的发展，人们已经开始意识到精神方面的需要，迫切希望能够在这方面有所补偿。针对客户的这种心理需求，我们销售员要采取各种“诡计”来满足，以获得销售的成功及高利润、高提成。

爱占便宜的消费心理

销售心理学一点通：爱占便宜追求的是一种心理满足，每个人都具有这种倾向。

每到节假日或特殊的日子，商场、超市等各大卖场都会不约而同地打出打折促销的旗号，以吸引更多的客户前来消费，而折扣越低的店面，人也就越多。很多人明明知道这只是商家的一种促销手段，但依然争先恐后前往，以求买到比平时便宜的商品。这是为什么？

爱占便宜！爱占便宜是人们比较常见的一种心理倾向。在日常生活中，物美价廉永远是大多数客户追求的目标，很少能听到有人说“我就是喜欢花更多的钱买同样多的东西”，用少量的钱买更多更好的商品才是大多数人的消费态度。

我们不妨看一个案例：

一位顾客在逛超市时发现一个让他百思不得其解的现象，某知名品牌正在促销洗衣粉，然而一袋500克洗衣粉的价格是7.9元，两袋的价格却是17元。也就是说，顾客一次买两袋还没有买一袋划算。他以为自己看错了，就叫来销售人员询问，销售员明确无误地告诉他，这是不会出错的，全国都一样。

通过和其他品牌洗衣粉价格进行比较，这位顾客判定，一袋的价格是标错了，价格肯定是大于8.5元的，他立即决定买一袋回家。他相信，用不了多久，单袋的价格就会调整。

回到家后他将自己在超市看到的奇怪现象告诉了左邻右舍，大家都纷纷前往超市观看，也一致认同这位顾客的判断：

单袋的价格肯定会提高，要不那两袋捆绑在一起的怎么能是促销呢？他们在离开超市时都各自买了一袋洗衣粉回家，有的人甚至买了好几袋。

过了一周，价格依然没被改正过来。最早发现这个现象的那位顾客开始怀疑自己当初的判断：作为全国知名品牌，肯定是有着严格的价格管理制度的，这么长时间过去了，还没调整过来，那只能说明自己的判断是有问题的，也许这个价格的背后隐藏着其他阴谋。

他花了一天的时间来观察这个洗衣粉的销售，前来购买的人络绎不绝，大家都认为这是标错的价格，现在购买一袋是占了便宜的。这下让他彻底明白：原来企业就是要让顾客产生占便宜的心理，最终使销售量得到增长。看来真是买的没有卖的精。

所以，面对这类客户，销售员可以利用这种占便宜的心理，通过一些方式让客户感觉自己占到了很大的便宜，从而心甘情愿地掏钱购买。

对于爱占便宜型的顾客，应善加利用其占便宜心理，如使用价格的悬殊对比或者数量对比进行销售。利用价格的悬殊差距虽然能对销售结果起到很好的效果，但多少有一些欺骗客户的嫌疑。所以，在使用的过程中一定要牢记一点：销售的原则一定是能够帮助到客户，满足客户对产品的需求，做到既要满足客户的心理，又要确保客户得到实实在在的实惠。这样才能避免客户在知道真相后的气愤和反效果，保持和客户长久的合作关系，实现双赢结果。

顾客爱的不一定是便宜，但一定会爱占便宜。爱占便宜是顾客的习性——习惯性行为，人们总希望以最少的投入（包括时间、精力、金钱等）来获取最大的收益。

爱占便宜追求的是一种心理满足，而每个人都或多或少地具有这种倾向，唯一的区别就是占便宜心理的程度深浅。我们所说的爱占便宜的人，通常是指占便宜心理比较严重的那部分人。销售过程中，这类客户不在少数，他们最大的购买动机就是占到了便宜。

让顾客感觉物超所值

销售心理学一点通：当顾客对某一产品感觉物超所值时，就会较为容易地做出购买决定。

市场竞争越来越激烈，消费者对商品越来越挑剔苛刻，往往货比三家、千挑百拣。商家若不下足力气，很难留住消费者的心。在消费者的购买行为中，促使消费者做出购买决定的并不完全是产品本身的价值，消费者感觉价值的判定是消费者是否购买的重要依据。当顾客对某一产品感觉物超所值时，就会较为容易地做出购买决定。

某软件公司销售人员向北京一家贸易公司财务部部长推销一款财务软件。这款软件定价为3600元，部长觉得价格有点高，一直为是否购买而犹豫不决。

看到这种情况，销售人员决定为这位部长算一笔账。他问部长：“部长，对账费时间么？不知道您这边是经常需要对账呢，还是偶尔才需要对一次账呢？”

部长表示，由于这家贸易公司是大型卖场和厂商的中间商，需要在财务上每天和卖场及厂商进行核账，一天起码有3个小时的时间是用在核账上面。部长对此很苦恼。

于是销售人员就趁机说：“我们这款软件的授权使用时间是10年，平均下来每天的成本才1元钱。这1元钱对公司来说，可以忽略不计，而对您的意义可就大为不同。它等于让您每天空出3个小时的时间。您觉得值不值？”

部长肯定觉得值，等到销售人员刚把话说完，他就立即决定购买一套。

让顾客感觉物超所值，牵涉到一个重要概念：顾客价值。顾客价值是以消费者的感官为出发点的概念，是指顾客从购买的产品或服务中所获得的全部感知利益与为获得该产品或服务所付出的全部感知成本之间的对比。如果感知利益等于感知成本，则是“物有所值”；如果感知利益高于感知成本，则是“物超所值”；如果感知利益低于感知成本，则是“物有不值”。

从销售技巧上来看，销售人员最后使客户欣然接受了这款软件的价格，是因为巧妙运用了“除法原则”。销售人员将3600元的财务软件，最后分解为每天的成本才1元钱，使客户在心理上觉得价格足够便宜。但从消费者心理学上来看，销售人员的销售技巧使部长产生了一种物超所值的感觉——花1元钱就能换来3个小时的空闲时间，天底下哪还有这么超值的事？

营销大师科特勒教授曾经说：“除了满足顾客以外，企业还要取悦他们。”随着营销服务的快速发展，以往的“顾

客满意”已经不能得到消费者的青睐。要使产品畅销，使企业永远处于不败之地，应该更为关心顾客是否感动。因为顾客是企业产品和服务的最终购买者，他们的感知对于企业来说就是一切——无论产品或服务实际情况如何，只要顾客感觉好就是好。所以，从顾客价值的角度出发，如果顾客感到一个企业的产品价值高，那么这个企业的产品就有竞争力。为了保持长久的市场竞争力，就要尊重和引导顾客的心理感受。

优秀的销售人员一定要在顾客价值上多做文章，通过抓住让消费者“心动”的关键点，使消费者在心理上产生物超所值的愉悦感和满足感，从而使企业获得销售机会。

第二篇

以锋利之矛攻其心理之盾——对客户心理弱点进行击破

PART 01 销售中的心理学——根据不同的客户制定不同的销售策略

让客户觉得**你是他的朋友**

销售心理学一点通：订单不是我们工作的全部，我们还要在工作中建立友谊。

通过电话与客户沟通时，由于时间短，客户很容易说“不”，而且挂掉电话的情况时有发生。因此，对于销售人员来讲，在电话中与客户建立融洽关系，是推动电话交流的基础。

所谓融洽关系，是指双方在一起交流和谈话时，有一种愉悦的感觉，客户很高兴与工作人员在电话中交流。

1. 了解你的客户

要与客户建立融洽关系，你就必须了解你的客户。你曾亲自去过他们的工厂或办公室吗？你曾经体验过他们的产品或服务吗？大多数的业务员并不了解他们的潜在客户是生产什么产品或提供何种服务的，这是不应该的。你应当用对待自己行业同样的热情来了解你的潜在客户或当前顾客。

然而，许多业务员却极力避开此事。他们说：“我每天要与那么多人通电话，我怎么有时间一一拜访他们呢？不管怎样，我对这个行业已经相当了解了。”请记住，我们所讲的“你要拜访的对象”不是指那些你每天与之通话的数十名对象，而是指那些有可能成为你潜在客户的人。他们已经认同你的商品，决定与你进一步协商。然而，在广大的业务员当中普遍存在一种心态，那就是他们不愿花心思去了解他们的潜在客户所从事的行业。

如果你不能准确地了解潜在客户的消费体验，你至少可以要求看看他们的年终总结、说明书或其他诸如此类的信息，甚至还可以在网上或图书馆里查阅有关该公司的最新报道。这些都是与他们建立融洽关系的基础。

2. 主动承担责任

要与客户建立融洽关系，你就必须让客户觉得你值得信任，你能主动承担责任。

首先，你应当发自内心地坚信，你能为你的潜在客户可能产生的问题提供最好的解决办法。如果潜在客户或者其他什么人要求你谈谈你的公司情况，你应当真诚地回答说：“我们的公司是一家团结一致、顾客至上的公司，我很荣幸为这样的公司效力。”

不过，如果你已经到了成交阶段，你只需要说：“这听起来对我很合适，您怎么想的？”一般来说，对方很可能有两种反应：一是对方愿意回答你的问题，这就表明他愿意成为你的顾客；而另一种，对方可能要拒绝回答你的提问。这时，你就应当对已经出现的问题主动承担起责任并解决它。

为什么呢？因为我们完全信任自己的公司，也对对方有充分的了解，如果此刻对方对我们的建议有什么微词的话，我们要坦率地说出自己的想法，这一点你也要做到。

我们要说的内容大致如下：“对不起，我真的不知道该说什么好。我坚信我们能提供最优质的服务、最合理的价格、最上乘的质量。凭借我们公司在本行业的良好声誉，我想只有一个原因使你不能与我们公司合作，我一定是在刚才的陈述当中犯下了什么不可原谅的错误。因此，我想请你帮一个忙，告诉我究竟是什么地方出了问题。因为，坦诚地说，我们的商品对你们十分适合。在这个重要的事情上犯了错误，我真的很难过。”

事实上，当你对对方的首次拒绝做出责任性的反应后，你往往会收到同样的回应：“不，不，不，这和你没有关系，问题在我们这里。”然后，这位潜在客户就会详细说明存在的障碍。那么，你就会顺理成章地得到你想要的信息，并继续推动你的销售进程。

需要强调的是：尽管这是一个十分有效的技巧，但是它要求你对自己能够在实现诺言的问题上绝对自信。还有，你必须在某种程度上愿意放弃我们常有的“理所当然”的看法。

我们的目标不是要打败你的潜在客户，而是要在前期努力的基础之上与对方建立合作伙伴关系。因此，我们说话的语气要时时保持专业性和亲切性。而且我们应当采用一种严格的、不懈的、专业的方法，永远不要忽略你的潜在客户的购买动机，应尽量使用能够反映客户购买动机的言辞来陈述我们的产品及服务的优良特性。

3. 在工作中建立友谊

订单不是我们工作的全部，我们还要在工作中建立友谊。怎么理解友谊呢？

当你遭到了一个客户的拒绝，你却可以把他的名片放到“两个月后争取”的类别内。你有这种想法，证明你刚才的谈判一定注入了友谊。

反过来，虽然客户拒绝了你，但客户却想：“这人很专业，目前可以暂不签单，将来如果有需要，找他是很合适的。”客户有了这个想法，同样证明你在谈判时发展了友谊。

怎么样才能获得友谊呢？

与客户谈判时我们提倡的是“诚挚”两个字。

好的交易对双方都有利，好的谈判结果是双赢，好的业务电话要以诚为本。也就是说，你的话必须易听、易懂、诚实、可信。

虽然每次与客户的交锋都要涉及利益盈亏、价值准则、处世方法、审美取向等对立的问题，但对立的后面隐含着统一、有共性的东西。如果抱着“诚”字，共性的东西就不难找到。

再说“挚”。你在电话里和客户约定时间，他说：“星期四上午或者下午4点以后吧。”

你说：“哎呀，今天是星期一，张经理，我想能不能再早一点？”

执着、积极、主动，这就是“挚”。

认真衡量你的谈判是否成功，切记订单不是全部。

与客户建立融洽关系，是推动沟通的基础，也是促进成交的基石。融洽的关系一旦被确立，那么客户就会愿意与你一起交流和谈话，这样会使沟通更加顺利，成交也就顺理成章。

学会与不同的人做生意

销售心理学一点通：面对不同的客户，你就要学会运用多种方法去应对。

在生意场上，总会接触到各种各样的客户，他们的素质、风格和处世的方式肯定是不一样的。面对这种情况，你就要学会运用多种方法去应对，一般情况下，这些客户大致可分为以下几类，因而应对的方法也要因人而异。

1. 对待精明的客户

这类客户大多数是生意场上的老手，特别不好对付。如果你不答应他的条件，他就会说“我要走了”这样的话，对你施加压力。他认为这样施加压力后，你就会答应他的苛刻条件。

对于这类客户不能太让步。因为你越让步，他就越会抓住你的弱点，使你吃大亏。此时，你只能据理相争，但也要给他一个台阶，既应当有礼貌，又不放他走，这就需要用话把他说服。

可以对他说：“先生，要走了，明天来了别后悔呀，到明天，或许价格就涨了呢，您没看见这几天货是一天比一天价格高吗？再说我这商品又不错，您也喜欢，何必走呢？来，咱们好好商谈一下，怎么样？”

2. 对待没有主见的客户

通常这类客户做什么事都没主见，总是依赖别人，依赖他所信任的人。他们总是把自己当作一个小孩看待，每做一件事都要和家里人商量，和他所熟悉的人、信任的人商量。有时这类人爱凑热闹。

由于这种人没有主见，总希望与一个有主见的且可信任的人商谈，给他们一些意见，然后他们才去做某件事。

根据这一点，你可先和他们聊天，也就是先取得他们的信任，最后再询问他们要不要。这样就为后面埋下了信任的伏笔。

由于你相对于这类客户来说是有主见的、可信任的人，他就会听从于你的意见，这样就有可能成交了。

可以这样对客户说：“先生，这些商品就在您的眼前，

您又觉得很满意，为什么要和别人商量呢？难道还有人比您更加清楚我的商品吗？以我之见，您就开个订货单吧！您觉得怎么样？”

3. 对待沉默寡言的客户

有的客户话比较少，总是问一句说一句。这不要紧，即使对方反应迟钝也没什么关系，对这种人最好该说什么就说什么。这种不太随和的人说话也是有一句是一句，所以反而更容易成为那种忠实的顾客。

4. 对待知识渊博的客户

知识渊博的人是最容易面对的客户。面对这种客户要多注意聆听对方说话，这样可以吸收各种有用的知识及资料。同时，还应给予自然真诚的赞许。这种人往往宽宏、明智，要说服他们只要抓住要点，不需要说太多的话，也不需要用太多的心思，仅凭此能够达成交易，当然是最理想不过了。

5. 对待爱讨价还价的客户

这种人往往为他们会讨价还价而自鸣得意，所以对这种人有必要满足一下他的自尊心，在口头上可以做一点适当的小小的妥协。比如可以这样对他说："我可是从来没有以这么低的价钱卖过的啊。"或者说："没有办法啊，碰上你，只好便宜卖了。"这样使他觉得比较便宜，又证明了他砍价的本事，他是乐于接受的。

6. 对待疑心重的客户

这种人容易猜疑，容易对他人的说法产生逆反心理。说服这种人的关键在于让他了解你的诚意或者让他感到你对他所提的疑问的重视。比如："您的问题真是切中要害，我也有过这种想法，不过要很好地解决这个问题，我们还得多多交换意见。"

客户的忠诚度会写在脸上

销售心理学一点通：明白客户忠诚类型的多样化，能够帮助我们更好地进行针对性营销。

客户忠诚于某一品牌不是因为其促销或营销项目，而是因为他们得到的价值。影响价值的因素有很多，比如产品质量、客户服务和知名度、美誉度等。不同企业所具有的客户忠诚度差别很大，不同行业的客户忠诚度也各不相同。那些能为客户提供高水平服务的公司往往拥有较高的客户忠诚度。客户忠诚度可以划分为以下几种不同类型：

1. 垄断忠诚

垄断忠诚是指客户别无选择下的顺从态度。例如，政府规定只能有一个供应商，客户就只能有一种选择。这种客户通常是低依恋、高重复的购买者，因为他们没有其他的选择。微软公司就具有垄断忠诚的性质。一位客户形容自己是“每月100美元的比尔·盖茨俱乐部”的会员，因为他至少每个月要为他的各种微软产品进行一次升级，以保证不落伍。

2. 方便忠诚

方便忠诚的客户是低依恋、高重复购买的客户。这种忠诚类似于惰性忠诚。同样，方便忠诚的客户很容易被竞争对手挖走。例如，某个客户重复购买是由于地理位置比较方便，这就是方便忠诚。

3. 惰性忠诚

惰性忠诚是指客户由于惰性而不愿意去寻找其他供应商。这些客户也大都是低依恋、高重复的购买者，他们对公司并不满意。如果其他公司能够让他们得到更多的实惠，这些客户便会很容易被人挖走。拥有惰性忠诚客户的公司应该通过产品和服务的差异化来改变客户对公司的印象。

4. 价格忠诚

对于价格敏感的客户会忠诚于提供最低价格的企业，这些客户很难发展成为忠诚客户。

5. 潜在忠诚

潜在忠诚的客户是低依恋、低重复购买的客户。客户希望不断地购买产品和服务，但是公司一些内部规定或其他的环境因素限制了他们。例如，客户原本希望再来购买，但是卖主只对消费额超过500元的客户提供免费送货，由于商品运输方面的问题，该客户就可能会放弃购买。

6. 激励忠诚

公司通常会为经常光顾的客户提供一些忠诚奖励。这些客户在公司有奖励活动时便来购买，但活动结束时，他们就会转向其他有奖励的或是有更多奖励的公司。

明白客户忠诚类型的多样化，能够帮助我们更好地分析客户的需要，为不同的客户提供不同的服务，以期让更多的客户选择我们！

帮摇摆不定的客户决策

销售心理学一点通：犹豫不决的客户需要别人来帮他做决定。

假设你想买一件衬衫，到百货公司或专卖店选购。在你还未决定到底要买哪种颜色、样式、风格的衬衫时，必定会犹豫不决地在卖场里来回挑选，此时，店员便会走上前来为你服务。

“请问您需要哪种颜色的衬衫？”

“嗯，深蓝色的。”

“深蓝色的吗？这件您觉得如何？”

“花格子衬衫看起来似乎年轻了点，不符合我的年纪。”

“不会啦，您穿起来休闲又帅气，而且款式新颖，又很合您的身材，和您再相配不过了，老实说真是物超所值哩！您还考虑什么呢？”

“噢，是吗？嗯，好吧，就买这件。”

像这类客户和店员间的对话，在日常生活中屡见不鲜，或许你也曾有过类似的经验。只要认真分析一下，你就会发现其中的奥妙。

其实客户在进入商店之前，往往只是单纯地想买件衬衫，对于样式并没有任何考虑。而店员在观察到他犹豫不决的神态后，脑海中便飞快地拟出一套推销策略，并随手拿起一件放在面前的衣服，告诉客户这件衬衫“款式新颖”“很合您的身材”之类的话，让客户不知不觉产生一股“想要买下来”的冲动。

正因为客户在踏进这家店之前，心中还弄不清楚自己究竟想买哪种样式的衬衫，所以在听完店员一席话之后，便以为自

己心目中理想的衬衫就是眼前这一件，于是痛痛快快地买下，而店员也因此成功说服客户成交了一笔生意。

照顾好客户的面子

销售心理学一点通：虚荣之心，人皆有之，唯一的不同便是程度的高低。

你有没有发现：人们总是喜欢与有名气的亲戚和朋友套近乎；办什么事都喜欢讲排场、摆阔气，即使身上没钱，也要打肿脸充胖子；热衷于时尚服装饰物，对时尚的流行产品比较敏感；不懂装懂，害怕别人说自己无知；当受到别人的表扬和夸赞时，沾沾自喜，洋洋得意，自我感觉良好。在现实生活中，这样的人和事为什么如此常见？

虚荣之心，人皆有之，唯一的不同便是程度的高低。

每个人都有虚荣心，爱慕虚荣是一种非常普遍的心理现象。从心理学的角度分析，人们爱面子、好虚荣其实是一种深层的心理需求的反映。因为在生活中，人们不仅要满足基本的生存需求，更要满足各种心理上的需求。尤其是随着社会的发展，物质生活得到很大的满足以后，人们更需要精神上的满足，比如得到别人的尊重和认可、关心和爱护，得到赞美，在交往中体现自身的价值等。虚荣心就是为了得到这些心理满足而产生的。

我们所说的虚荣型顾客是虚荣心比较强的那一部分人。在消费中，虚荣型客户的虚荣心理也会表现得非常明显。虽然家庭经济条件不是很宽裕，但是在购买商品时也要选择比较高档的，在销售员面前要尽量表现得很富有，不许别人说自己没钱、买不起。如果别人对其表示出轻视的态度，其自尊心就会受到很大伤害。这样的现象很多见。

小肖是一家时装店的店员。这天，一位打扮得雍容华贵的女士走进店里，在店里转了两圈后，在高档套装区停了下来。小肖连忙走过来招呼她，礼貌地介绍："小姐，这套服装既时尚又高雅，如果穿在您这样有气质的女士身上，会让您更加高贵优雅。"女士点点头，表示同意。小肖见她很高兴，对这套衣服也比较满意，便又说道："这套衣服质量非常好，相对来说，价格也比较便宜，其他的服装要贵一些，但是又不见得适合您，您觉得怎么样，可以定下来的话我马上给您包起来？"

小肖心想：质量很好，价格又便宜，她肯定会马上购买。但是该女士的反应却出乎预料，听完小肖的话之后，那位女士立刻变了脸色，把衣服丢给小肖就要走，但又回头对小肖说："什么叫作这件便宜？什么又是贵一点的不适合我？你当我没钱买不起是不是？告诉你，我有的是钱，真是岂有此理，太瞧不起人了，走了，不买了！"尽管小肖不停地道歉，那位女士依然很生气地离开了。好好的一笔生意，被她后来加的一句话给搞砸了。

我们当然能看出，那位女士之所以那么气愤，是因为她比较爱慕虚荣，害怕别人说自己没钱，害怕被别人看不起，对"便宜"这个词比较敏感。一般而言，客户购买商品往往会追求实惠和便宜，我们普遍认为"物美价廉"是很多客户的最佳选择，但对于一些虚荣型客户，如果销售人员向他们传达商品便宜、实惠的信息，会无意中刺伤他们的虚荣心，反而让他们拒绝购买。

对付虚荣型的客户，绝对不能伤害他们的面子，相反，要让他们特有面子。比如说，你可以多夸夸他们，这样的话他们就会更愿意花大把的“银子”在你这里。

我们看一下下面这位销售员，他就非常懂得使用抬高客户地位、满足客户虚荣心的小计谋。

在一家法国商店，一对外国夫妇对一只标价万元的翡翠手镯很感兴趣，但由于价格太贵而犹豫不决。销售员见此情景，主动介绍说："有个国家的总统夫人也曾对它爱不释手，但因价钱太贵所以没买。"这对夫妇闻听此言，一种好胜心理油然而生，反而激发起购买欲，当即付钱买下，感觉自己比总统夫人还阔气。

销售员就说了"有个国家的总统夫人也曾对它爱不释手，但因价钱太贵所以没买"这一句话，就以一句抵一万句的效果让客户的虚荣心得到了极大的满足，进而在虚荣的作用下花大价钱买下了手镯。

这位销售员非常明白，虚荣型客户爱在别人面前摆阔气、讲排场，就是为了得到赞美和恭维，让其对自己产生尊重。这样的话，他们就会从心理需求的满足中得到愉悦的心情，从而自我感觉良好。当他们的自尊心、虚荣心得到满足的时候，他们就会风风光光地把东西买走。

PART 02

他山之石，可以攻玉——不可不知的 7 个心理学效应

首因效应：建立有利的第一印象

销售心理学一点通：第一印象是非常重要的，一定要注意保持一个良好的第一印象。

西方有句谚语：“你没有第二个机会留下美好的第一印象。”爱默生曾经说：“你说得太大声了，以至于我根本听不见你在说什么。”换句话说，你的外表、声音、风度、态度和举止所传达的印象有助于使准客户在心目中勾勒出一幅反映你的本质性格的画面。

当你出现在你的准客户面前时，他们看到的是一个什么类型的人呢？他们在刹那间捕捉了一系列你的图像或快照，然后，他们将其中最重要的一些储存进自己的意识中。

有些人认为，在面谈的头10秒钟内就决定了这次谈话是会成功还是将破裂。可能真是这样，我们确实根据在与一个人见面的头几秒钟内所得到的印象，快速做出对他的判断。如果这些判断是不利的，那么所有的销售都不得不首先克服这位专业

推销人员在准客户心中留下的糟糕印象。另一方面，一个有利的印象肯定可以帮助做出销售，而且也不需要硬着头皮、费力地抗争准客户心中对你形成的不利的第一印象。

一位经验丰富的经理说："有一天，一个人来拜访我。他穿得就像一部著名的老剧《上午之后》中的一个角色。他开始做一个好得非同寻常的销售推介，但我老是走神。我看着他的鞋子、裤子，然后再把目光扫过他的衬衫和领带。大部分时间里我都在想，如果这位专业推销人员说的都是真的，那他为什么穿得如此落魄呢？

"他告诉我他手中有很多订单，他有许多客户，他们也购买了大量的这种产品。但他的个人外表致命地显示他说的话不是真的。我最后没有购买，因为我对他的陈述没有信心。"

专业推销人员必须给客户创造出一种好印象，因此，必须有成功的外观、成功的谈吐和成功的姿态。这有助于将销售面谈成功地进行下去。

第一印象是非常重要的，一定要注意保持一个良好的第一印象。客户对你的第一印象依据外表——你的眼神、面部表情等。一个人的外貌对于他本身有影响，穿着得体就会给人以良好的印象，它等于在告诉大家："这是一个重要的人物，聪明、成功、可靠。大家可以尊敬、仰慕、信赖他。他自重，我们也应尊重他。"

只有在对方认同并接受你的时候，你才能顺利进入对方的世界，并游刃有余地与对方交往，从而把自己的事情办成和办好。而这一切的获得在很大程度上与你的外在打扮有关。

大凡给对方留下了好印象的人都善于交往、善于合作，而一个人的仪表是给对方留下好印象的基本要素之一。试想，一个衣冠不整、邋邋遢遢的人和一个装束典雅、整洁利落的人在其他条件差不多的情况下，同去办同样分量的事，恐怕前者很可能受到冷落，而后者更容易得到善待。特别是到陌生的地方办事，怎样给别人留下美好的第一印象更为重要。“人靠衣装马靠鞍”，一个人若有一套好行头，仿佛把自己的身价都提高了一个档次，而且在心理上和气氛上增强了自己的信心。着装艺术不仅给人以好感，同时还直接反映出一个人的修养、气质与情操，它往往能在尚未认识你或你的才华之前，向别人透露出你是何种人物，因此在这方面稍下一点功夫，就会事半功倍。

别人对你的第一印象，往往是从服饰和仪表上得来的，因为衣着往往可以表现一个人的身份和个性。毕竟，要使对方了解你的内在美，需要长久的过程，只有仪表能一

目了然。

办事的顺利与否，第一印象至关重要。不讲究仪表就是自己给自己打了折扣，自己给自己设置了成功的障碍，就是人为地给要办的事情增加了难度。

关怀效应：重视每一个客户

销售心理学一点通：真诚的关心可感化一切，即使是一个毫无希望的无期徒刑犯，照样会被你感动。

关心你的客户，重视你身边的每一个人，不要以貌取人，平等地对待你的客户，是成功推销员的选择。

一位心理学家曾说："为了世界上许多伤天害理的事，我们每一个人的心灵都包扎了绷带。所有的问题都能用关心来解决。"这句话给关心下了一个最好的注脚。日本"推销之神"原一平对此深有体会，在一次讲学时，他讲了下面一个故事。

有一个杀人犯，被判无期徒刑，关在监狱里。因为他被判无期，而且无父母、妻子、儿女，既无人探监也无任何希望，在狱中独来独往，不与任何人打招呼。再加上他健壮又凶恶，也没有人敢惹他。

有一天，一个神父带了糖果与香烟来狱中慰问犯人。神父碰见那位无期徒刑犯，递给他一根香烟，犯人毫不理睬。神父每周来慰问，每次都给他香烟，杀人犯也毫无反应。如此延续了半年之后，犯人才接下香烟，不过还是面无表情。

一年后，有一次神父除了带糖果与香烟，另外带了一箱可乐。抵达监狱后，神父才发现忘了带开瓶器，正在一筹莫展时，那个犯人出现了。他知道神父的困难后，笑着对神父说："一切看我的。"接着，就用他的牙齿把一箱的可乐都打开了。

从那一次之后，犯人不但跟神父有说有笑，而且在神父慰问犯人时，他自动随侍于左右，以保护神父。

这个故事告诉我们：真诚的关心可感化一切，即使是一个毫无希望的无期徒刑犯，照样会被它所感动。一个不幸的人，一旦发觉有人关心他，往往能以加倍的关心回报对方。

戴尔·卡耐基说："时时真诚地去关心别人，你在两个月内所交到的朋友，远比只想别人来关心他的人在两年内所交的朋友还多。"那些不关心别人、只盼望别人来关心自己的人，应时刻拿这句话告诫自己。

某汽车公司的推销员听完原一平的讲座以后，每次在成交之后，客户取货之前，都要花上3～5个小时详尽地演示汽车的操作。这个推销员这样说："我曾看见有些推销员只是递给新客户一本用户手册说：'拿去自己看看。'在我所遇见的人中，很少有人能够仅靠一本手册就搞懂如何操作一辆这样的游艺车。我们希望客户能最大限度地满意我们的关心，因为我们不仅期望他们自己回头再买，而且期望他们介绍一些朋友来买车。一位优秀的推销员会对客户说：'我的电话全天24小时都欢迎您拨打，如果有什么问题，请给我的办公室或家里打电话，我随时恭候。'我们都精通我们的产品，一旦客户有问题，我们一般通过电话就能解决，实在不行，还可以联系别人帮忙。”

原一平说：“你应当记住：关心，关心，再关心。”

存异效应：尊重客户的意见

销售心理学一点通：有多少种人就会有多少种观点，我们没有资格去要求他人的看法与我们步调一致。尊重客户的意见，不仅能为我们赢得客户的尊重，同时也是好修养的体现。

拜访客户或平时交往时，谈论到一些话题常常会发生意见分歧，尤其是针对产品本身的性能、外观等。遇到这样的情况我们该如何应对呢？是凭借我们的专业知识驳倒客户，还是一味地迁就顺从他们？恐怕都不是最佳解决办法。

克洛里是纽约泰勒木材公司的销售人员。他承认，多年来，他总是尖刻地指责那些大发脾气的木材检验人员的错误，他也赢得了辩论，可这一点好处也没有。因为那些检验人员和“棒球裁判”一样，一旦判决下去，他们绝不肯更改。

克洛里虽然在口舌上获胜，却使公司损失了成千上万的金钱。他决定改变这种习惯。他说：“有一天早上，我办公室的电话响了。一位愤怒的主顾在电话那头抱怨我们运去的一车木材完全不符合他们的要求。他的公司已经下令停止卸货，请我们立刻把木材运回来。在木材卸下25%后，他们的木材检验员报告说，55%的木材不合规格。在这种情况下，他们拒绝接受。

“挂了电话，我立刻去对方的工厂。途中，我一直思考着一个解决问题的最佳办法。通常，在那种情形下，我会以我的工作经验和知识来说服检验员。然而，我又想，还是把在课堂上学到的为人处世原则运用一番看看。

“到了工厂，我见购料主任和检验员正闷闷不乐，一副等着抬杠的姿态。我走到卸货的卡车前面，要他们继续卸货，让我看看木材的情况。我请检验员继续把不合格的木料挑出来，把合格的木料放到另一堆。

“看了一会儿，我才知道是他们的检查太严格了，而且把检验规格也搞错了。那批木材是白松，虽然我知道那位检验员对硬木的知识很丰富，但检验白松却不够格，而白松碰巧是我最内行的。我能以此来指责对方检验员评定白松等级的方式吗？不行，绝对不能！我继续观看，慢慢地开始问他某些木料不合格的理由是什么，我一点也没有暗示他检查错了。我强调，我请教他是希望以后送货时，能确实满足他们公司的要求。

“以一种非常友好而合作的语气请教，并且坚持把他们不满意的部分挑出来，使他们感到高兴。于是，我们之间剑拔弩张的气氛消散了。偶尔，我小心地提问几句，让他自己觉得有些不能接受的木料可能是合格的，但是，我非常小心不让他认为我是有意为难他。

“他的整个态度渐渐地改变了。他最后向我承认，他对白松的检验经验不多，而且问我有关白松木板的问题。我对他解释为什么那些白松木板都是合格的，但是我仍然坚持：如果他们认为不合格，我们不要他收下。他终于到了每挑出一块不合格的木材就有一种罪恶感的地步。最后他终于明白，错误在于他们自己没有指明他们所需要的是什么等级的木材。

“结果，在我走之后，他把卸下的木料又重新检验一遍，全部接受了，于是我们收到了一张全额支票。

“就这件事来说，讲究一点技巧，尽量控制自己对别人的指责，尊重别人的意见，就可以使我们的公司减少损失，而我们所获得的良好关系，不是金钱所能衡量的。”

尊重客户的意见并不是要抹杀我们的观点与个性，而是指对方陈述其意见时切勿急于打击、驳倒。礼貌的尊重胜过激烈的雄辩。有多少种人就会有多少种观点，我们没有资格去要求他人的看法与我们步调一致。尊重客户的意见，不仅能为我们

赢得客户的尊重，同时也是好修养的体现。

我们有什么理由不接纳他人的不同意见呢？而且有时因为我们的激烈辩驳，常引发客户强烈的逆反心理与厌恶心理，眼看着能成功的合作也会因此而搁浅。多一份包容心，多一点尊重，最终获益的总是我们自己。

权威效应：以精确数据说服客户

销售心理学一点通：用精确的数据来打消客户的疑虑，可以增强客户对产品的信赖。

在与客户沟通的过程中，你是否经常会为这样的问题产生苦恼：自己已经将产品的基本信息传达给了客户，而且没有一丝虚伪和夸张，可是客户看上去仍然不相信自己。客户到底在担心什么呢？不要说销售人员难以理解，就连客户自己可能都不太清楚。

面对难以理解的客户质疑，有时，即使销售人员反复强调产品的种种优势都无济于事。这时，建议你可以考虑运用精确的数据来打消客户的疑虑，你将会惊奇地发现：运用精确具体的数据等信息说明问题，可以增强客户对产品的信赖。例如，你可以对客户这样说："试验证明，我们公司的产品可以连续使用5万个小时而无质量问题""这种品牌的电器在全国21个市级以上地区的销量都已经超过了160万台""的确，儿童食品尤其要讲究卫生，我们公司生产的所有儿童食品都经过了12道操作严格的工序。另外，在质量监督机构检查以前，我们公司已经进行过5次内部卫生检查”。

现在，很多商家都意识到了这种方法在销售中的巨大作用，所以各大商家在广告宣传中也引用了精确的数据说明。例如，某日用化妆品公司某些产品的广告宣传：

××浴液：“经过连续28天的使用，您的肌肤可以白嫩光滑、富有弹性。”

××洗发水：“可以经得住连续7天的考验。”

××牙膏：“只需要14天，你的牙齿就可以光亮洁白。”

随着市场经济的进一步深入发展，现在的客户沟通中，“拿出证据来”已经越来越被人们重视了，因为证据是最能让别人相信的。

国外一家著名管理咨询公司的资深顾问刘易斯就是一位善于运用数字销售策略的典范。

有一天，刘易斯在推销家用节能燃气厨具时遇到一个被称为“老顽固”的老人，那个“老顽固”当时就直接告诉刘易斯，即使刘易斯的炊具再好他也不会买。

于是第二天刘易斯又专门去拜访了这个“老顽固”。当他见到这位“老顽固”时，便从身上掏出一张1美元的钞票撕了，撕完之后问这位“老顽固”是否心疼。老人说：“你把1美元白白地撕掉，我怎么不心疼呢？”接着他又掏出一张20美元的钞票撕了，撕完之后没舍得扔掉，装进了自己的口袋，然后问：“你还心疼吗？”老人说：“我不心疼，那是你的钱，如果你愿意你就撕吧！”

刘易斯立即说了一句让老人摸不着头脑的话，他说：“我撕的不是我的钱，而是你的钱呀。”老人感觉到很奇怪，问道：“你撕的怎么是我的钱呢？”这时刘易斯从身上掏出一个本子，在上面边写边说道：“你昨天告诉我你家里一共6口人，如果用我的厨具，每一天你可以节约燃气1美元，是不是？”老人说：“是的！但那有什么关系呢？”

刘易斯继续说：“我们不说一天节约1美元，就按每天0.5美元来计算。一年有365天，我们就按360天计算。你告诉我你已经结婚23年了，就按20年计算吧。这就是说在过去的20年里

你没有用我的厨具，这样你就白白浪费了3600美元，难道你还想在未来的20年里再撕掉3600美元吗？”

听到这么惊人的数字后，这个“老顽固”便毫不犹豫地买下了刘易斯的厨具。

采用数据和客户沟通的确能收到事半功倍的效果，但是满足准客户的销售重点是不尽相同的。因此，你必须针对所售商品的销售重点，找出证明它是事实上的最好方法。

证明的方法有很多，下面几种方法可供你参考：

1. 实物展示

实物是最好的一种证明方式，商品本身的销售重点都可通过实物展示得到证明。

2. 利用权威机构的证明

权威机构的证明自然更具权威性，其影响力也非同一般。当客户对产品的质量或其他问题存有疑虑时，销售人员可以利用这种方式来打消客户的疑虑。例如：“本产品经过××协会的严格认证，在经过了连续9个月的调查之后，××协会认为我们公司的产品完全符合国家标准。”

3. 专家的言论

你可收集专家发表的言论，证明自己的说辞。

4. 客户的感谢信

有些客户由于对你公司的服务或帮其解决特殊的问题深表感谢，而致函表达谢意，这些感谢信也是一种有效证明公司实力和服务的方式。

另外，在与客户的沟通中还应注意，很多数据都是随时间和环境的改变不断发生变化的，比如产品销量和使用期限等。为此，你一定要准确把握数据变化，力求给客户提供最准确、最可靠的信息，就像一些非常知名的推销人员所相信的那样：如果能用小数点以后的两位数字说明问题，那就尽可能不要用整数；如果能用精确的数字说明情况，那就最好不要用一个模糊的数字来应付别人。

从众效应：顾客喜欢随大流

销售心理学一点通："羊群效应"的微妙之处在于它提供给客户心理上的安全感，并促使他们做出最后决策。

动物中常常存在这样一种现象：大量的羊群总是倾向于朝同一个方向走动，单只的羊也习惯于加入羊群队伍并随着其运动的方向而运动。这一现象被动物学家称为"羊群效应"。心理学家发现，在人类社会中，也存在着这种"羊群效应"。

心理学家通常把"羊群效应"解释为人们的"从众心理"。"从众"，指个人受到外界人群行为的影响，而在自己的知觉、判断、认识上表现出符合于公众舆论或多数人的行为方式。每个生活在社会中的人都在设法寻求着"群体趋同"的安全感，因而也会或多或少地受到周围人倾向或态度的影响。大多数情况下，我们认为，多数人的意见往往是对的。

顾客"从众心理"的存在给了商家营销的机会。最典型的就是广告的效应，商家通过广告不断地向消费者传递诸如"××明星也用我们的产品""今年的流行是我们引领的"，或者是更直白的“送礼只送×××”之类的广告信息，让消费者觉得所有人都在用我们的产品。

客户在其消费过程中，如果对自身的购买决策没有把握时，会习惯性地参照周围人的意见。通过了解他人的某种定向趋势，为自己带来决策的安全感，认为自己的决策可以避免他人的失败教训，从他人的成功经验中获益。

让客户感觉到他“周围的每个人”都存在某种趋势是销售中一个非常有效的技巧。“羊群效应”为我们带来的就是这样一种全新的说服技巧。销售员在与客户交流的过程中应当设法让客户了解他周围的人都存在着某种趋势，并询问客户“你知道这是为什么吗”，从而有效地利用“群体趋同”产生的能量建立自己的可信度。

另外，“羊群效应”还被证明能够有效地激起客户的好奇心，促使他们想知道更多。如果听说你的产品或服务在市场上产生了极大的影响，客户怎么会不想了解详情呢？

著有《提问销售法》的托马斯·福瑞斯可以说是将“羊群效应”在销售中运用得得心应手的前辈和典范。

1990年，时任KW公司堪萨斯城地区销售经理的托马斯·福瑞斯需要开办一场关于公司CASE工具的研讨会。在尝试各种传统的拜访程序受阻后，福瑞斯想到了“羊群效应”：如果大部分客户都倾向于KW公司的CASE工具，那么其他客户一定也会想了解究竟。

于是福瑞斯改变了策略，他不再乞求客户参加会议，而是让他们知道其他人都会去，并希望他们不会被遗漏在外。

福瑞斯跟客户这样说道：“您好，××先生。我叫托马斯·福瑞斯，是KW公司在堪萨斯城的地区经理。很荣幸通知您，我公司将于8月26日在IBM的地区总部召开CASE应用程序开发研讨会，还记得我们给您发过的请柬吗？

“这次出席我们研讨会的有百事可乐公司、美国运通公司、万事达公司、联邦储备银行、堪萨斯城电力公司、西北寿险等公司的研发经理。当然，这些只是名单中的一小部分。坦率地说，我想这次会议的参加人数可能是破纪录的，将会超过100人。我打这个电话是因为我们还没有收到贵公司的同意回复函，我需要确定您不会被遗漏在外。”

毫无意外，福瑞斯的这次研讨会最终取得了“破纪录”的成功。虽然大多数同意前来的客户都是因为“其他人”也会来，但事实上，当他们来的时候，“其他人”也的确都来了。

在我们的销售过程中，“羊群效应”是一个非常有力的技巧，它可以帮助你建立信用度，同时激发客户的兴趣。当你对你的客户说“我只是想确定您不会被遗漏在外”的时候，他一定会好奇自己可能错过什么东西，并且会主动询问进一步的情况。这就是“羊群效应”的微妙之处，它提供给客户心理上的安全感，并促使他们做出最后决策。

我们应当理解，顾客对于可能发生的交易有可能存在顾虑，尤其是做出重大决定的时候更是如此。而这正是“羊群效应”的价值所在，你因此能够通过激发客户的好奇心，处理异议，告诉客户为什么你的产品或服务是最好的。还有就是当潜在客户有购买的意愿，但嫌价格贵时，这种方法也非常有效。

销售员："刘总，您好！"

客户："小汪，我上回看中的那辆尼桑，还没有谁付订金吧？"

销售员："哦，那个车，客户来了都要看上几眼，好车嘛。但一般人哪买得起，这不，它还等着刘总您呢。"

客户："我确实中意这辆车，你看价格上能否再优惠些，或者我是否有必要换一辆价位低一点的？"

（小汪知道，换车只是刘总讨价还价的潜台词。）

销售员："价格是高了一点，但物有所值，它确实不同一般，刘总您可是做大生意的人，配得上！开上它，多做成两笔生意，不就成了嘛。"

客户：“你们做销售的呀，嘴上都跟抹了蜜似的。”

销售员：“刘总，您可是把我们夸得太离谱了呀。哦，对了，刘总，××贸易公司的林总裁您认识吗？半年前他也在这儿买了一辆跟您一模一样的车，真是英雄所见略同呀。”

客户：“哦，林总，大家谁人不知啊，只是我这样的小辈还无缘和他打上交道。他买的真是这种车？”

销售员：“是真的。林总挑的是黑色的，刘总您看要哪种颜色？”

客户：“就上回那辆红色吧，看上去很有活力，我下午去提车。”

小汪先是赞美客户，获得客户的好感，为最后的成交奠定

基础；然后使出“撒手锏”：“对了，刘总，××贸易公司的林总裁您认识吗？半年前他也在这儿买了一辆跟您一模一样的车，真是英雄所见略同呀。”看似不经意的一句话，其实是充分利用了潜在客户的从众心理，通过他人认同影响潜在客户，促使潜在客户做出购买决定。

聪明的销售员应该知道，你的销售并不是一味地劝说客户购买你的产品，而是让潜在客户了解，你的其他大多数客户做出最后决策之前都面临过与他们相似的问题。而你要做的是与你的客户分享其他客户成功的经验，从而消除客户的逆反心理，你的产品自然就不愁没有销路了。

剧场效应：将消费者带入剧情之中

销售心理学一点通：通过感性思维的形式有步骤地建立起一种氛围，在一种虚化的催眠感觉中，让客户采取决策步骤。

某家公司经销一种新产品——适用于机器设备、建筑物清洗的洁神牌清洗剂。老板布置任务后，大家纷纷带着样品去拜访顾客。

依照过去的经验，销售员向顾客推销新产品时最大的障碍是：顾客对新产品的性能、特色不了解，因而不会轻易相信销售员的解说。但销售员赵中却有自己的一套办法。

他前去拜访一家商务中心大楼的管理负责人，对那位负责人说：“您是这座大楼的管理负责人，一定会对既经济效果又好的清洗剂感兴趣吧。就贵单位而言，无论是从美观还是从卫生的角度来看，大楼的明亮整洁都是很重要的企业形象问题，您说对吧？”

那位负责人点了点头。赵中又微笑着说：“洁神就是一种很好的清洗剂，可以迅速地清洗地面。”同时拿出样品，说道：“您看，现在向地板上喷洒一点清洗剂，然后用拖把一拖，就干干净净了。”

他在地板上的污迹处喷洒了一点清洗剂。清洗剂渗透到污垢中需要几分钟时间，为了不使顾客觉得时间长，他继续介绍产品的性能以转移顾客的注意力。“洁神清洗剂还可以清洗墙壁、办公桌椅、走廊等处的污迹。与同类产品相比，洁神清洗剂还可以根据污垢程度不同，适当稀释，它既经济方便，又不腐蚀、破坏地板、门窗等。您看，”他伸出手指蘸了一点清洗剂，“连人的皮肤也不会伤害。”

说完，赵中指着刚才浸泡污渍的地方说：“就这一会儿的工夫，您看效果：清洗剂浸透到地面上的坑洼中，使污物浮起，用湿布一擦，就干净了。”随后拿出一块布将地板擦干，“您看，多干净！”

接着，他又掏出白手绢再擦一下清洗干净的地方：“看，白手绢一尘不染。”再用白手绢在未清洗的地方一擦，说：“您看，脏死了。”

赵中巧妙地把产品的优异性能展示给顾客看，顾客为产品优异的性能所打动，于是生意成交了。

心理学上有个概念叫“剧场效应”：人在剧场里看电影或看戏，感情与意识容易被带入剧情之中；另外，观众也互相感染，会使彼此感情趋于相对一致。因而，一些聪明的销售员把“剧场效应”运用到推销活动中，同样取得了较好的效果。他们当众进行产品演示，边演示边解说，渲染了一种情景氛围，直接作用于潜在顾客的感性思维，让那些本来有反对意见的人和拒绝该产品的人在感性思维的影响下，受到不易察觉的催眠，最终做出购买的决策。

就像这个场景中的清洗剂销售员，面对顾客对产品不熟悉的情况，没有单纯地采用“说”的推销方法，而是发挥了自己的感性思维优势，一边为顾客演示产品一边解说，把产品的性能充分展示给潜在客户，当顾客感知到这确实是一种好产品时，他实际上已经被催眠了，成交也就是毫无悬念的事情了。

其实，销售员演示的过程完全出自理性思维的周密计划，它通过感性思维的形式有步骤地建立起一种氛围，在一种虚化的催眠感觉中，让客户采取决策步骤。

好的演示常常胜过雄辩。在

推销过程中，如果能让顾客亲自做示范，那你就不要动。让顾客做，把他们置身于情景当中，这同样是非常有效果的方法。

互惠效应：先付出一点给客户

销售心理学一点通：想获得什么样的回报，往往不在于别人想给你什么，而是你曾经给了别人什么。

在销售中，如果能够牢记并巧妙运用互惠原则，给顾客一些恩惠，使客户产生负债感，便能够在回报意图的作用下，有效地促使客户购买你所推销的产品。

约翰任职于一家大型机械制造公司。有一次，他被指定向一家大公司销售产品。经过调查，约翰了解到，只有这个公司的总经理才有大宗物品的采购权。于是，约翰决定前去拜访他。

当约翰被领进总经理办公室时，有位年轻的女子从门外探头告诉总经理，她今天没弄到邮票。

总经理对约翰解释说："我在替我那10岁的儿子收集邮票。"

约翰说明了来意，并开始介绍产品。但那位总经理却显得心不在焉，言辞闪烁，根本无心向约翰购买产品。就这样，约翰的第一次造访失败了。

该怎样说服那位总经理呢？约翰绞尽脑汁，突然，他想起了那位年轻女子的话。正巧，约翰的妻子在银行业务部工作，她收集了许多邮票，那些邮票是从五湖四海的来信上剪下来的，一般人很难弄到。

第二天下午，约翰又去拜访那位总经理。约翰对传话人说：“请转告你们的总经理，我为他儿子弄到了一些邮票。”

总经理满脸堆笑地接见了约翰，他一边翻弄那些邮票，一边不断地说：“我的乔治一定喜欢这张，看这张，这是珍品！”

总经理还兴致勃勃地拿出儿子的照片来，他们谈了差不多半个小时的邮票。

在接下来的一个小时里，总经理主动把公司的采购要求向约翰和盘托出，最后向约翰购买了五件大型机械产品。

中国人有一句古话：“来而不往非礼也。”当人们得到了他人的某些好处，他就会想用另一种好处来报答他人，或者

做出某些退让，这样才会皆大欢喜，倍感心安。在这样的心理压力作用下，很少人能够无动于衷，这就是互惠原理的巨大影响。

案例中约翰第一次的失败是因为没有意识到总经理当时最需要的东西，还是一味介绍自己的产品，总经理当时根本无心听他的话，最终也是闪烁其词，销售无疾而终。而后来约翰利用妻子的关系帮助那位总经理，为其儿子找到了渴望得到的邮票，这时，总经理基于约翰的这点小恩惠，自己的需求得到了满足后，自然就主动提出与约翰达成交易。

为什么互惠原理有如此威力？因为人在礼尚往来传统思想的影响下，大都有一种不愿负债的心理。一旦受惠于人，心里会有一种压力，让人迫不及待想要卸下，这时就会痛痛快快地给出比我们所得要多得多的回报，以使自己得到心理重压下的解脱。把互惠效应运用到销售之中，会产生非常好的效果。

想获得什么样的回报，往往不在于别人想给你什么，而是

你曾经给了别人什么。当你实实在在地为别人做了一些事情，给他带去了一些好处，别人就会想方设法地来报答你为其所做的一切。

生活中，我们常见到超市的“免费试用”“免费试吃”活动。超市安排相关销售人员将少量的有关产品提供给潜在顾客，并介绍说这样做的目的是让顾客试一下到底喜欢不喜欢这个产品。而活动真正的心理奥妙在于：免费试用品从另一个层面可以说是作为一种礼品的，因此可以把潜在的互惠原理调动起来，让试用过的消费者产生因有亏欠感而不好意思不买的心理。

牢记互惠原理，让对方产生回报你的负债感。受人恩惠就要回报是互惠原理的心理依据，它可以让人们答应一些在没有任何心理负担时一定会拒绝的请求。所以，此原理最大的威力就是：即使你是一个陌生人，或者是让对方很不喜欢的人，如果先施与对方一点小小的恩惠然后再提出自己的要求，也会大大减少对方拒绝这个要求的可能。

PART 03 察言观色洞察人心——读懂客户话语背后的心理潜台词

莫被“考虑一下”所欺骗

销售心理学一点通：客户说他要再考虑一下，就等同于他在拒绝你，这时你需要做的不是等待他考虑后的结果，而是以更加积极的心态去争取。

在推销员进行建议和努力说服或证明之后，客户有时会说一句：“知道了，我考虑看看。”或者是：“我考虑好了再跟你联系，请你等我的消息吧！”顾客说要考虑一下，是什么意思？是不是表示他真的有意购买，还是现在还没考虑成熟呢？

如果你是这么认为，并且真的指望他考虑好了再来购买，那么你可能是一位不合格的推销员。其实，对方说“我考虑一下”，是一种拒绝的表示，意思几乎相当于“我并不想购买”。

要知道，推销就是从被拒绝开始的。作为一名推销员，当然不能在这种拒绝面前退缩下来，正确的做法应该是迎着这种拒绝顽强地走下去，抓住“让我考虑一下”这句话加以利用，

充分发挥自己的韧劲，努力促成商谈的成功。所以，如果对方说“让我考虑一下”，推销员应该以积极的态度尽力争取，可以用如下几种回答来应对：

（1）我很高兴能听到您说要考虑一下，要是您对我们的商品根本没有兴趣，您怎么肯去花时间考虑呢？您既然说要考虑一下，当然是因为对我所介绍的商品感兴趣，也就是说，您是因为有意购买才会去考虑的。不过，您所要考虑的究竟是什么呢？是不是只不过想弄清楚您想购买的是什么？这样的话，请尽管好好看清楚我们的产品。或者您是不是对自己的判断还有所怀疑呢？那么让我来帮您分析一下，以便确认。不过我想，结论应该不会改变的，您应该可以确认自己的判断是正确的吧！我想您是可以放心的。

（2）可能是由于我说得不够清楚，以至于您现在尚不能决定购买而还需要考虑。那么请让我把这一点说得更详细一些以帮助您考虑，我想这一点对于了解我们商品的影响是很大的。

（3）您是说想找个人商量，对吧？我明白您的意思，您是想购买的。但另一方面，您又在乎别人的看法，不愿意被别人认为是失败的、错误的。您要找别人商量，要是您不幸问到一个消极的人，可能会得到不要买的建议；要是换一个积极的人来商量，他很可能会让您根据自己的考虑做出判断。这两种人，找哪一位商量会有较好的结果呢？您现在面临的问题只不过是决定是否购买而已，而这种事情，必须自己做出决定才行，没有人可以替您做出决定。其实，若是您并不想购买的话，您就根本不会去花时间考虑这些问题了。

（4）先生，与其以后再考虑，不如请您现在就考虑清楚做出决定。既然您那么忙，我想您以后也不会有时间考虑这个问题的。

这样，紧紧咬住对方的“让我考虑一下”的口实不放，不去理会他拒绝的意思，只管借题发挥、努力争取，尽最大的可能去反败为胜，这才是推销之道。

正确理解**客户的异议**

销售心理学一点通：正确理解客户的异议，你才能更冷静地判断异议产生的真正原因，从而有针对性地解决。

异议有时是客户的手段。你现在正与你的潜在客户进行谈判。你提出问题，收集信息，或者正在做陈述，推动整个沟通环节慢慢向前。这时候，对方突然转换话题，问了一些生硬唐突的问题，似乎要使你措手不及（这里用的是“似乎”一词，事实上，对方仅仅是用这种唐突的方式说出一些可能的问题，他并不是真的要使你难堪）。这类问题大致如下：

你以前同谁合作过？

你愿意与大公司还是小公司合作呢？

去年，你的销售业绩怎样？

这些产品、服务有担保吗？

在我们这个行业里，你同多少客户有过合作？

……

此刻，你如坐针毡，根本不可能回答这些询问，更不必说继续推销了，这是很自然的事情。但是，如果你深吸一口气，做出恰当、自信而又诚实的反应，你就会听到如下这些回答：

噢，这不是我们真正需要的。

我们的工作方式不像那样子。

我觉得这不太适合。

这对我们都不合适。

恐怕，我一直在浪费你的时间，我觉得贵公司不可能是我们的合作对象。

……

对于这些话，不同人有不同的看法。有些人称之为异议，但也有人把它看作是反馈或者问题。我们在面对异议或拒绝时要有以下几个基本认知：

每一个人都有拒绝的权利与情绪；

拒绝可能是在拒绝你的推销方式，而不是你的产品；

拒绝可能是准客户当下的反应，不一定代表永远拒绝；

拒绝可能是因为准客户不了解产品的好处；

拒绝是销售的开始，有拒绝必定会有接受；

处理反对问题是为了促成，而不是为了赢得辩论，因此，你必须要有处理问题的耐心，同时维持基本的礼仪；

处理反对问题的技巧并没有使用上的顺序问题，也就是说，在任何时候都有可能会派上用场，甚至于在你销售初始，面对准客户的反感时就要运用它。

有了以上的基本认知，面对拒绝你应该：

视为当然，切勿让它影响了你的心情；

再接再厉，销售很简单——只是把会购买的准客户找出来而已；

回想一下你拒绝别人的情境与心情，设身处地，体谅准客户拒绝你的情绪；

统计一下你被拒绝的次数，如果超乎寻常，请赶快检讨你的沟通方式。切记！不要太早检讨是不是产品的问题（那是管理者的职责）。

当你处理了客户的不少异议之后，就应该尝试做一些促成交易的动作。我们首先就要确认客户提出的问题哪些合理，哪些不合理；是价格问题、送货日期问题，抑或其他。下面是我们对这些可能性问题的分类：

1. 问题或质疑

如果你的当前顾客或潜在客户对你说："几年前我们与你们有过接触，但是在交货上有很大的问题。"这就出现了质疑。有些问题是简单的，有些问题是复杂的：对于简单问题的解决方案就是直接回答主要问题，避免再次推销；对于复杂的问题，你需要寻求外界的帮助来解决，立即向上级管理部门汇报，不要指望在问题解决之前会有订货。

2. 隐藏性问题

如果经过一次会面或会谈后，对方没有什么实质性的反应，或者不知道原因对方就中止了合作，这时就出现了隐藏性的问题。解决方法就是由个人承担销售的责任，主动送去一封"致歉信"。

3. 拖沓性问题

如果对方一再说"让我再考虑一下"，这就是拖沓性问题。对此，最好的解决方法就是制订一个时间表，前期的步骤要明确说明，对最后的决定时间也要做一个必要的限定。

4. 消除对方的疑虑

如果决策人员表示，"同这样一群年轻的销售人员合作，问题的解决可能要复杂些"，那么就表示他有疑虑。消除疑虑的最好方法就是看他过去是如何决定与那些和我们今天有同样问题的卖主合作的。要是你能用上某些小把戏也是可以的，比如说一封证明信、某个满意客户的来电，或是一些参考材料等。

5. 怀疑、忧虑和不确定

对于变化的问题，不论是顾客还是潜在客户都有抵触情绪。解决之道就是直接切题，详细地跟对方讲你是如何让他们接触你的产品或服务的，从最初的阶段开始对他们进行指导。

其实大多数人决定不购买某一家产品的一个共同原因就是他们觉得没有必要改变现状。你可能一直以来已经习惯于把某个公司或一些公司看成你的竞争对手，而事实上，你真正的对手是当前的状况，即在你出现之前人们习惯了的生活方式。

只有了解异议产生的可能原因，正确理解客户的异议，你才能更冷静地判断异议产生的真正原因，并针对原因有的放矢。如此，你才能真正有效地化解异议。

消除顾客对自己的“奸商”评价

销售心理学一点通：销售人员必须尽快打消顾客疑虑，取得顾客的信任，否则推销绝不会成功。

顾客：“我说我想要原来的那一款，你总是向我推荐我没有仔细研究的款式，而且似乎总是高端的产品，莫非你打算从中赚取差价？嗯……你是奸商么？”

销售人员：“……”

“嗯……你是奸商么？”这句话很冷很直接，足以使场面陷入十足的尴尬。不可否认，在转变顾客需求的过程中，经常会遇到顾客询问这个问题，这是顾客对销售人员极度不信任的表现。但归根结底，这是销售人员没能成功地向顾客普及新产品知识和市场情况的结果，没能打消顾客的疑虑所致。

顾客提出这种疑虑很正常，因为有很多顾客在走进卖场前，都认真了解了自己想要的产品的大致价格范围，甚至确定了具体型号。而当自己非常熟悉的产品因为各种原因无法买到时，顾客已经比较焦虑，此时再加上销售人员对顾客预订产品的贬低和对新产品的抬高，顾客难免会有怀疑销售人员动机的

想法。这时候，销售人员必须尽快让顾客认识到新产品的市场情况，让顾客认识到这种产品在其他卖场中的报价和服务，以及同类产品的报价等情况，从而打消顾客疑虑，重新取得顾客的信任。

销售人员可以按照以下模板灵活应对顾客：

“这位大哥，您的想法很有必要，毕竟现在市场上确实有一些不良销售人员借机欺诈顾客，但那些销售人员都是没有固定店铺、游走于电器城的闲散人员。咱们这家家电卖场是正规的一个大公司，我们这些销售人员都是经过公司正规培训而且有公司监督与规定的，我们始终以信誉为本，您放心就是啦！此外您要购买的产品由于市场销量不是很好，大部分卖场库存都没有进很多货，因此在市场上不好买到。我之所以向您推荐另一款产品，并不是说我能从其中多赚多少钱，不信您可以从我们卖场的联网电脑上查询一下其他卖场的价格情况。作为一名销售人员，为您提供满意且高效的服务从而节省您宝贵的时间和金钱是我们义不容辞的责任。此外，拥有和您原来想购买的产品一样的功能甚至比那款产品性能还好的有好几款产品，这些产品有很多都是针对原有产品性能缺陷改进的，从而让您的生活更加安心。”

顾客：“哦！这样，我就是害怕被奸商骗了，上一次在一个很大的数码大厦里，就被一个销售人员给骗了好几百，我是惊弓之鸟了。那你给我介绍一下这个新产品吧，我看看是不是如你所说的那样。”

应对顾客刻薄的怀疑，你不仅要以各种方式还自己的清白，更要以顾客为中心，普及新产品的优势和市场状况，让顾客了解市场，消除消极的疑虑。

洞穿客户的隐含期望

销售心理学一点通：只有超出客户的期望，让他们惊叹，你才能做到高人一筹。

一些期望只有在它们没有得到满足的时候才会浮出表面，它们通常被理解为必然的或者是理所当然可以获得的。例如，我们期望周围的人要注意礼貌，只有当我们遇到一个特别粗鲁的人时才会表示出不满。类似的这些期望存在于潜意识中，因为只有当客户经历的服务低于特定的合理界限时，它们才会成为影响满意度的重要因素。

一家公司与它的客户之间的大多数互动和交往都发生在一定的范围之内，这使得大多数互动都成为惯例，一般不会有什么东西使客户特别满意或者不满意，我们不会过多考虑这些遭遇。但为了让客户真的满意，以至于他们必定会回来并且会对公司进行正面的口头宣传，公司必须超出他们的期望。公司必须做些事情吸引住客户的注意力，诱使他们发出赞叹："哇，我真的是没有想到！"

许多年前，巴诺斯先生经历过一次令人激动的经历。当时是2月份，他要去某酒店参加一个商务会议。傍晚的时候，出租车将巴诺斯先生带到了酒店的门前。天色已经暗了下来，下着小雨，但他决定吃饭前痛痛快快地出去跑一会儿，于是就穿上运动衣出门了。一个小时以后，他回到了酒店，这时他的身上已经湿透了。他希望能悄悄地走进电梯而不打扰其他的客人，因为客人们与一个浑身湿透的中年人一起坐电梯的时候会感到很不舒服。

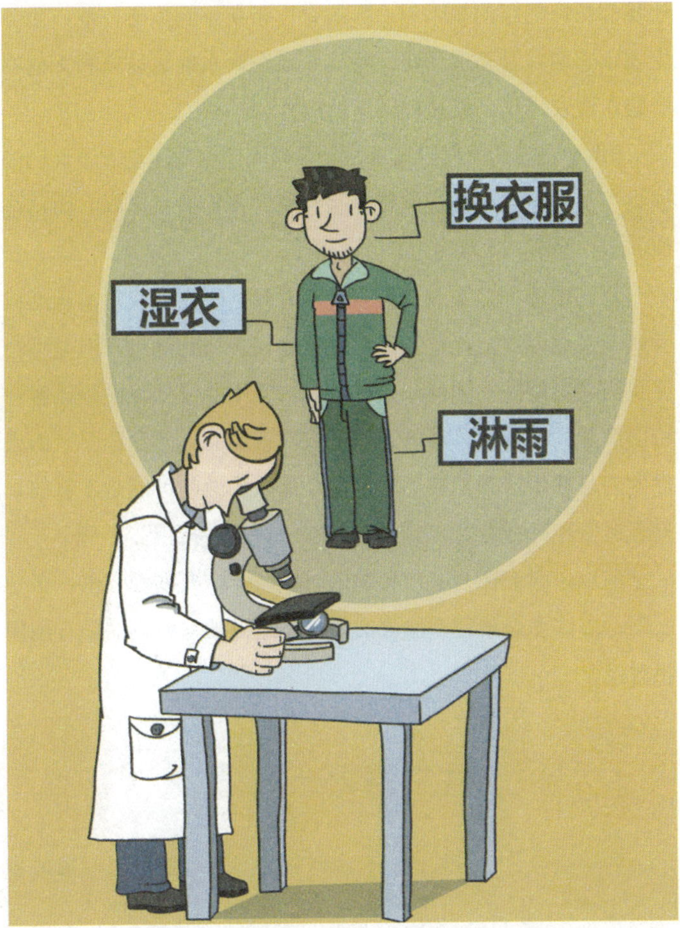

当巴诺斯穿过大厅的时候，前台传来了一个声音："先生，我们能为您把衣服弄干吗？"他往传来这个意外问候的方向望去，发现一个服务生站在旁边。服务生走上前来，说道："巴诺斯先生，您明天不打算穿这些湿透的衣服进会议室吧？让我们帮您把它们烘干吧。"这令巴诺斯感到惊奇，他向服务生表示感谢并且和他约定，将这些还在滴水的运动衣和其他衣服装在洗衣袋里，放在巴诺斯的门外。

9点半左右的时候巴诺斯回到了房间，他的运动衣不仅已经被烘干了，甚至还洗过熨好并且整整齐齐地放在床脚！而这是他的运动服第一次被熨过。

我们中的大多数人作为客户的时候，不会将我们的标准或者期望毫无道理地提得很高，通常它们会得到满足，但并不会让我们喜出望外。同样，大多数公司并不能成功地做到让客户特别满意，大多数公司的工作是按部就班的。问题在于，如果你做的每件事情都是按部就班的，那么你做的可能是不够的。只有超出客户的期望，让他们惊叹，你才能做到高人一筹。

所以，我们在与客户接触的时候，一定要细心一些，多个心眼，多注意观察客户隐含的期望，适时地与他们的隐含期望相对接。

及时领会**客户的每一句话**

销售心理学一点通：只有及时领会了客户的意思，推销员才能及时做好准备，才能为下一步工作的顺利开展创造条件。

推销工作就是读人的工作，不仅要读懂客户的个性、喜好及真正需求，还要及时领会客户的每一句话。无论客户是在拒绝或者是在问询，每一句话的背后都隐藏有深意。

华莱士是A公司的推销员，A公司专门为高级公寓小区清洁游泳池，还包办景观工程。B公司的产业包括12幢豪华公寓大厦，华莱士已经向他们的资深董事华威先生说明了A公司的服务项目。开始的介绍说明还算顺利，紧接着，华威先生有意见了。

场景一：

华威："我在其他地方看过你们的服务，花园很漂亮，维护得也很好，游泳池尤其干净。但是一年收费10万元？太贵了吧！我付不起。"

华莱士："是吗？您所谓'太贵了'是什么意思呢？"

华威："说真的，我们真的很希望从年中，也就是6月1日起，请你们负责清洁管理，但是公司下半年的费用通常比较拮据，下半年的游泳池清洁预算只有3.8万元。"

华莱士："嗯，原来如此，没关系，这点我倒能帮上忙。如果您愿意由我们服务，今年下半年的费用就3.8万元，另外6.2万元明年上半年再付，这样就不会有问题了，您觉得呢？"

华威："我看这样行。"

场景二：

华威："我对你们的服务质量非常满意，也很想由你们来承包。但是，10万元太贵了，我实在没办法。"

华莱士："谢谢您对我们的赏识。我想，我们的服务对你

们公司的确很适用，您真的很想让我们接手，对吧？”

华威：“不错。但是，我被授权的上限不能超过10万元。”

华莱士：“要不我们把服务分为两个项目，游泳池的清洁费用4.5万元，花园管理费用5.5万元，怎样？这可以接受吗？”

华威：“嗯，可以。”

华莱士：“很好，我们可以开始讨论管理的内容……”

场景三：

华威：“我在其他地方看过你们的服务，花园侍弄得还算漂亮，维护修整上做得也很不错，游泳池尤其干净；但是一年收费10万元？太贵了吧！”

华莱士："是吗？您所谓'太贵了'是什么意思？"

华威："现在为我们服务的C公司一年只收8万元，我找不出要多付2万元的理由。"

华莱士："原来如此，但您满意现在的服务吗？"

华威："不太满意。以氯处理消毒，还勉强可以接受，花园就整理得不尽理想；我们的住户老是抱怨游泳池里有落叶；住户花费了那么多，他们可不喜欢住的地方被弄得乱七八糟！虽然给C公司提了很多遍了，可是仍然没有改进，住户还是三天两头打电话投诉。"

华莱士："那您不担心住户会搬走吗？"

华威："当然担心。"

华莱士："你们一个月的租金大约是多少？"

华威："一个月3000元。"

华莱士："好，这么说吧！住户每年付您3.6万元，您也知道好住户不容易找。所以，只要能多留住一个好住户，您多付2万元不是很值得吗？"

华威："没错，我懂你的意思。"

华莱士："很好，这下，我们可以开始草拟合约了吧。什么时候开始好呢？月中，还是下个月初？"

读懂客户的话才能使销售进行下去。销售过程中及时领会客户的意思非常重要。只有及时领会了客户的意思，推销员才能及时做好准备，才能为下一步的顺利进行创造条件。

PART
04

“魔鬼”藏于细节——身体语言藏着的心理学

读懂客户的肢体语言

销售心理学一点通：一个人想表达他的意见时，并不见得需要开口，有时肢体语言会更丰富多彩。

有人统计过，人的思想多半是通过肢体语言来表达的。我们对于他人传递的信息内容的接受，10%来自对方所述，其余则来自肢体语言、神态表情、语调等。下面简要列举一些常见的肢体语言，希望能通过这样的破译助你和客户沟通顺畅。

客户瞳孔放大时，表示他被你的话所打动，已经准备接受或在考虑你的建议了。

客户回答你的提问时，眼睛不敢正视你，甚至故意躲避你的目光，那表示他的回答是言不由衷或另有别的打算。

客户皱眉，通常是他对你的话表示怀疑或不屑。

与客户握手时，感觉松软无力，说明对方比较冷淡；若感觉太紧了，甚至弄痛了你的手，说明对方有点虚伪；如感觉松紧适度，表明对方稳重而又热情；如果客户的手充满了汗，则说明他可能正处于不安或紧张的状态之中。

客户双手插入口袋中，表示他可能正处于紧张或焦虑的状态之中。

客户不停地玩弄手上的小东西，如圆珠笔、火柴盒、打火机或名片等，说明他内心紧张不安或对你的话不感兴趣。

客户交叉手臂，表明他有自己的看法，可能与你的相反，也可表示他有优越感。

客户面无表情，目光冷淡，就是一种强有力的拒绝信号，表明你的说服没有奏效。

客户面带微笑，不仅代表了友善、快乐、幽默，而且也意味着道歉与

求得谅解。

客户用手敲头，除了表示思考之外，还可能是对你的话不感兴趣。

客户用手摸后脑勺，表示思考或紧张。

客户用手搔头，有可能他正试图摆脱尴尬或打算说出一个难以开口的要求。

客户垂头，是表示惭愧或沉思。

客户用手轻轻按着额头，是困惑或为难的表示。

客户顿下颌，表示顺从，愿意接受销售人员的意见或建议。

客户颌部往上突出，鼻孔朝着对方，表明他想以一种居高临下的态度来说话。

客户讲话时，用右手食指按着鼻子，有可能是要说一个与你相反的事实、观点。

客户紧闭双目，低头不语，并用手触摸鼻子，表示他对你的问题正处于犹豫不决的状态。

客户用手抚摸下颌，有可能是在思考你的话，也有可能是在想摆脱你的办法。

客户讲话时低头揉眼，表明他企图要掩饰他的真实意图。

客户搔抓脖子，表示他犹豫不决或心存疑虑；若客户边讲话边搔抓脖子，说明他对所讲的内容没有十分肯定的把握，不可轻信其言。

客户捋下巴，表明他正在权衡，准备做出决定。

在商谈中，客户忽然把双脚叠合起来（右脚放在左脚上或相反），那是拒绝或否定的意思。

客户把双脚放在桌子上，表明他轻视你，并希望你恭维他。

客户不时看表，这是逐客令，说明他不想继续谈下去或有事要走。

客户突然将身体转向门口方向，表示他希望早点结束会谈。

当然，客户的肢体语言远不止这些，平时善于察言观色的销售人员，再加上阅人无数的工作经历，一定可以总结出一套行之有效的观察方法。

决策者是可以被观察出来的

销售心理学一点通：“擒贼先擒王”，找出这群人中能拍板的决策者或内行。决策者的特征就是其他成员有什么新的意见都会和他商量一下，决策人往往会统一最后的意见。

一对夫妻带领自己十几岁的女儿一起走进眼镜店。

销售员：“您好，欢迎光临大明眼镜店！请问你们需要配什么样的眼镜呢？”

小女孩：“我要美瞳的隐形眼镜，因为戴上后眼睛看上去很大很漂亮！”

妈妈：“呵呵，瞧这孩子，就爱臭美。戴隐形眼镜太伤眼睛了，并且也麻烦，会影响学习，还是戴这款黑框的眼镜吧，看上去文静些。”

爸爸：“嗯！我觉得还是宝石蓝的框架眼镜好看些，看起来活泼明亮一些，小孩子不要给她戴黑框的眼镜，太压抑了，不利于性格发展。”

销售员：“……”

在销售过程中，许多销售员都特别恐惧销售中的一对多现象，即一个销售人员同时对付一拨顾客，他们可能是亲人、同事或朋友关系。最让人头疼的是，他们往往每个人都有不同的想法，而且所有人的观点往往都不一致。

在这种情况下，销售员与顾客之间的交流往往是极其复杂的：一方面，这群顾客通常仗着人多，自以为很了解想购买的商品，认为销售员只是花言巧语，避实就虚；另一方面，销售员则认为这群顾客不懂装懂，自作聪明，甚至不可理喻，以至于两方面都不愉快，导致交易失败。还有的顾客对商品很满意，但因为陪伴购物者的一句话就让销售过程终止了，这确实非常令人痛心。

可以说，这群顾客买与不买的标准是不确定的，甚至是相互冲突的。销售员在没有充分了解这群人各自扮演的角色之前，最好不要提供含有自己建议的商品需求标准，这可能不仅没有任何正面效果，还会让顾客群直接流失掉。

这时最聪明的做法就是“擒贼先擒王”，找出这群人中能拍板的决策者或内行。决策者的特征就是其他成员有什么新的意见都会和他商量一下，决策人往往会统一最后的意见。另外，内行对商品的成交也起着决定性的作用。虽然内行不一定是那个购买商品的人，但他是购物的参谋长，很多时候只有经过他“法眼”的商品才会被团队中的决策人所考虑。

剩下的就是找出出钱的人和将要购买这个商品的人。这两个人也是不可忽视的，商品的价位、品质、款式等方面的因素会影响到这两个人的利益，所以我们必须小心揣摩对待。

分清这个团队中每个人的角色之后，我们要针对他们消费的每一个阶段施以不同的对策。

团队意见不一致阶段：这时候销售员不能盲目发表自己的意见，免得惹人烦。由于这个阶段团队内部意见不一致，因此销售员只能先默默地听团队内所有人说完，听出他们有分歧的内容，这期间要不断保持笑容以表示理解。

逐一配合阶段：团队成员会经过讨论才能达到意见的基本统一。因此在团队中的每个人发表意见的时候，销售员可以随声附和以表示支持甚至补充一下意见人的观点，尤其是对提高卖场利润有利的时候。

融入其中协调意见统一阶段：这时候团队内的讨论进行了一大半，销售员可以融入其中，将自己掌握的市场信息和产品信息告诉大家，以弥补团队中的盲点和消除一些人的疑虑。

角色最终确认阶段：经过上述努力，销售员应该能够确定团队中谁是决策人，谁是出钱人，谁是内行。此外，顺便找出比较顺从自己意见的人，这时候销售人员必须谦虚谨慎，更不可言过其实。

主攻决策者和内行阶段：这个时候销售员已经确定谁是决策者和内行，此时导购必须全力配合、说服甚至转变内行和决策者的需求信息，满足决策者的要求，从而做到“擒贼先擒王”，顺利成交。

找到你的关键客户

销售心理学一点通：你的八成业绩是由所占比例较小的那部分客户决定的，因此你要找到你自己的关键客户，并做好持续的服务工作。

关键客户有两层含义：一层含义是指报春花类型的客户（指某一个产品的第一批客户），另一层含义则是指在客户中那个促使你们达成订单意向的人。

1. 开发有影响力的中心人物

《韩非子》中有这样一个故事：

齐国国君齐桓公喜欢穿紫色衣服，人们出于对他的敬仰也都纷纷效仿，以致“一国尽服紫”，朝中文武百官和老百姓穿紫色衣服的特别多。布匹店的老板纷纷将紫衣布匹提价，三件素服才抵得上一件紫衣，这样一来，严重影响了老百姓的正常生活。齐桓公对此很忧虑，对宰相管仲说：“我好穿紫衣，

紫衣这么贵，全国百姓又喜好紫衣不止，该怎么办呢？”管仲说：“你想制止它，何不自己先不穿呢？”齐桓公接受了管仲的建议，宣布今后不穿紫衣了。当天，侍卫近臣穿紫衣的没有了。第二天，国都里穿紫衣的没有了。很快，全国百姓穿紫衣的也没有了。

这个故事说明了一个道理，即“上”者的行动有极强的影响力。心理学研究发现，人们对于在自己心目中享有一定威望的人物是信服并愿意追随的。因此，一些中心人物的购买与消费行为，就可能在他的崇拜者心目中形成示范作用与先导效应，从而引发崇拜者的购买与消费行为。

销售人员要学会利用这种影响力抓住客户的心理。

在销售学中有一个“中心开花法则”，就是推销人员在某一特定的推销范围里发展一些具有影响力的中心人物，并且在这些中心人物的协助下，把该范围里的个人或组织都变成推销人员的准客户。实际上，这种法则也是连锁介绍法则的一种推广运用，推销人员通过所谓“中心人物”的连锁介绍，开拓其周围的潜在客户。

所以，只要确定中心人物，使之成为现实的客户，就有可能发展与发现一批潜在客户。利用这种方法寻找客户，推销人员可以集中精力向少数中心人物做细致的说服工作，可以利用中心人物的名望与影响力提高产品的声望与美誉度。

2. 找到客户中有决策权的人

每个销售人员的销售方式都不相同，有的销售人员喜欢说服高层，有的则喜欢与普通员工打交道。有许多销售者很努力，也经常去拜访客户，但业绩并不出色，很可能是因为他接触的是外围人群，对决策层没有多大影响。因此，找到关键的人、关键的信息源很重要。

你推销商品时常常会遇到这样的情况：一个企业或者一个家庭一起来跟你谈生意、做交易，这时你必须先准确无误地判断出其中的哪位对这笔生意具有决定权，这对生意能否成交具有很重要的意义。如果你找对了人，将会给你的推销带来很大的便利，也可让你有针对性地与他进行交谈，抓住他某些方面的特点，把你的商品介绍给他，让他觉得你说的正是他想要的商品；相反，如果你一开始就盲目地跟这一群人中的某一位或几位介绍你的商品如何如何，把真正的决定者冷落在一边，这样不仅浪费了时间，而且会让人看不起你，认为你不是生意上的人，怎么连最起码的信息——决定权掌握在谁手里都不知道，那你的商品又怎能令人放心。

如何确定谁是交易的决定者，很难说有哪些方法，只有在长期的实践过程中，经常注意这方面的情况，慢慢摸索客户的心理，才能进行准确的判断。这里介绍几种方法，仅供参考。

当你去一家公司推销新型打印机时，正好遇到一群人：当你向他们介绍打印机时，他们中有些人听得津津有味，并不时地左右察看，或想试试，同时向你询问打印机的一些情况并不时地做出一些评价等；而有些人则对它无动于衷，一点也不感兴趣。这两种人都不是你要找的决定人。

当你向他们提出这样的问题："你们公司想不想买这种打印机？""我觉得这打印机用起来十分方便，放在办公室里挺不错的，贵公司需不需要？"他们便会同时看着某一个人，这个人便是你应找的公司领导，他能决定是否买你的产品。

当你推销浴缸时，一个家庭的几位成员过来了，首先是主妇说："哦，这浴缸样式真不错，体积也足够大。"然后长子便开始对这台浴缸大发评论了，还不停地向你询问有关的情况。这时你千万不要认为这位长子便是决定者，从而向他不停地讲解，并详细地介绍和回答他所提出的问题，而要仔细观察站在旁边不说话，但眼睛却盯着浴缸在思索的父亲。你应上前与他搭话："您看这台浴缸怎么样，我也觉得它的样式挺好。"然后再与他交谈，同时再向他介绍浴缸的其他性能、特点等。因为这位父亲才是真正的决定者，你向他推销、介绍，比向其他人介绍有用得多，只有让他对你的商品感到满意，你的交易才可能成功，而其他人的意见对他只具有参考价值。

在有些场合下，你一时难以判断出谁是他们中的决定者，这时你可以稍微改变一下提问的方式。例如，你可以向这群人中的某一位询问一些很关键、很重要的问题，这时如果他不是决定者，他肯定不能给你准确明了的答复，而只是简单应答，或是让你去找他们的领导。如果你正好碰上决定者，那么他就能对你提出的重要问题给予肯定回答。这种比较简单的试问法，可以帮你尽快地、准确地找到你想找的决定者。

此外，在推销中寻找拍板人时，也要充分尊重其他人。仅仅尊重是不够的，要让所有的人变成准客户、客户才行。访问重要人物时，要注意搞好与在拜访过程中遇到的人的关系。

要使推销成功，需要准确找到你的关键客户，然后集中力量开发此客户。

敏锐地发现**成交信号**

销售心理学一点通：客户在产生购买欲望后，不会直接说出来，但是会通过行动、表情泄露出来。这就是成交的信号。

在与客户打交道时，准确把握来自客户的每一个信息，有助于销售的成功。准确把握成交信号的能力是优秀推销员的必备素质。

“沉默中有话，手势中有语言。”有研究表明，在人们的沟通过程中，要完整地表达意思或了解对方的意思，一般包含语言、语调和身体语言三个方面。幽默戏剧大师萨米·莫尔修说：

“身体是灵魂的手套，肢体语言是心灵的话语。若是我们的感觉够敏锐，眼睛够锐利，能捕捉身体语言表达的信息，那么，言谈和交往就容易得多了。认识肢体语言，等于为彼此开了一条直接沟通、畅通无阻的大道。”

著名的人类学家、现代非语言沟通首席研究员雷·伯德威斯特尔认为，在两个人的谈话或交流中，口头传递的信号实际上还不到全部表达意思的35%，而其余65%的信号必须通过非语言符号沟通传递。与口头语言不同，人的身体语言表达大多是下意识的，是思想的真实反映。以身体语言表达自己是一种本能，通过身体语言了解他人也是一种本能，是一种可以通过后天培养和学习得到的直觉。我们谈某人直觉如何时，其实是指他解读他人非语言暗示的能力。例如，在报告会上，如果台下听众耷拉着脑袋，双臂交叉在胸前的话，台上讲演人的直觉就会告诉他：讲的话没有打动听众，必须换一个说法才能吸引听众。

因此，推销员不仅要业务精通、口齿伶俐，还必须会察言观色。客户在产生购买欲望后，不会直接说出来，但是会通过行动、表情泄露出来。这就是成交的信号。

有一次，乔拉克在饶有兴致地向客户介绍产品，而客户对他的产品也很有兴趣，但让乔拉克不解的是客户时常看一下手表，或者问一些合约的条款。起初乔拉克并没有留意，当他的话暂告一个段落时，客户突然说：“你的商品很好，它已经打动了我，请问我该在哪里签字？”

此时乔拉克才知道，客户刚才所做的一些小动作，是在向他说明他的推销已经成功，因此后面的一些介绍是多余的。

相信有很多推销员都有过乔拉克那样的失误。肢体语言很多时候是不容易捉摸的，要准确解读出这些肢体信号，就要看你的观察能力和经验了。下面介绍一些销售过程中常见的客户肢体语言。

客户表示感兴趣的信号：

1. 微笑

真诚的微笑是喜悦的标志。

2. 点头

当你在讲述产品的性能时，客户通过点头表示认同。

3. 眼神

当客户以略带微笑的眼神注视你时，表示他很赞赏你的表现。

4. 双臂环抱

我们都知道双臂环抱是一种戒备的姿态，但是某些状态下

的双臂环抱却没有任何恶意。例如，在陌生的环境里，想放松一下，一般会坐在椅子上，靠着椅背，双臂会很自然地抱在一起。

5. 双腿分开

研究表明：人们只有和家人、朋友在一起时，才会采取两腿分开的身体语言。进行推销时，你可以观察一下客户的坐姿，如果客户的腿是分开的，说明客户觉得轻松、愉快。

当客户有心购买时，他们的行为信号通常表现为：

点头。

前倾，靠近销售者。

触摸产品或订单。

查看样品、说明书、广告等。

放松身体。

不断抚摸头发。

摸胡子或者捋胡须。

……

上述动作，或表示客户想重新考虑所推荐的产品，或是表示客户购买决心已定。总之，都可能是表示一种基本接受的态度。

最容易被忽视的则是客户的表情信号。推销员与客户打交道之前，行事的全部依据就是对方的表情。客户的全部心理活动都可以通过其脸部的表情表现出来，精明的推销员会依据对方的表情判断对方是否对自己的话语有所反应，并积极采取措施达成交易。

客户舒展的表情往往表示客户已经接受了推销员的信息，

而且有初步成交的意向。

客户眼神变得集中、脸部变得严肃，表明客户已经开始考虑成交。推销员可以利用这样的机会，迅速达成交易。

在客户发出成交信号后，还要掌握以下小技巧，不要让到手的订单跑了：

1. 有的问题，别直接回答

你正在对产品进行现场示范时，一位客户发问："这种产品的售价是多少？"

（1）直接回答："150元。"

（2）反问："你真的想买吗？"

（3）不正面回答价格问题，而是给客户提出："你要多少？"

如果你用第一种方法回答，客户的反应很可能是："让我再考虑考虑。"如果以第二种方式回答，客户的反应往往是："不，我随便问问。"第三种问话的用意在于帮助顾客下定决心，结束犹豫的局面，顾客一般在听到这句话时，会说出他的真实想法，有利于我们的突破。

2. 有的问题，别直接问

客户常常有这样的心理："轻易改变主意，显得自己很没主见！"所以，要注意给客户一个台阶。你不要生硬地问客户这样的问题："你下定决心了吗？""你是买还是不买？"尽管客户已经觉得这商品值得一买，但你如果这么一问，出于自我保护，他很有可能一下子又退回到原来的立场上去了。

第三篇

销售是『心』与『心』的较量——博弈术应用

PART 01

非典型借口——和借口说“不”，彻底解除客户心理防线

客户拒绝时怎么办

销售心理学一点通：推销时挖掘客户的消费需求，是应对客户拒绝的绝佳方法。

当客户对你说出拒绝的话语时，一个成熟而有经验的销售人员会通过有策略的交谈，巧妙突破客户的防线，从而开发出客户的潜在需求。推销时挖掘客户的消费需求至关重要。

肯特是一家人寿保险公司的推销员。当肯特按照上一次电话中约定的时间与某公司的老板安德森先生进行电话跟进时，安德森先生的回应很平淡。

安德森先生：“我想你今天还是为了那份团体保险吧？”

肯特：“是的。”

安德森先生：“对不起，打开天窗说亮话，公司不准备买这份保险了。”

肯特：“安德森先生，您是否可以告诉我到底为什么不买了呢？”

安德森先生：“因为公司现在赚不到钱，要是买了那份保险，公司一年要花掉1万美元，这怎么受得了呢？”

肯特：“除了这个原因，还有什么其他让您觉得不适合购买的原因吗？可否把您心里的想法都告诉我？”

安德森先生：“当然，是还有一些其他的原因……”

肯特：“我们是老朋友了，您能告诉我到底是什么原因吗？”

安德森先生：“你知道我有两个儿子，他们都在工厂里做事。两个小家伙穿着工作服跟工人一起工作，每天从早上8点忙到下午5点，干得不亦乐乎。要是购买了你们的那种团体保险，如果我不幸身故，岂不是把我在公司里的股份都丢掉了？那我还留什么给我儿子？工厂换了老板，两个小家伙不是要失业了吗？”

（真正的原因总算被挖出来了，所有开始时的理由只不过是借口，真正的原因是受益人之间的问题，可见这笔生意还没有泡汤。）

肯特："安德森先生，因为您儿子的关系，您现在更应该做好保险计划，让您儿子将来更好地生活。我现在就上您那儿去，咱俩一起把原来的保险计划做个修改，使您两个儿子变成最大的受益人。这样一来，无论父亲还是儿子，哪一方发生意外都可以享受到全部的好处。"

安德森先生："好吧，如果能达到这个要求，我倒可以考虑签单。"

挖掘客户的消费需求，就是要让他觉得眼前的商品可以给他带来远远超出商品价值之外的东西。每位顾客由于其年龄、性别、职业、文化程度、消费知识和经验的差异，在购买商品时会有不同的购买动机和消费需求，因此所要求得到的服务也不同，销售人员面对每一位顾客都要细心观察，热情、细致地为他们提供所需要的服务。

当客户拒绝产品时，一个有经验的销售人员通常会采取旁敲侧击的迂回战术牵引客户的思维，而非继续滔滔不绝地谈论产品的卖点，以期引起客户的注意或者干脆放弃。客户的消费需求要推销员去开发，聪明的推销员会在无意中给顾客限制选择的权利或者是让消费者做出有利于推销员的选择。要占有更大的市场，就要求推销员不断开发客户的需求。

客户嫌贵时怎么办

销售心理学一点通：在销售中，销售人员若善于运用数字技术，就可以化解顾客的价格异议。

价格异议是任何一个推销员都遇到过的情形，例如，“太贵了”“我还是想买便宜点的”“我还是等价格下降时再买这种产品吧”，等等。对于这类反对意见，如果你不想降低价格的话，你就必须向对方证明，你的产品的价格是合理的，是产品价值的正确反映，使对方觉得你的产品物有所值。

一位推销员正在向客户电话推销一套价格不菲的家具。

客户：“这套家具实在太贵了。”

推销员：“您认为贵了多少？”

客户：“贵了1000多元。”

推销员：“那么咱们现在就假设贵了1000元整，先生您能否认可？”

客户：“可以认可。”

推销员：“先生，这套家具您肯定打算至少用10年以上再换吧？”

客户：“是的。”

推销员：“那么就按使用10年算，您每年也就是多花了100元，您说是不是这样？”

客户：“没错。”

推销员：“1年100元，那每个月该是多少钱？”

客户：“喔！每个月大概就是8元多点吧！”

推销员：“好，就算是8.5元吧。您每天至少要用两次吧，早上和晚上。”

客户：“有时更多。”

推销员：“我们保守估计为每天两次，那也就是说每个月您将用60次。所以，假如这套家具每月多花了8.5元，那每次就多花不到1.5角。”

客户：“是的。”

推销员：“那么每次不到1.5角，却能够让您的家变得整洁，让您不再为东西没合适地方放而苦恼，而且还起到装饰作用，您不觉得很划算吗？”

客户：“你说得很有道理，那我就买下了。你们是送货上门吧？”

推销员：“当然！”

在销售中，运用数字技术就可以化解顾客类似的价格异议。这个案例就是其中的典型代表。案例中，推销员向客户推销一套价格昂贵的家具，客户认为太贵了，这时候推销员需要做的就是淡化客户的这种印象。于是，推销员开始运用自己高超的数字技术，他先假设这套家具能够使用10年，然后把客户认为贵了的1000多元分摊到每年、每月、每天、每次，最后得出的数据为每次不到1.5角，这大大淡化了客户“太贵了”的印象，最后成功地售出了这套昂贵的家具。

可见，推销员在与客户的沟通中，如果能够在回答潜在客户的问题时自然地采用数字技术，那么成交也就不再是难事了。

客户心存疑虑怎么办

销售心理学一点通：打消客户的疑虑，真诚的解释是一种好方法。

在商务沟通中，消除客户的疑虑是非常重要的。当客户对你的询问表示要考虑时，你必须用你的真诚消除客户的疑虑，只有当客户对你的产品或服务完全相信，没有任何疑虑时，你的沟通才算是成功的，最终才能达到成交的目的。

销售人员：“您好！韩经理，我是××公司的×××，今天打电话给您，主要是想听听您对上次和您谈到购买电脑的事情的建议。”

客户：“啊，你们那台电脑我看过了，品牌也不错，产品质量也还好，不过我们还需要考虑考虑。”

（客户开始提出顾虑，或者说是异议。）

销售人员：“明白，韩经理，像您这么谨慎的负责人做事考虑得都会十分周全。只是我想请教一下，您考虑的是哪方面的问题？”

客户：“你们的价格太高了。”

销售人员：“您主要是与什么比呢？”

客户：“你看，你们的产品与××公司的差不多，而价格却比对方高出1000多块钱呢！”

销售人员：“我理解，价格当然很重要。韩经理，您除了价格以外，买电脑，您还关心什么？”

客户：“当然，买品牌电脑我们还很关心服务。”

销售人员：“我理解，也就是说服务是您目前最关心的一个问题，对吧？”

客户：“对。”

销售人员：“您看，就我们的服务而言……您认为怎么样？”

客户：“你们的技术支持工程师什么时候下班？”

（客户还是有些问题，需要解释，这是促成交易的时机。）

销售人员：“一般情况下，晚上11点！”

客户：“11点啊。”

（听到客户有些犹豫。）

销售人员：“是这样的，也是考虑到商业客户一般情况下9点钟都休息了，所以才设置为11点的，您认为怎么样？”

客户：“还好。”

（客户开始表示认同，这就等于发出了购买信号，这时可以进入促成阶段了。）

销售人员：“韩经理，既然您也认可产品的质量，对服务也满意，您看我们的合作是不是就没有什么问题了呢？”

客户："其实吧，我是在考虑买兼容机好一些呢，还是买品牌机好一些，毕竟品牌机太贵了。"

（客户有新的顾虑，这很好，只要表达出来，就可以解决。）

销售人员："当然，我理解韩经理这种出于为公司节省采购成本的想法，这个问题其实又回到我们刚才谈到的服务上。我担心的一个问题是，您买了兼容机回来，万一这些电脑出了问题，您不能得到很好的售后服务保障的话，到时带给您的可能是更大的麻烦，对吧？"

客户："对呀，这也是我们为什么想选择品牌机的原因。"

（客户认同销售人员的想法，这是促成交易的时机。）

销售人员："对对对，我完全赞同韩经理的想法，您看关于我们的合作……"

客户："这事，您还得找采购部人员，最后由他们下单购买。"

销售人员："那没关系，我知道韩经理您的决定还是很重要的，我的理解就是您会考虑使用我们的电脑，只是这件事情还需要我再与采购部人员谈谈，对不对？"

在这个案例中，销售人员成功地消除了客户的疑虑，最终取得了成功。

在进行产品介绍和要求订货时，大多数客户总会对产品心存疑虑。他们担心的问题可能是客观存在的，也可能只是心理作用。销售人员应该采取主动的方式，发现客户的疑问，并打消客户的疑虑。

例如，他们说"我还是再考虑考虑"，这只不过是一种推托之语；销售人员追问一句，他们往往会说"如果不好好考虑……"，这还是一种委婉的拒绝。怎样才能把他们那种模棱两可的说法变成肯定的决定，这就是销售人员应该来完成的事。

当客户说："我再好好考虑……"

销售人员就应表现出一种极其诚恳的态度对他说："你往下说吧，不知是哪方面原因，是有关我们公司方面的吗？"

若客户说："不是，不是。"

那么销售人员马上接下去说："那么，是由于商品质量不高的原因？"

客户又说："也不是。"

这时销售人员再追问："是不是因为付款问题使您感到不满意？"追问到最后，客户大都会说出自己"考虑"的真正原因："说实在话，我考虑的就是你的付款方法问题。"

不断地追问，一直到他说出真正的原因所在。当然，追问也必须讲究一些技巧，而不可顺口答话。例如，销售人员接着他的话说："您说得也有道理，做事总得多考虑一些。"这样一来，生意成功的希望则成为泡影。

转变客户的需求标准

销售心理学一点通：销售员想让客户转变需求标准时，应站在客户的立场上，想客户之所想，启发客户选择最佳需求标准。

张平："我听说您有意向我们公司买一辆货车，我想我也许能帮上您的忙。"

客户："我想买一辆2吨位的货车。"

张平："2吨有什么好的？万一货物太多，4吨不是很实用吗？"

客户："我们也得算经济账啊！这样吧，以后我们找时间再谈。"

（此时，推销明显有些进行不下去了，如果张平没有应对策略也许就到此为止了，但张平不愧是一位销售高手。）

张平："您运的货物每次平均重量一般是多少？"

客户："很难说，大约2吨吧。"

张平："是不是有时多，有时少呢？"

客户："是这样。"

张平："货车的选择，一方面要看货物的多少，另一方面要看在什么路上行驶。您那个地区是山路吧？而且据我所知，如果路况并不好，那么汽车的发动机、车身、轮胎承受的压力是不是要更大一些呢？"

客户："是的。"

张平："您主要利用冬季营运吧？那么，这对汽车的承受力是不是要求更高呢？"

客户："对。"

张平："货物有时会超重，又是冬天里在山区行驶，汽车负荷已经够大的了，您在决定购车型号时，连一点余地都不留吗？"

客户："那你的意思是……"

张平："您难道不想延长车的寿命吗？一辆车满负荷甚至超负荷，另一辆车从不超载，您觉得哪一辆寿命更长？"

客户："嗯，我们决定选用你们的4吨车了。"

就这样，张平顺利地卖出了一辆4吨位的货车。

在这个案例中，我们看到，张平负责推销4吨位货车，而顾客想要2吨位的货车，因此在谈话刚刚开始，张平就遭到了客户的拒绝——“以后我们找时间再谈”。这是客户做出的决策，是不容易改变的，这时候，如果张平没有应对的策略，那么谈话也就到此结束了。

“您运的货物每次平均重量一般是多少？”通过这么一句感性的提问，聪明的销售员把客户的思维拉了回来。在下面的交谈中，张平做了一个重要的工作：影响客户的需求标准！让客户自己制定对销售人员有利的需求标准。

谈到对我们有利的需求标准，我们应该知道自己的独有销售特点。独有销售特点是公司与竞争对手不同的地方，也是使公司与竞争对手区别开来的地方。独有销售特点可能是与公司相关的，也可能是与公司的产品相关的，也可能是与销售人员相关的，总之，一定要做到与众不同，与众不同将使公司更具有竞争优势。知道了自己的与众不同之处后，再与客户在电话中交流时，就尽可能地将客户认为重要的地方引导到自己的独有销售特点上，通过转变客户的需求来影响客户的决策。

当然，我们在电话中与客户谈独有销售特点时，重点应放在独有销售特点所带给客户的价值上。

总的来说，销售员在销售期间仔细倾听客户的意见，把握客户的心理，这样才能保证向客户推荐能够满足他们需要的商品，才能很容易地向客户进一步传递商品信息，而不是简单地为增加销售量而推荐商品。转变客户的需求标准来实施销售就是要站在客户的立场上，想客户之所想，这样才能成功成交。

不放弃未成交的客户

销售心理学一点通：不少销售人员常常犯一个错误，他们强调通过售后服务等手段与已成交顾客建立关系，却忽视了未成交的客户。

做客户开发的工作总会有许多意想不到的阻力，比如遇到特别难缠的客户或遭遇别人的白眼，这些都很常见。一帆风顺的客户管理工作是不可能有的，否则就不会有到处抱怨客户工作难做的人了。

有的销售人员总说："客户太难找了，好不容易接近一个人，却又不要我们的产品！"若果真如此，客户都跑到哪儿去了呢？其实，我们要做的仅仅是再坚持一下，不要因为一次挫折、一次失败就放弃那些对我们不怎么感兴趣的客户。

并非每一次销售都能成功。对于销售人员来说，未成交客户的数量远远大于成交客户的数量。不少销售人员常常犯一个错误，那就是他们强调通过售后服务等手段与已成交顾客建立关系，却忽视了未成交的客户。其实，与未成交的客户建立良好的关系同样十分必要，主要表现在：

1. 只要是我们的潜在客户，即使没有成交也不能放弃

所谓潜在客户就是：第一，他们需要我们的产品和服务；第二，他们有购买力。没有成交的原因是多种多样的：

有的是暂时还不需要，但一段时间以后会有此种需求；有的是已有稳定的供货渠道；有的则纯粹是由于观望而犹豫不定，等等。但是，情况是在不断变化的，一旦成交障碍消失，潜在客户就会采取购买行动。如果销售人员在实效访问失败之后，没有着手建立联系，那么就无法察觉情况的变化，就不能抓住成交的机会。

2. 要有锲而不舍的精神，多和未成交客户联系

为了说服某一客户购买保险，销售人员常常要做第二次、第三次，甚至更多次访问。每一次访问都要做好充分的准备，尤其要了解客户方面的动态。而了解客户最好的方法莫过于直接接触客户。如果第一次访问之后，销售人员不主动与客户联系，就难以获得更有价值的信息，就不能为下一次访问制定恰当的策略。如果一个销售人员在两次拜访之间不能随时掌握客户的动态，那么在下一次拜访时，他就会发现：重新修改的服务方法必须再次进行

修改。

3. 和未成交客户做朋友，改变他们对我们企业、产品的看法

比如一位对安利产品一直有成见的客户，起初拒绝的态度相当强硬。但是有个销售人员始终没有放弃她，而是努力接近她，同她谈生活、谈理想，就是不谈要她买安利的产品。最后客户反倒忍不住了，向销售人员问起安利的状况。于是，一场改变她态度的谈话开始了。

所以，对于拒绝我们的客户，我们在心理上要有接受失败的准备，不可因为挫折而灰心丧气，始终都要抱着一颗积极的心，随时准备走进客户的心门。

以过硬的专业知识赢得信任

销售心理学一点通：无论在销售过程中，还是售后的服务中，一个出色的销售人员应具备过硬的专业知识。

如果你是一位电脑公司的客户管理人员，当客户有不懂的专业知识询问你时，你的表现就决定了客户对你的产品和企业的印象。

一家车行的销售经理正在打电话销售一种用涡轮引擎发动的新型汽车。在交谈过程中，他热情激昂地向他的客户介绍这种涡轮引擎发动机的优越性。

他说：“在市场上还没有可以与我们这种发动机媲美的，它一上市就受到了人们的欢迎。先生，您为什么不试一试呢？”

对方提出了一个问题：“请问汽车的加速性能如何？”

他一下子就愣住了，因为他对这一点非常不了解。

理所当然，他的销售也失败了。

试想，一个销售化妆品的人对护肤的知识一点都不了解，只是一心想卖出其产品，那结果注定会失败。

房地产经纪人不必去炫耀自己比别的任何经纪人都更熟悉市区地形。事实上，当他带着客户从一个地段到另一个地段到处看房的时候，他的行动已经表明了他对地形的熟悉。当他对一处住宅做详细介绍时，客户就能认识到销售经理本人绝不是第一次光临那处房屋。同时，当讨论到抵押问题时，他所具备的财会专业知识也会使客户相信自己能够获得优质的服务。前面的那位车行的销售经理就是因为没有丰富的知识使自己表现得没有可信性，才使他的推销失败。而想要得到回报，你必须努力使自己成为本行业各个业务方面的行家。

不管你推销什么，人们都尊重专家型的销售经理。在当今的市场上，每个人都愿意和专业人士打交道。一旦你做到了，客户会耐心地坐下来听你说那些想说的话。这也许就是创造销售条件、掌握销售控制权最好的方法。

除了对自己的产品有专业知识的把握，有时我们也要对客户的行业有大致了解。

销售经理在拜访客户以前，应对客户的行业有所了解，这样才能以客户的语言和客户交谈，拉近与客户的距离，使客户的困难或需要立刻被觉察而有所解决，这是一种帮助客户解决

问题的推销方式。例如，IBM的业务代表在准备出发拜访某一客户前，一定先阅读有关这个客户的资料，以便了解客户的营运状况，增加拜访成功的机会。

莫妮卡是伦敦的房地产经纪人，由于任何一处待售的房地产可以有好几个经纪人，所以，莫妮卡如果想出人头地的话，只有凭着丰富的房地产知识和服务客户的热忱。莫妮卡认为："我始终掌握着市场的趋势，市场上有哪些待售的房地产，我了如指掌。在带领客户察看房子以前，我一定把房子的有关资料准备齐全并研究清楚。"

莫妮卡认为，今天的房地产经纪人还必须对贷款有所了解。"知道什么样的房地产可以获得什么样的贷款是一件很重要的事。所以，房地产经纪人要随时注意金融市场的变化，才能为客户提供适当的融资建议。"

如果一个销售员对自己产

品的相关知识都不了解的话，一定没有哪个客户会信任他。当我们能够充满自信地站在客户面前，无论他是有不懂的专业知识要咨询，还是想知道市场上同类产品的性能，我们都能圆满解答时，才算具备了过硬的专业知识。

化僵局为妙棋的心理对策

销售心理学一点通：被拒绝就是僵局，销售人员要有化僵局为妙棋的能力。

在销售中遭到拒绝，对于一个销售员来说是家常便饭的事情。但是，被拒绝不单是心里不好受，还与经济收入直接挂钩，这就需要我们掌握一些必备的应对策略，化僵局为妙棋。

1. 客户说“没兴趣、不需要”

这是销售员听到的最多的拒绝语言，因为这几乎是客户的口头禅。但这个口头禅恰恰又是销售人员让客户养成的，因为大部分销售人员喜欢一来就推销产品，对于来路不明、不熟悉的人和产品，客户的第一反应肯定是不信任，所以很自然地就以没兴趣、不需要为由拒绝了。建立信任是推销的核心所在，无法赢得信任就无法推销，没有信任的话你说得越精彩，客户的心理防御就会越强。特别是诓骗虚假之词更是不能使用，因为在成交之前，客户对你说的每一句话都会抱着审视的态度，如果再加上不实之词，其结果可想而知。

所以，避免此类拒绝最好的方式就是在最开始的时候尽一切可能增加和坚定顾客的信任度，无论是产品的质量还是个人的态度、举止、形象都要让人觉得可靠。

2. 客户说“我现在很忙，以后再说吧”

这种拒绝虽然出于好意，却很难让人捉摸透。有的是真的很忙，但大多数时候只是一个很温柔的拒绝。对于这种拒绝，我们可以这么说：“我知道，时间对于每个人来说都是非常宝贵的。这样吧，为了节约时间，我们只花两分钟来谈谈这件事情。如果两分钟之后，您不感兴趣，我立即出去，再也不打扰您了，可以吗？”

3. 客户说“我们现在还没有这个需求”

社会在变化，需求也在不断地变化。今天不需要，并不代表明天不需要；暂时不需要，不代表永远不需要。所以有些需求是潜在的，关键在于你是否能把潜在客户沉睡的购买欲望给唤醒。经常会存在这样一种状况：当你被人以“我们现在还没有这个需求”拒绝之后，第二天却发现这个客户竟然在另外一家公司购买了同样的产品。

心理学家在分析一个人是否具有购买某一商品的动机时，得出了这么一个结论：人们的购买动机通常有两个，一个是购买这个产品能给自己带来怎样的快乐享受，另一个是如果不购买自己会遭受怎样的损失和痛苦。将这两个动机攻破了，客户的拒绝碉堡也就自然攻破了。

4. 客户说“我们已经有其他供应商了”

当客户告诉销售人员“我们已经有其他供应商了”，这往往是真实的情况。但这并不意味着销售员就完全没有机会了，恰恰相反，销售员还有很多的机会。因为，当客户正在使用其他供应商提供的某一产品时，正好说明这个客户已经认可了这个产品。这样就不用我们的销售员花时间来反复陈述某一产品能给客户带来怎样的好处，而只需很巧妙地告诉客户自己的产品与客户正在使用的产品存在哪些差异，而这些差异又会给他带来怎样的好处，最后让客户自己去权衡。一家企业在选择与谁合作的时候，考虑最多的还是利益。如果销售员非常自信自己的产品比客户正在使用的产品更有优势的话，那么自己就随时有机会取代客户现有的供应商。

5. 客户说“你们都是骗子”

当客户说这句话的时候，销售员也先别恼，这说明客户曾经受到过伤害。“一朝被蛇咬，十年怕井绳”，曾经的阴影让他们太刻骨铭心了。如果这个心结不打开的话，想把类似的产品销售给他几乎是不可能的事情。但是这并不等于这个客户不需要此类产品。在这种情况下，销售员可以试着和他一起找原因，如果是销售员的原因，就真诚地向客户道歉，必要时适当补偿对方的损失。只要对方的心结打开了，生意也就可以继续了。

6. 客户说“你们的产品没什么效果”

客户这么说的话，实际上已经否定了销售员的产品，并将此类销售打入“黑名单”。这个问题有些棘手。销售员必须站在客户的立场考虑问题，在第一时间承认错误，并积极地寻找问题的根源。让客户明白自己的公司已经今非昔比，过去不代表现在，并想办法解决这个问题。

7. 客户说“你们的价格太高了”

客户说这样的话，严格来说还谈不上是一种拒绝，这实际上是一种积极的信号。因为这意味着在客户的眼里，除了“价格太高”之外，客户实际上已经接受了除这个因素之外的其他各个方面。

这个时候，立即与客户争辩或者一味降价都是十分不理智的。销售员需要及时告诉客户自己马上与领导商量，尽量争取给一个优惠的价格，但暗示有困难。等再次与客户联系的时候，再告诉客户降价的结果来之不易，降价的幅度不需要太大，但要让客户感觉到利润的空间真的很小，销售方已经到了没有钱赚的边缘。或者询问客户与哪类产品比较后才觉得价格高，因为有很多客户经常拿不出同一个档次的产品进行比较。通过比较，让客户明白一分钱一分货的道理，最终愿意为高质量的产品和服务多付一些钱。

让“反对问题”成为卖点

销售心理学一点通：很多时候，客户的一些“反对问题”也能成为销售的独特卖点。

一些销售人员在遇到客户提出的负面问题，或者是指出产品的缺点时，就慌忙进行掩盖，结果越掩盖越是出现问题。其实，很多时候，客户的一些“反对问题”也能成为销售的独特卖点。

让“反对问题”成为卖点是一种很棒的销售技巧，因为它的说服力非常强。所谓“准客户的反对问题”有两种：一个是准客户的拒绝借口，一个是准客户真正的困难。不管是哪一种，只要你有办法将“反对问题”转化成你的销售卖点，你都能“化危机为转机”，进而创造“商机”。如果这是准客户的拒绝借口的话，他将因此没有借口拒绝你的销售；如果是准客户的真正困难所在，你不就正好解决了他的困难吗？他又有什么理由拒绝你的销售呢？

假如你向顾客推荐你所在银行的信用卡服务时，顾客说：“不用了，我的卡已经够多了。”

你可以这样回答说：“是的，常先生，我了解您的意思，就是因为您有好几张信用卡，所以我才要特别为您介绍我们这张‘××卡’，因为这张卡不管是在授信额度上、功能上或是便利性上，都可以一卡抵多卡，省去您必须拥有多张卡的麻烦。”

如果客户说：“我现在没钱，以后再说吧。”

销售人员可以说：“听您这么说，意思是这套产品是您真正想要的东西，而且价格也是可以接受的，只是没有钱。我想说的是既然是迟早要用的东西，为什么不早点买？早买可以早受益。而且，世界上从来就没有钱的问题，只有意愿的问题，只要您决定要，您就一定可以解决钱的问题。”

如果客户说：“价格太高了。”

销售人员可以说：“依您这么说，我了解到您一定对产品的品质是相当满意的，对产品的包装也没有异议，您心里一定也想拥有这套产品。既然对品质、包装、功效这些重要的方面是满意的，就没有必要在乎价格的高低，有些时候，价格真的不重要。”

如果客户说：“我想我现在不需要，需要的时候再找你吧。”

销售人员可以说：“谢谢您对我的信任。听您的意思是说，现在不需要，以后肯定需要。那就是说您对产品的各个方面都是相当满意的，是吧？既然以后肯定需要，为何不现在买呢？我很难保证以后是不是可以以这么低廉的价格买到品质这么好的产品。”

假如顾客说：“没有兴趣。”

销售人员可以说：“是的，正因为您没有兴趣，我才会打电话给您。”

假如顾客说：“我已经有同样的东西，不想再找新厂商了！”

销售人员可以说：“依您这么说，您是觉得这种产品不错嘛！那您为什么不选择我们呢？我们公司可以提供给您更优厚的运转资金条件，节省下来的资金费用正好可以付每个月的维修费用，每个月维修等于是免费的呢！”

假如，你的客户对你说：“我现在还不到30岁，你跟我谈退休金规划的事，很抱歉！我觉得太早了，没兴趣。”

销售人员就可以用让“反对问题”成为卖点的技巧回复他：“是的，我了解您的意思。只是我要提醒您的是，准备退休金是需要长时间的累积才能达成的，现在就是因为您还年轻，所以您才符合我们这项计划的参加资格。这个计划就是专门为年轻人设计的。请您想一想，如果您的父母现在已经五六十岁了，但是还没有存够退休金的话，您认为他们还有时间准备吗？所以，我们也就无法邀请他们参加了！”这样一来，客户就很可能被你的“反对问题”给说服了，而愿意与你达成交易。

所以，在销售中，如果客户提出一个在一般人看来都是一条很充分的理由拒绝你时，你不妨采用让“反对问题”成为卖点的技巧，这样往往会有意外的收获。

为销售付出最完美的服务

销售心理学一点通：只有把销售融入服务当中，才能真正让服务发挥效果，为你的销售锦上添花。

销售和服务是孪生姐妹，两者相辅相成，有好的服务，必有好的销售业绩。但是，如果我们的服务都仅仅是为了促进销售而做，那么一定不会有很好的效果。即便你这一回侥幸赚了一部分钱，也是因为客户第一次相信你，第二次他绝不会再相信你。

经济学上可以将买卖分为“一次性博弈”和“重复性博弈”两种。在一次性博弈中，博弈双方在没有强烈的道德与情感的因素约束下，参与人都会为自己当前的最大收益奋斗。如果我们将销售当作是一次性博弈，在这一情境下的销售员很可能就将服务当作为销售而做的功利性服务，只考虑当前的最大利益，为了成交当前的买卖而对消费者极尽贴心热情之事，一旦成交便态度迥异。

然而，成功的销售一定是将与消费者之间的交易看作是多次的重复性博弈的。多次博

弈与一次性博弈完全不同，它遏制了人们的绝对功利性，每一个参与人的行动都是小心翼翼的，因为他们知道自己不是一次性博弈，需要为将来考虑。如果有谁在第一次博弈中就要尽卑鄙的手段，或者背叛，或者不诚实合作，那么他最终将自食恶果。在销售中，如果不重视买和卖之间的重复性博弈，那么你很难真正享受服务带给你的长期回报。

任何带有功利性、动用诡计的服务都不能让销售成为重复性博弈的过程。相反，不为销售而为客户做的服务，是一种真诚的付出，只有这种无私的服务才会打动客户的心，让客户愿意长期与你合作。因此，对于销售员来说，只有把销售融入服务当中，才能真正让服务发挥效果，为你的销售锦上添花。

安娜是美国一家房地产公司的顶尖经纪人之一，她一年的销售额高达1000万美元。谈及自己获得高额销量的制胜法宝时，安娜只说了一句话：绝不只为销售而服务。

一天，一对夫妇从外地驾车来到罗克维尔市，想在罗克维尔买一栋房子并定居下来。经人介绍，这对夫妇找到安娜，安娜热情地接待了他们。

然而，安娜没有立刻带这对夫妇去看待售的房子，而是带他们参观社区、样板房，介绍当地的生活习惯、生活方式，并带这对夫妇参加小城的节日，让他们免费享受热狗、汉堡、饮料。

“每到傍晚时分，滑水队伍会在湖上表演，市民则在船上的小木屋里吃晚餐，”安娜为他们一一介绍道，“再稍后，他们在广场看五彩烟火；然后再去商场，这里的购物环境非常优美，价格也非常公平；待会，我再带你们去看看我们社区内最好的学校。”

最终，这对夫妇满意地决定在湖畔购买一套价值60万美元的房子。然而，客户付款后，安娜的服务仍然没有结束：协助客户联系医生、律师、清洁公司；帮助客户联系女儿的上学事宜；帮客户买电、买煤气。

安娜通常会在每年的圣诞假期为自己服务过的客户举办一场盛大的宴会，从纽约请5～7人的乐队进行伴奏，准备香槟、饮料、鲜嫩的牛肉片和鸡肉，提供各种型号的晚礼服。安娜举杯向客户敬酒，感谢客户们的支持与信任，祝福客户生活得更美好。她会一个一个地与客户私下沟通，问对方是否需要帮助，并承诺以后会提供更好、更优质的服务。在客户离开的门口，放着许多挂历、钢笔、书籍等实用的小礼物，让客户离开时随意拿。

有了如此细致周到的贴心服务，安娜何愁没有惊人的销售业绩呢？

正如安娜自己所言，她成功的秘诀就在于真正做到了“绝不只为销售而服务”。在与客户见面后，她不急着直接介绍房子，而是先带他们了解周围的环境和当地的文化，让客户能充分获得有效的信息，同时也获得充分的时间分析、思考是否适合在这里居住。当客户购买房子后，安娜还提供了许多看似与房产无关的服务，时刻与客户保持良好的关系，让客户感觉不仅仅买了一套设施便捷的房子，更获得了未来生活的安全感。

这正是将与客户的关系当作是多次的重复性博弈来看待，自然也能够收获长期的忠实客户。

销售员在销售过程中一个颇为头痛的大难题就是如何与客户建立好感与信任。其实，安娜已经向我们传授了成功的经验：真诚的服务会让一切问题迎刃而解。真诚的服务不是为了销售而服务，而是真正设身处地地站在客户的角度，将买卖当作是重复性博弈，建立长期的好感与互信，将销售融入服务当中而使销售变得无痕无迹。作为推销员，要获得很好的销售业绩，也要向安娜学习，让优质的服务起到四两拨千斤的作用。

让客户意识到高成本意味着高收益

销售心理学一点通：销售人员要善于通过理性分析让客户认识到其成本投入即使稍高也是值得的。

在销售中，客户对于收益的考虑都很理性。但是人们对成本的印象却是感性的，推销员要灵活运用销售技巧，让客户认识到高收益需要通过较高成本的投入才能实现。只有通过这样的途径，销售员的销售目的才可能实现。

程政是一家咨询公司的销售顾问，这次他负责的是一家生产企业的销售咨询工作，当销售进展到快签约的时候，该企业的总经理打电话来提出了异议。

总经理："我不明白为什么你们公司派了3个咨询师替我们改善库存与采购系统，两个月的时间要支付24万的费用，这相当于每个人每月4万，这样我都可以雇用3个厂长了。"

程政：“王总，我们的咨询师花了两个星期对贵厂采购作业流程、生产流程、现场生产及作业流程的现状进行了详细的了解。据我们了解，贵企业的每年平均库存为1个月，金额为600万，由于生产数量逐年增长，库存金额与平均库存月份也逐年上升。通过我们的改善方案的执行，贵企业在半年后，库存金额能下降至300万，您的利息费用每年最少可下降30万，您节省的费用足够支付咨询费。”

总经理：“话是不错，那你们怎么保证能将库存降至300万？”

程政：“如果贵公司的采购作业方式，特别是在交货期及交货品质两个要点上有所改善，生产流程及作业方式能够调整更改，品质的监控制度能够完善，最后显现的结果必然是库存的降低。王总，您完全可以评估出来，您支付给我们公司的顾问费其实都是从您节省的费用中提出的，您根本就不需要多支付任何额外的费用，却能达到提升工厂管理品质的目的。我们会让您清楚地看到您投入的每一分钱都能够得到明确的回报，若您认为不值得，您可立刻终止付款。王总，我诚恳地建议您，这的确是值得一试的事情，您若同意现在就签约，我可以安排一个半月后就开始进行这个方案。”

总经理在权衡了这个方案的成本和收益以后决定签约。

当客户有明确需求，但认为成本太高时，销售人员要让客户认识到高成本能带来巨大的收益，高成本投入是值得的。上述案例中的推销员就不愧为这方面的高手。当客户对产品有明确的需求，但表示价格成本过高时，销售员认识到，仅仅从价格成本这一层面进行说服显然不能取得客户的认同，于是，他发挥了自己逻辑分析能力的优势，为客户详细分析了花费这些成本费用所能取得的收益。

对一般客户而言，只要提到成本，尤其是较高成本，都会认为是物超所值的。其实这不过是一种对表面现象的思考。当客户对你说“产品确实不错，但是价格太高，我们不能接受”时，请你运用本节谈到的技巧对其加以说服。

将客户的思维从成本太高逐步转移到取得的收益上来，当客户认识到自己花费的成本能带来更大收益的时候，签单就顺理成章了。在我们的实际销售工作中，如果碰到类似的情况，不妨向这位销售员学习，想方设法把客户的需求从感性认识过渡到理性思考，那样的话，即使成本再高，客户也会毫不犹豫地签单的。

为促进成交**准备多种方案**

销售心理学一点通：在销售中，我们应该充分运用发散思维方法，从不同的方面对问题进行分析，准备多种解决方案，以利于彻底解决问题。

番茄酱是日本人最爱吃的一种调料，因此在日本销量非常大，竞争十分激烈。在众多的经营者中，可果美与森永两家是最重要的竞争者，但长期以来，可果美的销量都是森永的两倍。

两家质量一样好，甚至森永在广告方面比可果美做得还要好，为什么销量方面却输给人家呢？森永的老板百思不得其解。

后来，森永的老板发动公司员工分析原因并出谋划策。

经过众人的努力，一个多月以后，公司收到数百份建议书，其中有一个推销员提出：将番茄酱的包装瓶口改大，让大的汤匙可以伸进去掏。

奇招，真是奇招！老板立即采纳并投入生产。

结果非常成功，销量急剧增加。不到半年时间，森永公司的销量超过了可果美，一年后，它占有了日本大部分市场。

为何情况会一下子改变呢？

原来，森永公司的番茄酱与其他公司一样，使用装啤酒和酱油一样的玻璃瓶包装，由于瓶口太小，消费者使用时得用力摇晃后将瓶子倒过来，番茄酱才慢慢流出来。这样虽可节省消耗，但消费量就不会多了。

所以，森永公司把瓶口改大后，改正了原来的缺点，喜欢吃番茄酱的日本人不知不觉中多消费了番茄酱，还觉得它方便使用，故此大家都纷纷购买森永的番茄酱。

发散性思维又叫辐射思维、求异思维、开放思维等，它是指围绕一个中心问题，多方面进行思考和联想以探求问题答案的思维方式。“多”是发散性思维的最大特点：多角度、多层次、多思路……然后从中选择最好的方法，求得最佳的答案。发散性思维能够打破原有的思维格局，为思考者提供一种全新的思考方式。

就像上述案例中销售番茄酱的森永公司，虽然产品质量和广告宣传都比竞争对手要好，但销量却总是输给对方，森永的老板在自己百思不得其解的情况下，发动公司员工积极思考、

献计献策，最后在数百份建议书中找到了最佳方案——将番茄酱包装瓶的瓶口改大，结果令公司产品销量大增。这就是发散性思维的力量。

因此，在销售中，我们应该充分运用发散思维法，从不同的方面对问题进行分析，准备多种解决方案，以利于将问题彻底解决。如果只是匆忙地想出一个主意就急于拍板定案，则很难获得真正高质量、高水平的最佳方案。

PART 02 敲开客户紧闭的心扉——迅速拉近心理距离的“小花招”

打造无敌亲和力

销售心理学一点通：对每一位客户一视同仁、温和有礼，用每一个细节让客户感受到你对他的尊重和重视，顾客一定会接受你。

有人说客户的心是一扇虚掩的门，销售员将其打开的金钥匙就是真诚。而将心门打开后，怎样才能成功捕获客户的心，让客户心甘情愿地接受你、喜欢你，继而愉快地与你合作？

捕获客户心理的最好方式就是情感投资，满足客户内心的需要，通过语言、神态举止让客户得到应有的尊重，用自己的行动捕获客户的信赖感。当客户被你征服，他就会毫不犹豫地跟你走。

微笑是一种美好的表情，让人觉得友善、觉得真诚、觉得亲切、觉得美丽。

销售其实就是销售员与客户之间的一场交际，一个从陌生到相识、从抗拒到接受、从质疑到满意的过程，这其中有着无数的情感变化。而销售成功与否和销售员是否懂得并准确地把握客户的内心有着很大的关系。

俗话说“不笑不开店”，在销售行业，同样有这样一句话——“你的微笑价值百万”。其实两者所说的道理都是相同的：用微笑换回巨大的利益。对于客户来说，销售员的微笑令人感到亲切而又温馨，一个真正投入感情并始终保持微笑的销售员一定会比总是板着脸的销售员赢得更多的客户与订单。真诚的、发自内心的微笑能温暖和打动别人的心，这就是微笑的魅力。

“不管我认不认识，当我的眼睛一接触到人时，我就先对对方微笑。”这是一位出色的人寿保险推销员在谈到自己赢得客户的经验时说的一句话。对于销售员来说，微笑有着独特的魅力和神奇的力量，用微笑来征服客户，比其他任何方式都更加有效和持久。

温和的眼神也是对人心灵的安抚，能给予对方心理上巨大的安慰。每一个人生活在这个世上，都会遇到各种不如意的事情，包括我们所面对的各种类型的客户，他们都曾经遭受到烦恼和痛苦，都或多或少地受到过不被重视的待遇，但温暖真诚的目光却可以使人得到安慰、获得力量。一道温和的目光如一道温暖的阳光，不仅能够照亮阴暗的心灵，还能够温暖身边人们潮湿的心灵。销售员不仅要学会对客户微笑，而且要用温和真诚的目光去关心客户，赢得客户的心。

任何一位顾客都讨厌不受到重视，当销售员对客户视而不见或者将客户晾在一边时，客户自然会让他的生意失败。对每一位客户一视同仁、温和有礼，用每一个细节让客户感受到你对他的尊重和重视，客户一定会接受你。

世界上最伟大的推销员乔·吉拉德曾经说过："当你笑时，整个世界都在笑。一脸苦相没人理睬你。"销售就好比照镜子，你如何对待客户，客户就会如何对待你。在销售中微笑、温和、礼貌与尊重，做一次或许很容易，难的是一直这样做下去；对一个客户这样做或许很容易，难的是对每一个客户都要如此。

直击推销**语言艺术**

销售心理学一点通：对话的本质并非在于你一句我一句地轮流说话，而在于相互之间的呼应。

推销过程中有几个环节很关键，做好这些关键环节以后，轻松掌握推销语言魅力就不再遥远。在推销过程中的谈话，有些属于较为正式的，其言语本身就是信息；也有些属于非正式的，言语本身未必有什么真正的含义，这种交谈只不过是一种礼节上或感情上的互通而已。

例如，我们日常生活见面时的问候，以及在一些社交、聚会中相互引荐时的寒暄之类。当你与客户相遇时，会很自然地问候："你好啊！""近来工作忙吗，身体怎样？""饭吃过了吗？"此时对方也会相应地回答和应酬几句。这些话常常没有特定的意思，只是表明，我看见了你，我们是相识的，我们是有联系的，仅此而已。

寒暄本身不正面表达特定的意思，但它却是在任何推销场合和人际交往中不可缺少的。在推销活动中，寒暄能使不相识的人相互认识，使不熟悉的人相互熟悉，使单调的气氛活跃起来。你与客户初次会见，一开始会感到不自然、无话可说，这时彼此可以找到一些似乎无关紧要的"闲话"聊起来。闲话不闲，通过几句寒暄，交往气氛一经形成，彼此就可以正式敞开交谈了。所以寒暄既是希望交往的表示，也是推销的开场白。

寒暄的内容似乎没有特定限制，别人也不会当真对待，但不能不与推销的环境和对象的特点互相协调。我们在推销开始时的寒暄与问候，应适合不同的情况，使人听来不觉突兀和难以接受，更不能使人觉得你言不由衷、虚情假意。

除了问候和寒暄之外，还要注重推销中的对话。

作为推销场合的谈话，既不同于一个人单独时的自言自语，也不同于当众演讲，而是推销双方构成的听与讲相配合的对话。对话的本质并非在于你一句一句地轮流说话，而在于相互之间的呼应。

瑞士著名心理学家皮亚杰把儿童的交谈方式分为两种。当一个儿童进行社交性交谈时，这个孩子是在对听者讲话，他很注意自己所说的观点，试图影响对方或者说实际上是同对方交换看法，这是一种对话的方式。但作为儿童的自我中心式的谈话时，孩子并不想知道是对谁讲话，也不想知道是不是有人在听他讲。他或者是对他自己讲话，或者是为了同刚好在那里的任何人发生联系而感到高兴，七岁以下的儿童就常沉溺于这种自说自话。且看两位四岁的儿童是怎样交谈的：

汤姆：今晚我们吃什么？

约翰：圣诞节快到了。

汤姆：吃烧饼和咖啡就不错了。

约翰：我得马上到商店买电子玩具。

汤姆：我真喜欢吃巧克力。

约翰：我要买些糖果和一双皮鞋。

这与其说是两人在对话，倒不如说是被打断了的双人独白。在推销双方的交谈中，有时也会出现这种现象。有的人习惯于喋喋不休地

急于把自己心中所想的事情倾吐出来，而不顾及对方在想什么和说什么，以至于对方只能等他停下来喘口气时才有机会插进几句话。

真正的推销对话，应该是相互应答的过程，自己的每一句话应当是对方上一句话的继续，对客户的每句话做出反应，并能在自己说话时适当引用和重复。这样，彼此间才能取得真正的沟通。

在推销过程中，要挑选客户最感兴趣的主题，假如你要说有关改进推销效率的问题或要把某项计划介绍给某公司董事会，那你就要强调它所带来的实际利益；若你要对某项任务的执行者进行劝说，就要着重讲怎样才能使他们的工作更为便利。

倾听让你更受欢迎

销售心理学一点通：只是想做一个好的听者，这样的人才会到哪儿都受欢迎。

韦恩是罗宾见到过的最受欢迎的人士之一。他总能受到邀请，经常有人请他参加聚会，共进午餐，担任客座发言人，打高尔夫球或网球。

一天晚上，罗宾碰巧到一个朋友家参加一次小型社交活动，他发现韦恩和一位漂亮女士坐在一个角落里。出于好奇，罗宾远远地观察了一段时间。罗宾发现那位年轻女士一直在说，而韦恩好像一句话也没说。他只是有时笑一笑，点一点头，仅此而已。几小时后，他们起身，谢过男女主人，走了。

第二天，罗宾见到韦恩时禁不住问道："昨天晚上我在斯旺森家看见你和最迷人的女孩在一起，她好像完全被你吸引住了。你怎么抓住她的注意力的？"

"很简单，"韦恩说，"斯旺森太太把乔安介绍给我，我只对她说：'你的皮肤晒得真漂亮，在冬季也这么漂亮，是怎么做的？你去哪儿了？阿卡普尔科还是夏威夷？'"

"'夏威夷，'她说，'夏威夷永远都风景如画。'"

"'你能把一切都告诉我吗？'我说。"

"'当然。'她回答。我们就找了个安静的角落，接下去的两个小时她一直在谈夏威夷。"

"今天早晨乔安打电话给我，说她很喜欢我陪她。她说很想再见到我，因为我是最有意思的谈伴。但说实话，我整个晚上没说几句话。"

看出韦恩受欢迎的秘诀了吗？很简单，韦恩只是让对方谈自己。

假如你也想让大家都喜欢，那么就尊重别人，让对方认为自己是个重要的人物，满足他的成就感，而最好的办法就是谈论他感兴趣的话题。千万不要喋喋不休地谈自己，而要让对方谈他的兴趣、他的事业、他的成功、他的孩子、他的爱好、他的旅行，等等。

让他人谈自己，一心一意地倾听，要有耐心，要抱有一种开阔的心胸，还要表现出你的真诚，那么无论走到哪里，你都会大受欢迎。

著名推销员乔·吉拉德说过这样一句话："上帝为何给我

们两只耳朵一张嘴？我想，意思就是让我们多听少说！倾听，你倾听得越长久，对方就会越接近你。”这个世界过于浮躁，每一个人都没有耐心听别人说些什么，所有的人都在等着说。再也没有比拥有一个忠实的听众更令人愉快的事情了。

一位成功的保险推销员对如何使用倾听这个推销法宝深有体会：“一次，我和朋友去一位富商那儿谈生意，上午11时开始。过了6个小时，我们走出他的办公室来到一家咖啡馆，放松一下我们几乎要麻木的大脑。可以看得出来，我的朋友对我谈生意的措辞方式很满意。第二次谈判定在午餐后2时开始直到下午6时，如果不是富商的司机来提醒，恐怕我们谈得还要更晚。

“知道我们在谈什么吗？实际上，我们仅仅花了半个小时来谈生意的计划，却花了9个小时听富商的发迹史。他讲自己是如何白手起家创造了一切，怎么在年届50岁时丧失了一切，尔后又是如何东山再起的。他把自己想对人说的事都对我们讲了，讲到最后他非常动情。

“很显然，多数人用嘴代替了耳朵。这次我们只是用心去听、去感受。结果是富商给他40岁的儿女投了人寿险，还给他的生意保了10万元险。我对自己能否做一个聪明的谈判人并不在意，我只是想做一个好的倾听者。只有这样的人才会到哪儿都受欢迎。”

倾听很重要，在人际交往中，多听少说、善于倾听别人讲话是一种很高雅的素养。因为认真倾听别人的讲话，表现了对说话者的尊重，人们往往会把忠实的听众视作完全可以信赖的知己。对于推销员而言，积极地倾听客户的谈论，有助于了解和发现有价值的信息。

推销中的**幽默规则**

销售心理学一点通：在你的推销中融进一些轻松幽默不失为一种恰当的策略，同时它也能使你的生意变得十分有趣。

日本推销大师齐藤竹之助说：“什么都可以少，唯独幽默不能少。”这是齐藤竹之助对推销员的特别要求。许多人觉得幽默好像没有什么大的作用，其实是他们不知道怎么才能够学会幽默。让我们先看看幽默有哪些好处。

那种不失时机、意味深长的幽默是一种使人们身心放松的好方法，因为它能让人感觉舒服，有时候还能缓和紧张气氛、打破沉默和僵局。

如果你在推销的时候表现出色，那么客户也是很愿意从你那儿购物的。乔·吉拉德说：“我听到过很多人说他们对外出购车常常感到头疼，但是我的客户不会这样说。当我说与吉拉德做生意是一件很愉快的事情时，我相信这句话并不是毫无意义的。”

成功的推销员大多是幽默的高手，因为他们知道幽默会减轻紧张情绪，是消除矛盾的强有力手段。在尴尬的时候幽默一下，不仅可以缓解气氛，还能让人感到你智慧的魅力。

一个缺乏幽默感的人是比较乏味的。在你的推销中融进一些轻松幽默不失为一种恰当的策略，同时它也能使你的生意变得十分有趣。否则，你的客户就会保持警惕，不肯放松。

一个推销员当着一大群客户推销一种钢化玻璃酒杯，在他进行完商品说明之后，他就向客户做商品示范：把一只钢化玻璃杯扔在地上证明它不会破碎。可是他碰巧拿了一只质量不过关的杯子，猛地一扔，酒杯碎了。

这样的事情以前从未发生过，他感到很吃惊。而客户们也很吃惊，因为他们原本已相信推销员的话，没想到事实却让他们失望了。结果场面变得非常尴尬。

但是，在这紧要关头，推销员并没有流露出惊慌的神情，反而对客户们笑了笑，然后幽默地说：“你们看，像这样的杯子，我就不会卖给你们。”大家禁不住笑起来，气氛一下子变得轻松了。紧接着，这个推销员又接连扔了5只杯子都成功了，赢得了客户们的信任，很快推销出了好多杯子。

在那个尴尬的时刻，如果推销员也不知所措，没了主意，让这种沉默继续下去，不到3秒钟，就会有客户拂袖而去，交易就会失败。但是这位推销员却灵机一动，用一句话化解了尴尬的局面，从而使推销继续进行，并取得了成功。

与客户思维保持同步

销售心理学一点通：保持与客户思维的同步，只有你的想法、行动与客户的一致，才能让客户更容易接受你。

一位心理大师曾说，人们往往错误地以为我们生活的四周是透明的玻璃，我们能看清外面的世界；事实上，我们每个人的周围都是一面巨大的镜子，镜子反射着我们生命的内在历程、价值观、自我的需要。

心理学研究发现，人们在日常生活中常常不自觉地把自己的心理特征归属到别人身上，认为别人也具有同样的特征。如自己喜欢说谎，就认为别人也总是在骗自己；自己自我感

觉良好，就认为别人也都认为自己很出色。心理学家们称这种心理现象为“投射效应”。

“投射效应”对推销最重要的一条启示是：保持与客户思维的同步，只有你的想法、行动与客户的一致，才能让客户更容易接受你。

原一平提到，根据心理学的研究，人与人之间亲和力的建立是有一定技巧的。我们并不需要与他认识一个月、两个月、一年或更长的时间才能建立亲和力。如果方法正确了，你可以在5分钟、10分钟之内，就与他人建立很强的亲和力。他认为，其中一个特别有效的方法是：在沟通时与对方保持精神上的同步。

所以优秀的推销员对不同的客户会用不同的说话方式。对方说话速度快，就跟他一样快；对方说话声调高，就和他一样高；对方讲话时常停顿，就和他一样也时常停顿，这样才不会出现“各说各话”的尴尬情景。因为能做到这一点，所以优秀的推销员很容易和客户之间形成极强的亲和力，对各种客户都应付自如。

除了思想上要与客户保持同步以外，还要吸引顾客的注意力。这对推销成功也是至关重要的。

有一个销售安全玻璃的推销员，他的业绩一直都维持在北美整个区域的第一名。在一次顶尖推销员的颁奖大会上，原一平遇到了他，原一平问他：“你用什么独特的方法来让你的业绩维持顶尖的？”他说：“每当我去拜访一个客户的时候，我的皮箱里面总是放了许多被截成15厘米见方的安全玻璃，我随身也带着一个铁锤子，每当到客户那里后我会问他：‘你相不相信安全玻璃？’当客户说不相信的时候，我就把玻璃放在他们面前，拿锤子往桌上一敲，而每当这时候，许多客户都会因此而吓一跳，同时他们会发现玻璃真的没有碎裂开来。然后客户就会说：‘天哪，真不敢相信。’这时候我就问他们：‘你想买多少？’直接进入缔结成交的步骤，而整个过程花费的时间还不到一分钟。”

当他讲完这个故事不久，几乎所有销售安全玻璃的公司的推销员出去拜访客户的时候，都会随身携带安全玻璃样品及一个小锤子。

但经过一段时间，他们发现这个推销员的业绩仍然是第一名，他们觉得很奇怪。而在另一个颁奖大会上，原一平又问他："我们现在也已经做了同你一样的事情，为什么你的业绩仍然能维持第一呢？"他笑了笑说："我的秘诀很简单。我早就知道当我上次说完这个点子之后，你们会很快地模仿，所以自那时以后我到客户那里，唯一做的事情是我把玻璃放在他们的桌上，问他们：‘你相信安全玻璃吗？’当他们说不相信的时候，我把玻璃放到他们的面前，把锤子交给他们，让他们自己来砸这块玻璃。”

许多推销员在接触潜在客户的时候都会有许多的恐惧，不论接触客户的方式是电话还是面对面的接触。每当我们刚开始接触潜在客户的时候，大部分的结果都是以客户的拒绝而收场。

接触潜在客户是必须要有完整计划的，接触客户时，我们所讲的每一句话都必须经过充分的准备。因为每当我们初次接触一位新的潜在客户时，他们总是会有许多的抗拒或借口。他们可能会找“我现在没有时间”“我不需要”等借口，会想尽办法来告诉我们他们不愿意接触我们。所以接触潜在客户的第一步，就是必须突破客户这些借口，因为如果无法有效地突破这些借口，我们就永远没有办法开始我们产品的销售过程。吸引顾客的注意力，是打开推销大门很好的方法。

别因为穿着而被拒绝

销售心理学一点通：作为一名与客户打交道的销售人员，我们应时刻注意自己的穿着，因为我们的衣着打扮代表了自身的品位，更代表了公司的形象。

人们习惯于用眼睛评判一个人的身份、背景，我们没有理由因为穿着的不当而丢失一份可能的订单。在西方有一句俗语，“你就是你所穿的”，可见人们对于仪表与穿着的重视。在华尔街还有一条类似的谚语：“不要把你的钱交给一个脚穿破皮鞋的人。”曾有位经理说过这样一个小故事：

A公司是国内很有竞争力的公司，他们的产品质量非常不错，进入食品添加剂行业一年，销售业绩就取得了不错的成绩。

有一天，我的秘书电话告诉我A公司的销售人员约见我。我一听是A公司的就很感兴趣，听客户说他们的产品质量不错，我也一直没时间和他们联系，没想到他们主动上门来了。我就告诉秘书让他下午3点到我的办公室来。

下午3点10分我听见有人敲门，就说请进。门开了，进来一个人，穿一套旧的皱皱巴巴的浅色西装，他走到我的办公桌前说自己是A公司的销售人员。

我继续打量着他，羊毛衫，打一条领带。领带飘在羊毛衫的外面，有些脏，好像有油污。黑色皮鞋，没有擦，看得见灰土。

有好大一会儿，我都在打量他，心里在开小差，脑中一片空白。我听不清他在说什么，只隐约看见他的嘴巴在动，还不停地放些资料在我面前。

他介绍完了，没有再说话，安静了。我一下子回过神来，我马上对他说：把资料放在这里，我看一看，你回去吧！

就这样我把他打发走了。在我思考的那段时间，我的心里没有接受他，本能地想拒绝他。我当时就想我不能与A公司合作。后来，另外一家公司的销售经理来找我，一看，与先前的那位销售人员简直有天壤之别，精明能干，有礼有节，是干实事的，我们就合作了。

一位迷人的销售小姐想销售一些减免所得税的投资项目。她打扮得非常漂亮——但她是去销售项目，不合时宜的打扮带给她的是负面效果。她穿着低开领的衣服，半露的胸部分散了顾客的注意力，顾客很难集中精力听她说些什么。

著名的时装设计大师夏奈尔说过："一个女人如果打扮不当，你会注意她的衣着；要是她穿得无懈可击，你就会注意这个女人本身。"

从上面两个失败的案例我们可以看出：一身不合时宜的打扮简直就会要了一个人的命。

一般来说，男销售人员不宜留长发，女销售人员不宜浓妆艳抹、穿着暴露。作为一名销售人员，你应当设法争取更多的顾客，打扮上要做到雅俗共赏。

除此以外，销售人员不能蓬头垢面、不讲卫生。有些销售人员不刮胡子，不剪指甲，一讲话就露出满口黄牙或被烟熏黑了的牙齿，衣服质量虽好，但不洗不熨，皱皱巴巴，一副邋遢、窝囊的形象。这样顾客就会联想到销售人员所代表的企业可能也是一副破败衰落的样子，说不定已经快要破产了。

人们都会通过一个人的衣着来揣测对方的地位、家庭、修养、所受的教育背景，因此我们应时刻注意自己的衣着品位，避免遭到某种不怀善意的猜测。

从有益于客户的构想出发

销售心理学一点通：除非有一个有益于对方的构想，否则你就可能会被拒绝。

为什么有的推销人员一直顺利成功，而有的推销人员则始终无法避免失败？因为那些失败的推销人员常常是在盲目地拜访客户。他们匆匆忙忙地敲开客户的门，急急忙忙地介绍产品；遭到客户拒绝后，又赶快去拜访下一位客户。他们整日忙忙碌碌，所获却不多。

推销人员与其匆匆忙忙地拜访十位客户而一无所获，不如认认真真地做好准备去打动一位客户，即推销人员要做建设性的拜访。

所谓建设性的拜访，就是推销人员在拜访客户之前，要调查、了解客户的需要和问题，然后针对客户的需要和问题，提出建设性的意见，如提出能够增加客户销售量，或能够使客户节省费用、增加利润的方法。

一位推销高手曾这样谈道：“准客户对自己的需要，总是比我们推销人员所说的话还要值得重视。根据我个人的经验，除非有一个有益于对方的构想，否则我不会去访问他。”

推销人员向客户做建设性的访问，必然会受到客户的欢迎，因为你帮助客户解决了问题，满足了客户的需要，这比你对客户说“我来是推销什么产品的”更能打动客户。尤其是要连续拜访客户时，推销人员带给客户一个有益的构想，是给对方留下良好印象的一个不可缺少的条件。

王涛的客户是一位五金厂厂长。多年以来，这位厂长一直在为成本的增加而烦恼不已。王涛经过一番详细的调查后，了解到其成本增加的原因多半在于该公司购买了许多规格略有

不同的特殊材料，且原封不动地储存。如果减少存货，不就能减少成本了吗？当王涛再次拜访五金厂厂长时，把自己的构想详尽地谈出来。厂长根据王涛的构想，把360种存货减少到254种，结果使库存周转率加快，同时也大幅度地减少了采购、验收入库及储存、保管等事务，从而降低了费用。

尔后，五金厂厂长从王涛那里购买的产品大幅度增加。

要能够提出一个有益于客户的构想，推销人员就必须事先收集有关信息。王涛说："在拜访顾客之前，如果没有收集到有关信息，那就无法取得成功。大多数推销人员忙着宴请客户单位的有关负责人，我则邀请客户单位的员工吃饭，从他们那里得到有利的信息。"

王涛只是稍做一点准备，收集到一些信息，便采取针对性的措施，打动了客户的心。王涛正因为认真地寻求可以助顾客一臂之力的方法，带着一个有益于顾客的构想去拜访客户，才争取到不计其数的客户。

微笑是你的第一张名片

销售心理学一点通：微笑是一张奇妙的通行证，常常面带笑容的人总是比面若冰霜的人更易交到朋友，更易获得他人的好感。

微笑比语言更有魅力，微笑表示的是"你好""我喜欢你""你使我感到愉快""我非常高兴见到你"。

一家纽约大百货公司的人事经理说，他宁愿雇用一个有可爱笑容而没有念完中学的女孩，也不愿意雇用一个板着面孔的哲学博士。

卡耐基鼓励学员花一个星期的时间，训练每时每刻对别人微笑，然后再回到讲习班上来，谈谈所得到的结果。情况如何呢？我们来看看威廉·斯坦哈写来的一封信。他是纽约证券股票市场的一员，他的信给我们提供了一个很有代表性的例子。

斯坦哈在信上说："我已经结婚18年了，在这段时间里，从早上起床到我上班的时候，我很少对妻子微笑，或对她说上几句话，我是最闷闷不乐的人。

"既然你要我以微笑取得的经验发表一段谈话，我就决定试一个星期看看。因此，第二天早上梳头的时候，我看着镜中的满面愁容，对自己说：'今天要把脸上的愁容一扫而光。你要微笑起来，现在就开始微笑。'当我坐下来吃早餐的时候，我用'早安，亲爱的'跟妻子打招呼，同时对她微笑。

"你曾说她可能大吃一惊，你低估了她的反应。她简直被搞糊涂了，惊诧万分。我对她说，你以后会习惯我这种态度的。现在已经两个月了，这两个月来，我们家得到的幸福比以往任何时候都多。

"现在我去上班的时候，就会对大楼的电梯管理员微笑地说'早安'；我也微笑着和大楼门口的警卫打招呼；当我跟地铁的工作人员换零钱的时候，我微笑着；当我站在交易所时，我会对那些从未见过我微笑的人微笑。

"我很快发现，每一个人也对我报以微笑。我以一种愉悦的态度对待那些满腹牢骚的人。我一面听着他们的牢骚，一面微笑着，于是问题很容易就解决了。我发现微笑给我带来更多的收入，每天都带来更多的钱。”

有人做了一个有趣的实验，以证明微笑的魅力。

他给两个人分别戴上一模一样的面具，上面没有任何表情，然后他问观众最喜欢哪一个人，答案几乎是一样的：一个也不喜欢。因为那两个面具都没有表情，他们无从选择。

然后，他要求两人把面具拿开，现在舞台上有两张不同的脸。他要其中一个人把手交叉放在胸前，愁眉不展，并且一句话也不说，另一个人则面带微笑。

他再问每一位观众：“现在，你们对哪一个人最有兴趣？”答案也是一样的：他们选择了那个面带微笑的人。

卡耐基说过：“笑是人类的特权。”微笑是人的宝贵财富；微笑是自信的标志，也是礼貌的象征。人们往往依据你的微笑来获取对你的印象，从而决定对你所要办的事的态度。只要人人都面带微笑，人与人之间的沟通将变得十分容易。

巴黎春天百货公司是世界著名商店之一，以其尽善尽美的服务闻名于世。走进商店，映入眼帘的是琳琅满目的商品，当顾客需要服务时，微笑的售货小姐总能适时出现。在这里，顾客感受到的是温馨和人间最美好的东西，无论购不购物，都会十分愉快。顾客的一切要求，在这里都会得到店员充满微笑的满意答复。因此有人说，不到“春天”，就感受不到真正的巴黎。

纯净的笑容确实是世界上最美丽的事物。中国人爱说“和气生财”，也常说“伸手不打笑脸人”，可见常常微笑对于人际交往的重要性。

记住客户的名字

销售心理学一点通：记住客户的名字，客户就会获得被重视感，甚至被感动。

记住客户的名字和称谓很重要。

在卡耐基小的时候，家里养了一群兔子，所以每天找青草喂兔子成了他每日固定的工作。卡耐基年幼时家中并不富裕，他还要代替母亲做其他的杂事，所以实在没有充裕的时间找到兔子喜欢吃的青草。因此，卡耐基想了一个办法：他邀请了邻近的小朋友到家里看兔子，要每位小朋友选出自己最喜欢的兔子，然后用小朋友的名字给这些兔子命名。每位小朋友有了与自己同名的兔子后，每天都会迫不及待地送最好的青草给与自己同名的兔子。

名字的魅力非常奇妙，每个人都希望别人重视自己，重视他的名字，就如同看重他本人一样。

1898年，纽约有一个名叫吉姆的男孩，他的父亲意外去世后，他为养家到砖厂去工作，任务是把沙摇进模型中，然后将砖放到一边，让太阳晒干。这个男孩从未有机会接受教育，但他有着爱尔兰人的乐观性格和讨人喜欢的本领。后来他开始参政，多年以后，他养成了一种非凡本领。他从未见过中学是什么样子，但在他46岁以前，4所大学已授予他学位，他成了民主党全国委员会的主席、美国邮政总监。

记者有一次采访吉姆，问他成功的秘诀。他说：“有很多。”记者说：“不要开玩笑。”

他问记者：“你以为我成功的原因是什么？”记者回答说：“我知道你能叫出1万人的名字来。”

“不，你错了，”他说，“我能叫出5万人的名字！”

销售人员在面对客户时，若能经常流利地以尊重的方式称呼客户的名字，客户对你也会更有好感。专业的销售人员会密切注意，潜在客户的名字有没有被媒体报道。若是你能带着报道有潜在客户名字的剪报拜访你初次见面的客户，客户能不被你感动吗，能不对你心怀好感吗？记住客户的名字，客户才会记住你。

PART 03

不可缺少的销售互动——良好的现场互动能达到好的效果

让客户“动”起来

销售心理学一点通：调动客户的积极性就是让客户参与到销售中来，与你一起互动，就同跳舞一样，只有你与客户兴致勃勃，协调互动，才能携手跳出美丽的舞步。

在销售过程中，有经验的销售人员会使用“诡计”调动客户的积极性，让客户动起来，而不是坐在办公桌后面听销售人员的演讲。

优秀的销售人员在做生意时，常常邀请客户尝试他们的商品。从心理学的角度来说，当客户进行尝试时，他们会觉得自己似乎已经是商品的主人了，会产生依恋，会逐渐习惯产品，这是客户最无法察觉的催眠。一旦他们习惯了，就会理所当然地将之买下。

譬如，一名出色的珠宝商人会把一枚漂亮的戒指戴在一位女孩的手指上，悄悄观察她的反应。要是她喜欢的话，商人就会说：“好是好，只是稍微大了点。不过，我会把它弄得完美无缺。美女，请问您姓什么？我会替您把它刻在戒指上。”

同样，精明的服装销售员要是看到一位客户很欣赏一套西服时，他会把它取下来，对客户说：“那边有试衣间，您可以穿上看看。”当客户出来的时候，他会指着一面镜子说：“先生，您来照照。瞧，这衣服的颜色多适合您，简直是为您定做的！”

如果客户不反对的话，你可以拿出一把尺子，在客户身上比来比去。

“这西装两肩正合适，不过，背面稍微收短了一点。”

“袖子稍长了一点，”销售员好像自言自语地说，“您想让衬衣袖口露出来吗？”他一本正经地问。

客户点头。

“那么，我就给您剪掉这么长。”

虽然客户没有开口说话，但他的沉默就意味着默许，这单生意通常是会成交的。因为销售员已经用互动的“诡计”进行了轻微的催眠，让客户熟悉、适应并依恋上了他的商品。

另外，更聪明的销售员还会利用激发客户自主意识的催眠“诡计”。具有自主意识的客户一般更信任自己，并且愿意冒险。而自主意识不强的人害怕冒险，在购买昂贵商品时会因为担心做出错误决定而犹豫不决。当销售员激发起了客户的自主意识，客户就会自主自发地进行购买，用不着销售员再苦口婆心地进行劝说了。

要想激活客户内心的自主意识，可以从了解客户的资料开始，正如一名优秀的销售人员所说的：“事先做好充分的

准备使我受益良多。当他们发现我对他们的生活了解得如此之多、如此之深时，他们简直有些受宠若惊的感觉。不用说，我已经赢了好几分。”当客户知道你是这么地想了解他，对他感兴趣，他会打开话匣子，积极地参与到销售中来。“也许推销最好的办法就是用大部分时间去听客户说话，有自主意识的人都喜欢别人洗耳恭听，所以我就静坐一旁，一脸的专注神情。但是，我不会到此为止，我在聆听的同时还会拿出笔记本和铅笔，大致记下他们说的话——而他们也喜欢我这样！我做笔记并不仅仅是为了得到一些信息，更重要的是通过记录那些‘智慧的珍珠’极大地满足他们的自主意识，让他们兴致大增——而我最终拿到了想要的订单。”

做笔记是一种获得好感的好方法，但是你不必在每一次推销中都运用这种技巧，它只是反映出你对客户讲话有兴趣而已。所以，再一次提醒你做一名好听众，当然，有时也得做一个记录员。记住，这种推销技巧只适用于当你做实情调查、收集非正式信息的时候。在某些情况下，你应当把正式信息不失时机地直接记在订单上。

积极的客户是我们的力量源泉，同样地，我们对他们的特别看重也是客户参与进来的力量源泉。销售员与客户之间友好互动的“诡计”，可以更好地对客户进行催眠，激发起客户的自主意识，激发客户主动购买的积极性。我们在销售的过程中一定要注意这一点，要根据实际情况多采用一点“诡计”让客户动起来。

在报价上吸引住顾客

销售心理学一点通：报价得当与否，对报价方的利益和以后的谈判有很大影响，报价不当甚至会失去成交的机会。

在销售过程中，报价是谈判的一项重要工作，而有的销售人员恰恰是在这个环节中出现了问题。他们总是含糊报价，以为这样就可以搪塞过去，但是问题也就出在这里，客户可能因为你不够诚实而取消合作。

詹姆斯经过几次电话拜访之后，终于与路易斯先生就购买网络服务器达成了初步意向。这天，他又给路易斯打电话。

詹姆斯：“路易斯先生，你好，我是詹姆斯。”

路易斯：“詹姆斯，你这电话来得正是时候，刚才财务部来人，要我把新购设备的报价单给他们送过去，他们好考虑一下这笔支出是否合算。”

詹姆斯：“这个嘛，你别着急，价格上不会太高的，肯定在你们的预算支出之内。”

路易斯：“詹姆斯，财务部的人可是只认数字的，你总应该给我一个准确的数字吧，或者该把报价单做一份给我吧。”

詹姆斯：“哦，放心好了，路易斯先生，顶多几十万，不会太多的。对你这么大的公司来说，这点钱实在不算什么。”

路易斯：“詹姆斯，几十万是什么意思？这也太贵了吧。你怎么连自己产品的价格都如此含混不清呢？看来，我得仔细考虑一下是否购买你们的网络服务器了。”

当客户询价时，报价是谈判的一项重要工作，绝不能含糊、搪塞，否则客户可能因为你不够诚实而取消合作。那么怎样做才能避免出现此类问题呢？销售人员要遵守以下几个原则：

1. 科学定价原则

制订一个合理的价格是处理好问题的基础与前提。销售人员必须和公司商量，制订出合理的价格，而不可擅自做主，不负责任地给客户报价。

2. 坚信价格原则

推销员必须对自己产品的价格有信心。推销员定价前应慎重考虑，一旦在充分考虑的基础上确定价格后，就应对所制订的价格充满信心，要坚信这个价格是客户都会满意的价格。

3. 先价值后价格原则

在推销谈判过程中应先讲产品的价值与使用价值，不要先讲价格，不到最后成交时刻不谈价格。推销员应记住，越迟提出价格问题对推销员就越有利。客户对产品的使用价值越了解，就会对价格问题越不重视。即使是主动上门取货与询问的客户，亦不可马上征询他们对价格的看法。

4. 坚持相对价格原则

推销员应通过与客户共同比较与计算，使客户相信产品的价格相对于产品的价值是合理的。相对价格可以从以下几方面证明：相对于购买产品以后的各种利益、好处及需求的满足，推销产品的价格是合理的；相对于产品所需原料的难以获取，相对于产品的加工复杂程度而言，产品的报价是低的。虽然从绝对价值看价格好像是高了点，但是每个受益单位所付出的费用相对少了，或者是相对于每个单位产品，价格是低的。

送给客户适当的小礼物

销售心理学一点通：送给客户礼物时一定要让对方感觉到礼物是传递你的友谊、爱和温暖，而不是贿赂。

日本人最懂得赠送小礼物的奥妙，大多数公司都会费尽心机地制作一些小赠品，供推销人员初次拜访时赠送给客户。小赠品的价值不高，却能发挥很大的效力，不管拿到赠品的客户喜欢与否，当他们感觉受到了别人的尊重时，内心的好感必定油然而生。

推销人员应找合适的机会送给客户小礼物来沟通与客户之间的感情。也许客户非常想参加一场活动，而你有机会得到入场券，那么给他一张，彼此高兴，何乐而不为呢？或者送给客户一件他早已心仪的小玩意儿。

但切记一定要在合适的环境下，同时提出恰当的理由，千万别让人感觉你另有所图。如果礼物被认可，那么你也会得到称赞，一旦客户接受了小礼物，那么你们很可能会成为朋友。

送客户礼物的时机很重要。一些适合送礼的时机如逢年过节、对方获得晋升、新婚之喜、可爱的宝宝诞生了、乔迁之喜，也可送礼祝贺对方迈入事业的新里程。此外，当自己不小心冒犯他人或遗漏重要的事，可以借着送礼，诚心地表达歉意。当对方遇到不顺心的事，通过礼物表达你的关怀与鼓励吧！雪中送炭的温暖是锦上添花所无法比拟的。

特别要提醒你的是，当你正在争取一笔交易，或是当双方的企划或合约还在考虑或交涉的阶段，绝不是送礼的好时机。毕竟，如果一时的好意却沦为不名誉的指控，可真是遗憾又扫兴了。所以，贴心的礼物请在交易结束后再送出。

至于礼物的分量，则和生意的大小有关。一般而言，完成大生意，送的礼就大些；完成小生意，送的礼就小些。书跟酒都是很好的礼物，建议别送太过私人的物品。

无论如何，最重要的是：让对方感觉到礼物是传递你的友谊、爱和温暖，而不是贿赂。

销售人员王磊与一个企业的业务经理取得了联系，通过第一次交流，王磊了解到两个重要信息：一是这位经理有个上初中的女儿，并且他非常爱他的女儿；二是他自己没有多少电子商务的知识，想学习又没有学习的渠道。

于是在第二次去拜访的时候，王磊一口气买了七本有关电子商务和网络营销方面的书籍送给经理。当王磊从包里取出书递给经理的时候，王磊看到了写在他脸上的惊讶和感动。

第三次去时已经是临近春节了，中间因为经理经常外出考察等原因，一直也没有机会再沟通。这次王磊带了一个四百块钱的快译通电子词典去，对他讲现在的孩子英语一定要好，因为将来的用途非常广泛，所以在自己力所能及的范围内给他的

孩子一点帮助。当把电子词典递给经理的时候，王磊看到了同样的感动。

经过两次接触，他们成了朋友。书和电子词典应该算不上什么贵重礼物，但的确是王磊的一片心意，抛除了业务原因，王磊更愿意以朋友的身份来看待这两份小礼品。当然，合同也签下来了。

成交时要牢记的金律

销售心理学一点通：成交是有规律的，遵守成交金律，才能成交更多。

成交是商务沟通的最终目标，需要好好把握。我们努力的最终目的不外乎达成“成交”，不要以为成交是水到渠成的事情，也需要我们去促进。在成交时，必须记住以下事项，否则最后可能会竹篮打水一场空。

第一，推销过程不要操之过急，不要低估确定潜在客户的重要性。

第二，核算一下你确定的结果，看看其中的比例是多少。咨询一下主要人物在这个领域里要达成什么样的目标。如果你这样做了，你就能和你的竞争对手区分开来。

第三，一旦你通过电话与某人取得联系，一定要确保你们的首次会面是在电话会谈的基础之上进行的，不要让人觉得你从来没有跟对方接触过。

第四，不要沉湎于一个客户上。某公司营销员小王曾经为了一个客户在成交前和他接触过三十多次，这听起来让人印象深刻，但是如果她把花在打电话上的时间用在确定潜在客户的努力上，那么她成交的交易，也许是两宗或是更多。

第五，在面谈阶段不要试图进行产品陈述。不要把产品陈述和产品演示混淆起来。

第六，参观潜在客户的生产设备，或是其他真实环境。鼓励你的潜在客户到你的办公室来。

第七，如果你一次又一次地发现，你总是因为同样的异议而失去交易，比如说你的价格过高，那么你可能就面临一个管理层面上的问题。这时，你就应当花些时间与你的销售经理谈谈你们公司的销售战略及市场定位问题。

第八，不要把大量的时间花在整理厚厚的报告、彩色的小册子上。

第九，该做记录的时候一定要做好记录。

第十，不要过多地相信媒体对你的目标公司的购买动机的宣传，媒体经常误导人。

第十一，要记住你是和某个或某一群人工作，而不是某个机构。当然，你代表的是你们的公司，但是，进行产品陈述的是你而不是你的公司。因此，应当努力建立两种人之间的关系，而不是两个公司实体之间的关系。告诉你的潜在客户是你要做这笔生意，而不是你的公司。

第十二，要找出购买你的产品或服务的相关决策是如何制定的。

第十三，如果你与你的潜在客户存在明显的年龄差异，或者你们在专业的其他方面也不尽相同，那么他就不可能把你当成是平等的专业人士看待，这时候你就可以考虑同你的某个同事一起进行产品陈述。这种技巧极其有效，特别是在你的潜在客户需要你来帮助他打消疑虑时。

第十四，要瞄准高层。不要以为你不能向公司的高层人士进行你的产品陈述。即使这个人不直接参与你的产品或服务的最终决策，他也是十分强大的联盟。

第十五，你要记住，在面谈阶段就把价格问题提出来，这样就可以减轻潜在客户的压力。

第十六，对于你领域里出现的共同异议要有心理上的准备，要警惕一些相同的障碍。

最后，也是最重要的，是守信用。这样客户才会记住你，愿意与你成交。

PART 04 充分施展博弈论的计策——多赢的博弈销售心理

学会制造悬念

销售心理学一点通：如果能留一点悬念给客户，让客户对你的下一步行动感到好奇，那么，在揭示悬念的同时，交易也自然会完成。

克林顿·比洛普是美国著名的推销行家，在创业初期，为了多赚一点钱，他曾是康涅狄格州西哈福市的商会推销会员，并借此敲开了该市各企业领导人士的大门。

有一次，他去拜访一家小布店的老板。这位老板是第一代土耳其移民，他的店铺离一条分隔东哈福市和西哈福市的街道只有几步路的距离。结果，这个地理位置成了这位老板拒绝加入商会的最佳理由。

“听着，年轻人，西哈福市商会甚至不知道有我这个人。我的店在商业区的边缘地带，没有人会在乎我。”

“不，先生，”克林顿·比洛普坚持说，“您是相当重要的企业人士，我们当然在乎您。”

“我不相信，”老板坚持己见，“如果你能够提出一点证据反驳我对西哈福市商会所下的结论，那么我就会加入你们的商会。”

“先生，我非常乐意为您做这件事，”比洛普注视着老板说，“我可不可以和您约定下一次会面的时间？”

老板一听，觉得这是摆脱比洛普最容易的方式，于是毫不犹豫地说：“当然，你可以约个时间。”

“嗯，45分钟之后您有空吗？”比洛普说。

老板十分惊讶，他没想到比洛普要在45分钟之后再与他会面。

惊讶之下，顺口说：“嗯，我会在店里。”

“很好，”比洛普说，“我会在45分钟后回来。”

比洛普快速离开布店，然后直接往商会办公室冲去。他在那里拿了一些东西之后，又到邻近的文具店买了该店库存中最大型的信封袋。带着这个信封袋，比洛普再次来到布店。他把信封袋放在老板的柜台上，开始重复先前与老板的对话。在交谈的过程中，老板的目光始终注视着那个信封袋，猜想里面到底装了什么。

最后，他终于忍不住了，就问："年轻人，我可不想一直和你耗下去。这个信封里到底装了什么？"

比洛普将手伸进信封袋，取出了一块大型的金属牌。"商会早已做好了这块牌子，好挂在每一个重要的十字路口上，以标示西哈福商业区的范围，"比洛普带着老板来到窗口说，"这块牌子将挂在这个十字路口上，这样一来，客人就会知道他们是在西哈福区内购物，这便是商会让人知道您在西哈福区内的方法。"

老板的脸上浮现一丝笑容。比洛普说："好了，现在我已经结束了我的讨价还价了，您也可以把您的支票簿拿出来好结束我们这场交易了。"

老板便在支票上写下了商会会员入会费的金额。

开门见山、直奔主题是一种推销方法，出其不意、欲擒故纵也是一种推销方法，而后者往往比前者更能促成交易。

在这个案例中，年轻时的克林顿·比洛普为了生计，成为康涅狄格州西哈福市的商会推销会员。这次他的目标客户是一家小布店的老板，而这家店正好位于一条分隔东哈福市和西哈福市的街道旁边，这个位置成了布店老板拒绝加入商会的理由："西哈福市商会甚至不知道有我这个人，我的店在商业区的边缘地带，没有人会在乎我。"这是一种客户思考后得出的结论。

比洛普要拿下这个订单，就必须让客户的思维发生转变。

这时候，比洛普采用了欲擒故纵的谈判策略：“我可不可以和您约定下一次会面的时间？”这让客户放松了警惕，以为可以就此摆脱比洛普，于是就同意了，说明此时客户的防范意识减弱。

令他没想到的是，比洛普竟然说：“45分钟之后您有空吗？”这让布店老板非常惊奇，也给他留下了悬念。之后，比洛普先回商会办公室“拿了一些东西”（事先已经准备好），然后又去商店买了一个最大型的信封（临场发挥）。当回到客户的面前时，他并不急于说明信封内的东西，这让客户的好奇心越来越浓，以至于最后主动询问，这正是比洛普想要达到的效果。最后，谜底揭开，客户不得不认同比洛普的做法，终于答应入会。

可见，在谈判的过程中，如果能留一点悬念给客户，让客户对你的下一步行动感到好奇，那么，在揭示悬念的同时，交易也自然会完成。

在行家面前**报价不可太高**

销售心理学一点通：报价时虽然可以把底价抬高，但是这种抬高也并不是无限制的，尤其在行家面前，更不可大意。

双方交易，就是要按底价讨价还价，最终签订合同。这里所说的底价并不是指商品价值的最低价格，而是指商家报出的价格。这种价格是可以浮动的，也就是说，有讨价还价的余地。围绕底价讨价还价是有很多好处的。举一个简单的例子：

早上，甲到菜市上去买黄瓜，小贩A开价就是每斤5角，绝不还价，这可激怒了甲；小贩B要价每斤6角，但可以讲价，而且通过讲价，甲把他的价格压到5角，高兴地买了几斤。此外，甲还带着砍价成功的喜悦买了小贩B几根大葱呢！

同样都是5角，甲为什么愿意磨老半天嘴皮子去买要价6角的呢？因为小贩B的价格有个目标区间——最高6角是他的理想目标，最低5角是他的终极目标。而这种目标区间的设定能让甲讨价还价，从而获得心理满足。

如果想抬高底价，尽量要抢先报价。大家都知道的一个例子就是，卖服装有时可以赚取暴利，聪明的服装商贩往往把价钱标得超出进价一倍甚至几倍。比如一件皮衣，进价为1000元，摊主希望以1500元成交，但他标价5000元。几乎没有人有勇气将一件标价5000元的皮衣还价到1000元，不管他是多么精明，而往往都希望能还到2500元，甚至3000元。摊主的抢先报价限制了顾客的思想，由于受标价的影响，顾客往往都以超过进价很多的价格购买商品。

在这里，摊主无疑是抢先报价的受益者。报价时虽然可以把底价抬高，但是这种抬高也并不是无限制的，尤其在行家面前，更不可大意。如果销售员觉得自己的产品正好是对方急需的，而将价格任意抬高，最终失去对方的信任，导致十拿九稳的交易失败，对销售员来说也是一个教训。

某公司急需引进一套自动生产线设备，正好销售员露丝所在的公司有相关设备出售，于是露丝立刻将产品资料快递给该公司老板杰森先生，并打去了电话。

露丝：“您好！杰森先生。我是露丝，听说您急需一套自动生产线设备。我将我们公司的设备介绍给您快递过去了，您收到了吗？”

杰森（听起来非常高兴）：“哦，收到了，露丝小姐。我们现在很需要这种设备，你们公司竟然有，太意外了。”

（露丝一听大喜过望，她知道在这个小城里拥有这样设备的公司仅她们一家，而对方又急需，看来这桩生意十有八九跑不了了。）

露丝：“是吗？希望我们合作愉快。”

杰森：“你们这套设备售价多少？”

露丝（颇为扬扬自得的语调）：“我们这套设备售价30万美元。”

杰森（勃然大怒）：“什么？你们的价格也太离谱了！一点儿诚意也没有，咱们的谈话就到此为止！”（重重地挂上了电话。）

如果你在和客户谈判时，觉得不好报底价，你完全可以先让对方报价。把对方的报价与你心目中的期望价相比较，然后你就会发现你们的距离有多远，随之调整你的价格策略，这样的结果可能是双方都满意的。切忌报价过高，尤其在行家面前。

等待客户决策时**要有信心**

销售心理学一点通：销售人员需要有足够的耐心顶住心理压力，给客户足够的时间去思考做决定。

有些销售人员在等待客户决策时，往往缺乏信心，耐不住

性子，会做出一些节外生枝的事情。作为一名销售人员，在等待客户决策时一定要有信心，耐住性子。

“冯经理，您好，我是××报的小田，周二早上我到您公司拜访过，咱们说好今天把广告定下来。您打算做1/3版，还是1/4版？”

“你们这个版面收费太高，不瞒你说，我已经打算在别的报纸上做了。”

“冯经理，您是知道的，我们这个版费是标准版费，同行业都是这个标准，而且我们报纸的发行量大。您在其他小报上做几个广告合起来的发行还不如我们一家报社，费用却高多了。您说是吧？”

“嗯，这……”

“您就别犹豫了，您看是做1/3版，还是1/4版？”

（客户沉默了10秒后。）

“冯经理，您是知道的，目前有很多客户都想做这个头版。”

“小田，你就别过来了，这版我们就不出了，咱们再联络，以后再说吧。”

在这次电话沟通中，冯经理出现了两次沉默。他第一次陷入沉思，其实是在做决定。小田在这时打断他的沉默，也还算勉强允许。但当客户第二次沉默时，是绝不允许被打断的。因为在那个时候，客户有可能在考虑是否当场成交。在这时，我们需要有足够的耐心顶住心理压力，给客户足够的时间去思考做决定。如果这个时候打断对方，那成交的事很可能就化为泡影了。

正如有的业务员所说的那样：“对方一沉默，我就像被人用枪瞄着，却总也听不见枪响，比挨一枪还难受。”这就是业务新人常犯的沉默恐惧症。

他们认为沉默意味着缺陷，客户的沉默使业务员感到压抑，很冲动地产生打破沉默的念头；相反，有经验的业务员在敦促到一定程度的时候，会主动沉默。这种沉默是允许的，而且也是受客户欢迎的。因为你适时的沉默使客户感到放松，使其不至于因为有催促而做出草率的决定。

其实，沉默的时间并非像有些耐不住的业务员感受的那样漫长。当客户沉默的时候，他比业务员承受的压力要大得多，所以很少有客户的沉默会超过30秒。一般来说，在你沉默10秒，最多不超过20秒后，客户就会对你开口。在这种情况下，客户说出的基本上是实质性的决定。

如果客户传递出马上要考虑的信息，那么现在就给他时间考虑，这总比他说“三天之后你再来电话”好。

在销售中，等待决策是我们经常遇到的，这种时候最主要的就是要很有信心地等待对方的沉默。这样，成交的机会就会大增。

以优质服务区分对手

销售心理学一点通：各种推销的区别并不仅仅在于产品本身，最大的成功取决于所提供的服务质量。

从长远看，那些不提供服务或服务差的推销人员注定前景暗淡。他们必将饱受挫折与失望之苦，他们中的很多人不可避免地会为了养家糊口而从早到晚四处奔忙。这些推销人员就是忽视了打牢基础的重要性，他们发现自己每年都像刚出道的新手一样疲于奔命、备受冷遇。所以，为顾客提供最好的、全力以赴的售后服务并不是可有可无的选择；相反，这是推销人员要生存下去的至关重要的选择。

甘道夫是全美十大杰出业务员，历史上第一位一年内销售超过10亿美元的寿险业务员，被称为“世界上最伟大的保险业务员”。甘道夫在全美50个州共服务了超过一万名客户，从普通工人到亿万富豪，各个阶层都有。

甘道夫说：“你对你的客户服务愈周到，他们与你的合作关系就会愈长久。不管你推销的是什么，这个法则都不会改变。”

优质的服务可以排除顾客可能有的后悔感觉，大部分的顾客喜欢在买过东西后得到正面的回应，以确定他们买了最正确的产品。

每当完成一笔交易，甘道夫总会寄上答谢卡给他的客户，即使是最富有的客户。甘道夫有许多成功、富有的客户，他们拥有豪华汽车和别墅，什么都不缺，然而仍然喜欢收到这些卡片。大部分的客户每年都会收到生日卡片，甘道夫总会在生意促成时记住客户的生日，然后在适当时机寄出一张卡片给他。

此外，每当客户向他买保险一周年时，甘道夫就会亲自登门拜访。作为一名保险推销员，他总是详细记住客户的资料，比如亲戚尚在或已故、结婚或离婚、企业的经营状况，等等。此外，他还会寄给某位客户可能对他有用的杂志或报道。

在产品大同小异的情况下，为顾客提供更好的、与众不同的服务，是销售员的成功之本。

信任是成交的基础

销售心理学一点通：通常人们只与那些了解的、喜欢的和信任的人做生意，信任就是商务沟通和成交的基础。

任何一笔生意的基础，靠的是什么？靠的就是双方建立起来的相互信任。

我们可以通过一个故事来说明这个问题：

在一个炎热的下午，有一位穿着汗衫、满身汗味儿的老农夫走进了汽车展示中心的大厅。他刚一进来，迎面立刻走来一位笑容可掬的营业小姐，很客气地询问老农夫："大爷，我能为您做什么吗？"

老农夫有点腼腆地说："不用，不用，外面天气热，我刚好路过这里，只是想进来吹吹冷气，马上就走啊。"

营业小姐听完后亲切地说："是啊，今天外面确实很热，您就在这休息一会儿吧！"说着便请老农夫坐在沙发上休息。

"可是，我们种田人衣服不太干净，怕弄脏你们的沙发。"

营业小姐却微笑着说："没关系的，沙发就是给客人坐的，否则，公司买它干什么？"

休息一会儿后，老农夫便走向展示中心，围着那儿的新货车东瞧瞧、西看看。

这时，那位营业小姐又走了过来："大爷，这款车是新上市的，要不要我帮您介绍一下？"

"不用！不用！"老农夫连忙说，"你不要误会了，我可没有钱买，种田人也用不到这种车。"

"不买没关系，以后有机会您还可以向您的朋友们介绍一下啊。"然后营业小姐便详细耐心地将货车的性能逐一解说给老农夫听。

听完后，老农夫突然从口袋中拿出一张皱巴巴的白纸，交给这位营业小姐，并说："这些是我要订的车型和数量，请你帮我处理一下。"

营业小姐有点诧异地接过纸来一看，这位老农夫一次要订6台货车，连忙紧张地说："大爷，您一下订这么多车，我们经理不在，我必须找他回来和您谈，同时也要安排您先试车。”

此时，老农夫语气平稳地说：“小姐，不用找你们经理了，我本来是种田的，最近和人投资搞货运生意，需要买几台货车，可是我对车子外行。买车简单，最担心的就是车子的售后服务及维修，因此我儿子教我用这个笨方法来试探每一家汽车公司。这几天我走了好几家，每当我穿着同样的旧汗衫走进他们的销售大厅，同时表明我没有钱买车时，常常会受到冷落，而只有你们公司，在得知我不是你们的客户之后，还那么热心地接待我，为我服务。对于一个不是你们客户的人尚且如此，更何况成为你们的客户之后呢？所以我决定购买你们的货车。”

正是因为营业小姐赢得了农夫的信任，她才意外地接到了一笔大订单。可见，赢得客户的信任是多么重要。所以说，与客户建立起信任关系是获得成交的基础，如果我们不能赢得客户的信任，销售基本是不可能成功的。

客户对销售人员的信任一般来自以下五个方面：

1. 讲话方式

这是指销售人员的声音表现是否专业。在客户对销售人员的专业能力了解不多的情况下，他会通过其谈话方式，包括语音、语调等因素来判断其是否专业。

2. 讲话内容

这是指销售人员的专业能力。任何一个客户都希望与一个很熟悉自身行业的专家打交道，而不是同一个只会介绍公司的人打交道。在这种情况下，销售人员可以运用自己的专业能力来与客户建立信任关系，让客户从心里佩服你，信任关系也就自然而然地建立起来了。

3. 可靠

履行诺言是可靠的一大标志，销售人员一定要遵守与客户约定的事情，并按时执行。当然，从声音中也可以判断一个人是否可靠。

4. 坦诚

坦率而真诚的销售人员往往能取得客户的信任。坦率，就是要与客户开诚布公。举个简单的例子，销售人员要正视自己公司或产品相对不足的地方，并能与客户公正地去探讨它，而不是把自己夸得毫无缺点，甚至不惜说谎话来欺骗客户，这都对建立信任关系很不利。真诚，就是要从客户出发，真心想帮助客户成功。没有哪一个客户会拒绝真诚要帮助自己的人。

5. 致力于建立长期关系

销售人员当然希望在最短的时间内与客户建立起信任关系，但有时候他们必须花相当长的时间来与客户建立信任关系。对有些客户来讲，必须要经过了解、喜欢、信任这个过程，才能建立起信任关系。

承诺的事情一定要做到

销售心理学一点通：承诺的事情一定要做到，这不仅是一件光彩的事，而且是事业成功的基础。

你的每一个承诺就是一张契约，而所有的契约都是义务。虽然签订的合法契约能够收回，但那不是件容易的事。同样，收回承诺也不是件容易的事。

某电话销售人员的一位客户第二天过生日，电话销售人员在电话中承诺要送花篮给客户。没想到，第二天下起了瓢泼大雨，电话销售人员本不想出门，但考虑到对客户的承诺，经过激烈的思想斗争，还是拿起雨衣，带上花篮，开着摩托车，冲进了滂沱大雨中。

大雨下个不停，乡间小路越来越泥泞，突然，车熄火了。站在雨中，看着熄火的摩托车，电话销售人员很想放弃，但想到了自己的承诺，他便推着车，继续往前走。40分钟后，当电话销售人员浑身上下水淋淋、一身泥泞地站在客户家的门口时，客户深深地感动了。

类似的事情可能是发生在千千万万名电话销售人员身上的一件很平常的事情，而促使这些销售人员这样做的动力就是：向客户承诺的就一定要做到。

一般情况下，履行自己的诺言应该做到以下三点：

1. 不做过多承诺

每个工作人员都希望自己公司的产品能够被客户认可，因此在介绍产品时，会尽量突出产品的各种优势和公司良好的声誉。但如果过分地吹捧自己的产品和公司，夸大产品的性能和质量，甚至掩盖产品的缺点或将产品的缺点说成优点，也许能一时蒙骗客户，使客户上当购买，但长此以往终究会给公司造成不可挽回的损失。

2. 做一个守时的人

业务员不管什么时候与客户相约，宁可早到也不要迟到，更不能无故缺席。假如确实无法遵守你的承诺，你可以打个电话、写信，或亲自告诉你的客户，让他知道真正的原因。告诉你的客户："我知道我答应下午3点去看你，可是因为有点事，我们可不可以另外约个时间？"这要比完全破坏你的承诺好多了。而违背你的承诺会破坏你在客户心中的形象。

如果拜访前，客户提出需要一些产品（项目）的文件资料，既然承诺，无论如何都要亲自交到对方手中，只有迫不得已时才委托他人。资料假如流失而没交到客户手中，公司的信誉将大打折扣，本还有一丝希望的生意可能就要泡汤了。

3. 谈判成功后也要信守承诺

谈判成功以后，你需要列出一个详细承诺清单，这个清单应该尽可能详细，不仅包括需要你自己亲自去做的工作，还要包括公司相关部门协作完成的工作。凡是你自己许下的承诺，毫无疑问应该保质、

保量、保时地履行；凡是公司相关部门协作完成的工作，你也应该留心这些承诺履行的情况，及时做好协调工作，尽可能地按质、按量、按时地完成。

兑现承诺可以使别人对你建立起信心。如果不履行你的诺言，不仅动摇了别人对你的信心，同时还可能伤了一个人的心。对于客户提出的许多要求，我们一贯的原则是“少许诺，多兑现”。如果你向客户进行了许诺，那就一定要尽全力去实现，否则就会失去客户对你的信任，而信任感对于营销人员来说极其宝贵。

明确拒绝不合理的要求

销售心理学一点通：很多时候，客户提出了过分的要求或者你满足不了客户所要求的服务时，你应该及时予以拒绝。

一次，一家公司的推销员在跟一个大买主推销，突然这位客户要求看该汽车公司的成本分析数字，但这些数字属于公司的绝密资料，是不能给外人看的。而如果不给这位客人看，势必会影响两家和气，甚至会失掉这位大买主。

这位推销员一下子僵在那儿，他支吾了半天，说：“那，那好吧！可是，这样不行……”

客户看到他犹豫不决的样子，以为他毫无诚意，拂袖而去。

推销员最终失去了这个大客户。

其实，很多时候，客户提出了过分的要求或者你满足不了客户所要求的服务时，你应该及时予以拒绝。当然，拒绝别人的请求、否定对方的意见，需要一定的技巧：既要使对方接受你的意见，又不伤害对方的自尊。

有的人在推销中不肯轻易对对方说“不”，因为怕伤了对方的感情，也怕推销失败。尤其对那些急于从推销中获得一点什么的推销者来说，说“是”都来不及，哪里有说“不”的勇气！但是这样往往会适得其反。因为对方一旦发觉你不敢说“不”，马上就会勇气百倍、信心十足，甚至得寸进尺。

怎样拒绝既能不违背你的原则、不损害公司利益，又能让客户接受呢？下面的几种技巧可以一试：

1. 用委婉的口气拒绝

拒绝客户，不要咄咄逼人，有时可以采用委婉的语气拒绝他，这样才不至于使双方都很尴尬。总之，对客户不合理的要求予以拒绝实际上是对客户负责，因为企业不可能长期对客户提供额外、不合理的服务。企业应该把有限的资源和精力放在自己应做的事情上。

2. 用同情的口气拒绝

最难拒绝的人是那些只向你暗示和唉声叹气的人。但是，你若必须拒绝，使用同情的口气效果可能会好一些。

3. 用赞扬的口气拒绝

拒绝的最好做法是先赞扬对方。例如，当顾客提出一些不合理的要求时，你感到直接拒绝会影响生意，就可以使用赞扬的口气，先称赞对方一番，再拒绝他的不合理要求。这样就不会让对方觉得不快，也不会伤害他的自尊。

4. 用商量的口气拒绝

如果你的顾客抱怨商品价格太高，想打个折扣，而公司是不允许这样做的时候，你可以这样说："太对不起了，现在没有商品打折的活动，等以后有这方面的活动，我一定会在第一时间通知你，好吗？"这句话要比直接拒绝好得多。

当然，拒绝的方法还有很多种，比如用沉默表示"不"，用拖延表示"不"，等等。但无论如何，你要选择适当的时机、适当的技巧表示拒绝。

一位律师曾经帮助一名房地产商人进行出租大楼的谈判，由于他知道在何时说"不"，以及怎样恰当地说"不"，从而取得了不俗的成绩。

当时有两家实力雄厚的大公司对这座大楼都表示出了浓厚的兴趣，两家公司都希望将公司迁到地理位置较好、内外装修豪华的地方。

律师思考一番后，先给A公司的经理打电话说："经理先生，我的委托人经过考虑之后，决定不做这次租赁生意了，希望我们下次合作愉快。"然后，他给B公司的老板打了同样的电话。

两家公司的老板都很纳闷，于是当天下午，他们几乎同时来到房地产公司，一番讨价还价之后，A、B两家公司以原准备租用8层的价码分别租用了4层。很显然，房地产公司的净收入增加了1倍，相应地，律师的报酬也增加了1倍。

这也告诉我们，只要在恰当的时间说"不"，就更有可能在成交之际让客户说"是"。

推销本身充满了机遇与挑战，在渠道沟通中，正如一位推销专家说的："推销是满足双方参与彼此需要的合作而利己的过程。在这个过程中，由于每个人的需要不同，因而会呈现出不同的行为表现。虽然我们每个人都希望双方能在谈判桌上配合默契，你一言，我一语，顺利结束推销，但是推销中毕竟是双方利益冲突居多，彼此不满意的情况时有发生。因此，对于对方提出的不合理条件，就要拒绝它。"

善于**制造紧张气氛**

销售心理学一点通：适时地制造紧张气氛，让顾客觉得他的选择绝对是正确的，如果现在不买，以后也就没有机会了。你只要能让他产生这样的心理，不怕他不与你签约。

人们都有一种害怕失去或者错过时机的心理。利用这个心理有一个重要的前提：必须让客户认识到他所面临的购买时机是最好的时机，一旦错过就不会再有。玛丽·柯蒂奇就是善于为客户制造紧张气氛而使自己成为全美声名显赫的房地产经纪人的。

下面是玛丽的一个经典案例，她在30分钟之内卖出了价值55万美元的房子。

玛丽的公司在佛罗里达州海滨，这里位于美国的最南部，每年冬天都有许多北方人来这里度假。1993年12月13日，玛丽正在一处新转到她名下的房屋里参观。当时，他们公司有几个业务员与她在一起，参观完这间房屋之后，他们还将去参观别的房子。

就当他们在房屋里进进出出的时候，一对夫妇也在参观房子。这时，房主对玛丽说："玛丽，你看看他们，去和他们聊聊。"

"他们是谁？"

"我也不知道。起初我还以为他们是你们公司的人呢，因为你们进来的时候，他们也跟着进来了。后来我才看出，他们并不是。"

"好。"玛丽走到那一对夫妇面前，露出微笑，伸出手说："嗨，我是玛丽·柯蒂奇。"

"我是彼特，这是我太太陶丝，"那名男子回答，"我们在海边散步，看见有房子参观，就进来看看，我们不知道是否冒昧了。"

“非常欢迎，”玛丽说，“我是这房子的经纪人。”

“我们的车子就放在门口。我们从西弗吉尼亚来度假，过一会儿我们就要回家去了。”

“没关系，你们一样可以参观这房子。”玛丽说着，顺手把一份资料递给了彼特。

陶丝望着大海，对玛丽说：“这儿真美！这儿真好！”

彼特说：“可是我们必须回去了，要回到冰天雪地里去，真是一件令人难受的事情。”

他们在一起交谈了几分钟，彼特掏出自己的名片递给了玛丽，说：“这是我的名片。我会给你打电话的。”

玛丽正要掏出自己的名片给彼特时，忽然停下了手，“听着，我有一个好主意，我们为什么不到我的办公室谈谈呢？非常近，只要几分钟就能到。你们出门往右，过第一个红绿灯，左转……”

见他们微微点头，玛丽便抄近路走到自己的车前，并对那一对夫妇喊：“办公室见！”

车上坐了玛丽的两名同事，他们一起往玛丽的办公室开去。等他们的车子停稳，他们发现停车场上有一辆凯迪拉克轿车，车上装满了行李，正是刚才那对夫妇的车子。

在办公室，彼特开始提出一系列的问题。

“这间房子上市有多久了？”

“在别的经纪人名下6个月，但今天刚刚转到我的名下。房主现在降价求售，我想应该很快就会成交。”玛丽回答。她看了看陶丝，然后盯着彼特说：“很快就会成交。”

这时候，陶丝说：“我们喜欢海边的房子。这样，我们就可以经常到海边散步了。”

“所以，你们早就想要一个海边的家了！”

“嗯，彼特是股票经纪人，他的工作非常辛苦。我希望他能够多休息休息，这就是我们每年都来佛罗里达的原因。”

“如果你们在这里有一间自己的房子，就更会经常来这里，并且还会更舒服一些。我认为，这样一来，不但对你们的身体有利，你们的生活质量也将会大大提高。”

“我完全同意。”

说完这话，彼特就沉默了，他陷入了思考。玛丽也不说话，她等着彼特开口。

“房主是否坚持他的要价？”

“这房子会很快就卖掉的。”

“你为什么这么肯定？”

“因为这所房子能够眺望海景，并且，它刚刚降价。”

“可是，市场上的房子很多。”

“是很多，我相信你也看了很多。我想你也注意到了，这所房子是很少拥有车库的房子之一。你只要把车开进车库，就等于回到了家。你只要登上楼梯，就可以喝上热腾腾的咖啡。并且，这所房子离几个很好的餐馆很近，走路几分钟就到。”

彼特考虑了一会儿，拿了一支铅笔在纸上写了一个数字，递给玛丽：“这是我愿意支付的价钱，一分钱都不能再多了。不用担心付款的问题，我可以付现金。如果房主愿意接受，我感到很高兴。”

玛丽一看，只比房主的要价少一万美元。

玛丽说："我需要你拿一万美元作为定金。"

"没问题。我马上给你写一张支票。"

"请你在这里签名。"玛丽把合同递给彼特。

整个交易的完成，从玛丽见到这对夫妇，到签好合约，时间还不到30分钟！

适时地制造紧张气氛，让顾客觉得他的选择绝对是正确的，如果现在不买，以后也就没有机会了。你只要能调动客户，让他产生这样的心理，不怕他不与你签约。

稀缺法则在人们的生活中发挥着非常重要的作用，有时未必是人们的必需品，但制造稀缺效应会倍增事物的价值，优秀的销售员会在客户对性价比的要求中制造紧俏的假象，加快客户做决定的速度。这是一种高明的销售技巧，如果运用得当，效果相当明显，值得广大销售员借鉴。

告诉客户**你将带给他的利益**

销售心理学一点通：客户只会购买对自己有帮助、能给自己带来利益的商品，推销员在推销的过程中如果能把握住客户的这种心理，推销就会顺畅许多。

英国十大推销高手之一约翰·凡顿的名片与众不同，每一张上面都印着一个大大的"25%"，下面写的是"约翰·凡顿，英国××公司"。当他把名片递给客户的时候，所有人的第一反应都是相同的："25%是什么意思？"约翰·凡顿就告诉他们：“如果使用我们的机器设备，您的成本就会降低25%。”这一下就引起了客户的兴趣。约翰·凡顿还在名片的背面写了这么一句话：“如果您有兴趣，请拨打电话……”然后将这名片装在信封里，寄给全国各地的客户。这把许多人的好奇心都激发出来了，客户纷纷打电话过来咨询。

你必须确定你所要告诉客户的事情是他感兴趣的，或对他来讲是重要的。所以当你接触客户的时候，你所讲的第一句话就应该让他知道你的产品和服务最终能给他带来哪些利益，而这些利益也是客户真正需要和感兴趣的。

钢琴最初被发明的时候，钢琴发明者很渴望打开市场。当时世界上最好的木材被首先拿来做烟斗，然后再选择去制造钢琴。钢琴发明者从木材的材质方面来宣传钢琴，当然引不起大家的兴趣。

过了一段时间，钢琴销售商开始经销钢琴，他们不再宣传木材材质，而是向消费者解释，钢琴虽然贵，但物有所值。同时又提供优惠的分期付款办法，客户研究了分期付款的办法之后，发觉的确很便宜，出很少的钱便可将庞大的钢琴搬回家中布置客厅，的确物超所值。不过，客户还是不肯掏腰包。

后来，有个销售商找到一个新的宣传方法，他们的广告很简单：“将您的女儿玛莉训练成贵妇吧！”广告一出，立即引起了轰动。自此之后，钢琴就不愁销路了。

这就是营销高手洞悉人性的秘诀。告诉客户你的产品能为他的生活带来哪些好处，告诉他应得的利益，销售就能顺利地进行。

第四篇

成交高于一切——成交前后，心理学护航

PART 01

采用优势战术——关键时刻这样攻克心理壁垒

适时强化顾客的兴趣

销售心理学一点通：推销员要在顾客现有的兴奋点上恰当提问、介绍，以强化对方的兴趣，刺激对方的购买欲，以达到销售的目的。

有一个中年男子到玩具柜台前闲逛，推销员李华热情地接待了他。男子顺手把摆在柜台上的一个声控玩具飞碟拿起来。

李华马上问："先生，您的孩子多大了？"

男子回答："6岁！"接着把玩具放回原位。

李华说："您的孩子一定很聪明吧？这种玩具刚刚到货，是最新研制的，有利于开发儿童智力。"她边说边把玩具放到柜台上，手拿声控器，开始熟练地操纵玩具飞碟，前进、后退、旋转，展示了玩具飞碟的各种性能，同时又用自信而且肯定的语气说："小孩子玩这种用声音控制的玩具，可以培养出强烈的领导意识。"说着，便把另一个声控器递到男子手里，说："试试吧，和孩子一起玩，多好。"

于是那位男子也开始玩了起来。这时李华不再说话了。大约两分钟后，男子停下来端详玩具，一脸的兴奋。

李华见机会来了，进一步介绍说："这种玩具设计很精巧，玩起来花样很多，比别的玩具更有吸引力，孩子肯定会喜欢，来买的顾客很多。"

男子说："嗯，有意思。一套很贵吧？"

李华仍然保持着微笑："先生，好玩具自然与低劣玩具的价格不一样，况且跟发展孩子的领导才华比起来，这点钱实在是微不足道。要知道孩子的潜力是巨大的，家长得给他们发挥的机会。您买这种玩具不会后悔的。"她稍停一下，拿出两节崭新的干电池说："这样吧，这两节新电池免费奉送！"说着，便把一个原封的声控玩具飞碟，连同两节电池，一同塞进包装用的塑料袋递给男子。

男子接过袋子说："不用试一下吗？"

李华说："绝对保证质量！如有质量问题，三天之内可以退换。"

男子付了款，高高兴兴地提着玩具走了。

顾客一旦对什么产生了兴趣，一般会立即表现出一种情绪上的兴奋，表明顾客正处于感性状态下，这时推销员一定要抓住使顾客产生兴奋的只言片语，及时重复和反问，或者主动介绍，以强化顾客的兴趣，达到销售的目的。

就像这个案例中的推销员李华，当她看见顾客拿起玩具后，就知道顾客已经对这个玩具产生了一定的兴趣，这时她及时上前询问，当得知顾客的孩子6岁时，又把玩具与培养领导意识等联系起来，并为客户展示玩具的各种性能，让顾客的兴趣进一步被激发出来。这个过程完全取决于推销员的临场发挥，既要能察言观色，又要能随机应变，针对不同的顾客需求使用不同的推销技巧。

当顾客询问价钱时，她又把价钱与玩具能为孩子带来的好处相比较（抓住顾客望子成龙的心理），并免费赠送两节电池。推销员这些策略的目的都是在强化顾客的感知，最终让顾客做出购买决策。

因此，当推销员在销售过程中遇到类似情况时，要在顾客现有的兴奋点上恰当提问、介绍，以强化对方的兴趣，刺激对方的购买欲，达到销售的目的。

用第三者**搭建信任桥梁**

销售心理学一点通：客户可能会防范陌生的你，却很少会防范身边的熟人。

通过“第三者”这个桥梁，更容易展开话题。因为有“朋友介绍”这种关系，就会在无形中消除客户的不安全感，解除他的警惕，容易与客户建立信任关系。请看下面这个案例中赵明是如何利用这个计谋来进行销售的。

赵明：“李先生，您好，我是保险公司的顾问。昨天看到有关您的新闻，所以找到台里的客户，得到您的电话。我觉得凭借我的专业特长，应该可以帮上您。”

李先生：“你是谁？你怎么知道我的电话号码？”

赵明：“××保险，您听说过吗？昨天新闻里说您遇到一起交通意外，幸好没事了。不过，如果您现在有一些身体不适的话，看我是不是可以帮您一个忙？”

李先生：“到底谁给你的电话呢？你又怎么可以帮我呢？”

赵明：“是我的客户，也是您的同事王娟，一起主持过节目。她说您好像有一点不舒服。我们公司对您这样的特殊职业有一个比较好的综合服务，我倒是可以为您安排一个半年免费的服务。如果这次意外之前就有这个免费的话，您现在应该可以得到一些补偿。您看您什么时候方便，我把相关服务说明资料给您送过来。”

李先生：“哦，是小娟给你的电话啊。不过，现在的确时间不多，这个星期都要录节目。”

赵明：“没有关系，下周一我还要到台里，还有您的两位同事也要我送去详细的说明。如果您在，就正好一起；如果您忙，我们再找时间也行。”

李先生：“你下周过来找谁？”

赵明：“一个是你们这个节目的制片，一个是另一个栏目的主持。”

李先生：“周一我们会一起做节目，那时我也在。你把刚才说的那个什么服务的说明一起带过来吧。”

赵明：“那好，我现在就先为您申请一下，再占用您5分钟，有几个问题我现在必须替您填表。我问您答，好吗？”

随后，就是详细的资料填写。等到周一面谈时，赵明成功地与李先生签了一年的保险合约。

在故事中，我们看到赵明在拨通潜在客户李先生的电话、自报家门后，李先生的防范心理是显而易见的，这时候，如果销售员不能及时消除客户的这种心理，客户就很有可能会马上结束通话。但赵明是一个非常聪明的销售员，他在打电话之前就已经做了充分的调查和准备，并事先想好了用李先生的熟人来“搭桥”的计谋，早已经制订了详细的谈话步骤。

在接到潜在客户警惕性的信号后，赵明先以对方遇到一起交通意外、可以为其提供帮助为由，初步淡化了客户的警惕心理；然后，又借助李先生同事王娟的关系彻底化解了对方的防范心理，取得了潜在客户的信任，成功地得到了李先生的资料及一年的保险合约。

可见，销售员在准备与潜在客户接触前，一定要有所准备，先设计好计策，然后再按计策的步骤缓缓推进，特别是要善于利用“第三者”——潜在客户周围的人的影响力，这是获得潜在客户信任最有效的方法。毕竟，客户可能会防范陌生的你，却很少会防范身边的熟人。

让客户没机会拒绝

销售心理学一点通：成功的销售员会通过各种“诡计”诱导客户，让他们没有机会说“不需要”。

失败销售员与成功销售员的区别其实只是那么一丁点，那就是失败的销售员往往一开始就被拒绝了，而成功的销售员会通过各种“诡计”诱导客户，让他们没有机会说“不需要”。我们通过下面两个销售场景来身临其境地感受一下其中的区别，做一名成功的销售员也许并没有想象中那么难。

场景一：

小李：“您好，请问是孙先生吗？”

客户：“是的，你是哪位？”

小李：“是这样的，孙先生，我是××公司的小李，我是通过物业处查到您的电话的。”

客户：“找我有什么事情吗？”

小李：“我公司最近生产了一种产品，可以及时地维护您的下水道，从而避免下水道的堵塞。”

客户：“是吗？非常抱歉，我家的下水道一直都很正常，我们现在还不需要。谢谢！”

小李：“没关系，谢谢！”

场景二：

小王："您好，请问是孙先生吗？"

客户："是我！什么事？"

小王："孙先生您好，我是受××小区管理处之托，给您打电话的。有件事情我一定要告诉您，不知道您是否听到过这件事：上个月小区内B座有几个家庭发生了严重的下水道堵塞现象，客厅和房间里都渗进了很多水，给他们的生活带来了很大的不便？"

客户："没有听说过呀！"

小王："我也希望这不是事实，但的确发生了。很多家庭都在投诉，我打电话给您就是想问一下，您家的下水道是否一切正常？"

客户："是呀，现在一切都很正常。"

小王：“那就好，不过我觉得您应该对下水道的维护问题重视起来，因为B座的那几个家庭在没有发生这件事之前与您一样，感觉都很正常。”

客户：“怎样维护呢？”

小王：“是这样，最近我们公司组织了一批专业技术人员，免费为各个小区用户检查下水道的问题。检查之后，他们会告诉您是否需要维护。现在我们的技术人员都非常忙，人员安排很紧张。您看我们的技术人员什么时候过来比较合适？”

客户：“今天下午3点就过来吧！谢谢你！”

看似最短的路，往往有可能走不通；而迂回的路，有时候却往往是最直的路。世道艰难，我们不使用谋略，单纯地横冲直闯怎么能行呢？特别是在智商与情商角逐最为激烈的销售活动中。

很明显，场景一中的销售员小李肯定是个直爽人，直接就点明了自己的意图，结果被客户的一个“不需要”拒绝了，且毫无还击之力。而场景二中的销售员小王显得有“计谋”一些，他非常会绕弯子，先跟客户说，他听说客户所在小区的家里发生了下水道严重堵塞，问客户家的下水道是否正常。这先让客户产生了好奇心，进而又觉得小王确实是在关心他，所谈到的问题也跟自己的切身利益相关。之后小王又故意提醒客户要重视这个问题，客户自然被激发了需求，忍不住主动问小王要怎么维护。于是，小王就水到渠成地跟客户说可以让本公司的专业技术人员帮他免费检查下水道的问题。这个客户自然乐意，答应也是理所当然的事情。

在推销的时候，如何避免客户说“不需要”呢？这里有三个随时可以拈来即用的计策：

1. 在销售产品和服务之前，首先推销自己

从客户的心理来看，往往是在接纳了销售员本人之后，才乐意接受其推销的产品和服务的。推销的过程就是一种在销售员和客户之间实现信息交流和商品交换的过程。要使两者之间的交往圆满进行下去，需要以信任为基础。销售员要以自己的人格作担保去和客户接洽，销售员只有诚心诚意地对待顾客，树立良好的人格形象，才能使顾客放心。

2. 站在顾客的立场上考虑问题

从事销售工作，如果只想怎样把产品卖出去，而不考虑客户所关心的问题，往往会遭到拒绝。销售员如能设身处地地站在客户的立场上考虑问题，通常是化解拒绝的一条有效途径。如果销售员充分利用职业优势，平时多做有心人，适时地给客户提供有益的信息，帮助他们解决实际中的难题，这样自然会受到顾客的欢迎。你为顾客解决了难题，作为回报，顾客当然会主动地解决你的难题——购买你的产品。

3. 注意创造需求

销售员不仅要寻找目标客户，还要去创造和发现需求者，销售员的责任就是让顾客从更大的消费空间充分认识到不为他们所知的需求。一流销售员的高明之处，往往是把一部分的精力投放在对自己的产品还没有多少需求的客户身上，先是认真地播下“需求”的种子，然后小心翼翼地培养，剩下便是耐心等待收获了。

关键时可允许**先试后买**

销售心理学一点通：先让客户试用产品。当他们真正尝到产品的甜头甚至离不开产品时，不用你多费口舌，他们都会主动购买。

一次，美国杰出的销售员博恩·崔西的朋友与他打赌，让这位优秀的销售员想办法把几只小猫卖给从来都不养猫的人。结果，博恩·崔西轻松地赢了。朋友好奇地问他是怎么做到的，博恩·崔西笑着告诉他：“很简单，我把猫卖给我周围的邻居时，告诉他们可以先让小猫留在家里过夜，如果他们不喜

欢可以不付钱，第二天再送回来就是了。结果，这些邻居和可爱的小猫相处一夜后，都无一例外地喜欢上了这些小家伙。”

博恩·崔西用的这个办法是在推销中经常采用的“试用法”，针对那些对于产品存在疑虑但却暂时有需求的客户，不妨施行先试后买的方法，让他们在试用的过程中了解到产品的特性，这样一来，他们很可能会因此对产品产生兴趣，进而签下订单。

有一名推销机床的推销员来到一家工厂，他所推销的机器要比这家工厂正在使用的所有机器速度都快，而且用途广、坚韧度高，只是价格高出该厂现有机器的10倍以上。虽然该厂需要这台机器，也能买得起，可是因价格问题，厂长不准备购买。

推销员说：“告诉你，除非这台机器正好适合你的车间，否则我不会卖给你。假如你能挤出一块地方，让我把机器装上，你可在这里试用一段时间，不花你一分钱，你看如何？”

厂长问：“我可以用多久？”他已想到可把这台机器用于一些特殊的零部件加工生产中。如果机器真像推销员说的那样能干许多活的话，他就能节省大笔劳工费用。

推销员说：“要真正了解这种机器能干些什么，至少需要三个月的时间，让你使用一个月，你看如何？”

机器一到，厂长就将其开动起来。只用了四天时间，就把他准备好的活完成了。机器被闲置在一边，他注视着它，认为没有它也能对付过去，毕竟这台机器太贵了。正在此时，推销员打来电话：“机器运行得好吗？”厂长说：“很好。”推销员又问：“你还有什么问题吗？是否需要进一步说明如何使用？”厂长回答：“没什么问题。”他本来在想要怎样才能应付这位推销员，但对方却没提成交之事，只是询问机器的运行情况，他很高兴，就挂了电话。

第二天，厂长走进车间，注意到新机器正在加工部件。在第二个星期里，他注意到新机器一直在运转。正像推销员所说的那样，新机器速度快、用途多、坚韧度高。当他跟车间的工人谈到新机器不久就要运回去的时候，车间主任列出了许多理由，说明他们必须拥有这台机器，别的工人也纷纷过来帮腔。“好吧，我会考虑的。”厂长回答说。

一个月后，当推销员再次来到工厂时，厂长已经填好了一份购买这台新机器的订单。

“耳听为虚，眼见为实”，而亲自操作试用则更具有说服力。与其费尽口舌，不如让事实说话，先让客户试用产品。当他们真正尝到产品的甜头甚至离不开产品时，不用你多费口舌，他们都会主动购买。

只给客户三个选择的妙处

销售心理学一点通：只给客户三个选择。少了，客户没有挑选的余地，自己也没有回旋的余地；多了，客户会挑花眼，自己也会因为盲目推荐而没有目标。

销售人员应该将客户引入一个选择环境中，并且客户无论做哪种选择，都是对销售有利的。我们先看一个例子：

电话销售：“您好，LD笔记本专卖。请问您有什么需要？”

客户："我想买台笔记本电脑。"

电话销售："好的，没问题，我们这里品牌齐全。您需要什么价位的？对品牌有要求吗？主要是办公还是娱乐？经常携带吗？"

客户："不要太大的，七八千吧，也就是打打字、看看电影什么的。牌子嘛，最好好一点。"

电话销售："好的。根据您的要求，我觉得HB、AD和DL中的几款都比较适合，具体来看，HB是国内第一大品牌，质量、服务都不错，但价格过高，有些不值。

"至于AD，机器虽然便宜，但是售后服务跟不上，全国的维修点非常有限，以后机器出了问题不好修。

"而DL既是大品牌，售后又是免费上门服务，保修期内还能免费换新机，还有24小时的免费电话技术支持，就是价格高了一点而已，要知道笔记本的总价里有30%就是它的服务增值啊。"

客户："那么，DL的哪款机型性价比高一些呢？"

电话销售："我认为B款挺不错的，在同等价位中，它的配置是最高的。而且现在这款机型正在搞促销活动，买笔记本加送笔记本锁、摄像头、清洁套装、128兆U盘和正版杀毒软件，这可是个很好的机会呀。"

客户："你们什么时候能送货上门？"

推荐的过程简单地说，就是找出符合客户要求的产品，然后介绍它们的品牌、型号、配置和价格，最后由客户来选择。这个选择性过程基本可以总结为以下两步：第一步，列举几种可供选择的产品和这些产品各自的特点；第二步，让消费者从中选择认可的一个备选选项。

客户：“你们的减肥产品主要有哪些？”

电话销售：“我们代理的有三种减肥产品：一种是腹泻型的，它是通过大量的腹泻达到减肥的效果，不过价格是最便宜的，像减肥胶囊、减肥茶等。这种适合那些不怕副作用而且身体强壮的人服用，优点是便宜，缺点是有副作用、服用痛苦。

“还有一种是抑制食欲型的，常见的就是减肥饼干、减肥食品，一般人服用后再见到饭就感觉难以下咽，没有饥饿感。这一类基本都是中等价格，您现在服用的减肥产品就是这一类型的。不过长此下去，对身体也是不小的伤害。

“现在最流行的一种是高科技的减肥产品，比较安全并且没有副作用。这种产品的减肥原理主要是通过高科技方法，分解体内脂肪、抑制脂肪再生。而且使用效果好，停药后不反弹，也没有副作用，但是价格也不是很贵，算是中等，一般都在300元到400元不等。不过我们现在正在做促销，价格很便宜，还不到300元。建议您还是试一试这种新产品吧。”

需要提醒的是，销售人员切记只能推荐两到三款，三款最好。少了，客户没有挑选的余地，自己也没有回旋的余地；多了，客户会挑花眼，自己也会因为盲目推荐而没有目标。接下来的谈话很重要，要让客户实实在在地体会到产品本身的优异性能。

以上两个案例都体现了这一点，就是给客户提供了三个可供选择的备选选项，并且表明每一个选项的利害得失，让客户从自己的实际利益出发，做出认可的选择，完成营销的说服过程。

学会妥善处理客户异议

销售心理学一点通：如果不能妥善处理客户的异议，就会失去客户。

在与客户沟通的过程中，经常可以听到客户对拜访人员所提供的产品或服务提出的异议。所谓异议，也就是客户的不同意见，其实质是客户对于产品或服务的不满。客户表达异议的方式很多，可能直接说对产品没有兴趣，也可能找其他借口来搪塞。当然，有些异议是客观真实的，有些异议则是客户的主观臆想，但无论哪一种异议都应当妥善处理。

首先，我们应当正确认识异议。这时经常引用的一个原理

叫作冰山原理。人们平常见到的冰山只是露出海面的很小一部分，更大的部分都隐藏在水下，人们是看不到的。客户的异议也如同冰山，客户表面上所提出来的异议只是很小的一部分，真正的异议是客户隐藏起来的更大一部分。因此，针对客户提出的异议，还需要进行深入的发掘。

其次，我们对异议应当采取积极的态度。客户对产品或服务提出异议是很正常的。俗话说，“嫌货才是买货人”，当客户对产品提出一些反对意见时，他们往往真正关心这些产品或服务。调查显示，提出反对意见的客户中有64%最终与对方达成了合作协议，他们有比较强烈的购买意向，但不知道经销商能否满足自己的要求，这是异议产生的原因。而那些没有提出异议的客户，也许他们没有明显的需求，或者对产品或服务根本就不关心。因此，销售人员要用积极的态度对待客户提出的异议。

对待异议如何处理，我们可从以下几个方面来着手：

1. 先揣测客户心理，预测他提出的异议

“不打无准备之仗”是销售人员战胜客户异议应遵循的一个基本原则。将客户可能会提出的各种异议列出来，并进行归类，为每条记录拟出回答的方法，并不断在每一次与客户的交往中积累经验。面对客户的异议，做一些事前准备可以做到心中有数、从容应对；反之，则可能惊慌失措，或不能给客户一个圆满的答复。

2. 平时就应多培养观察细节的能力

在客户提出异议之前，根据目前谈话的内容，以及自己对客户言语、神情等非语言信息的判断，凭借经验分析客户可能提出的异议，主动提出并予以解答。

3. 幽默感有助于双方的沟通

从某种意义上来说，有幽默感的人是最受欢迎的，因为他们为彼此创造了欢乐。幽默永远是接近客户的好方法，同样也是处理顾客异议时经常用到的方法。

4. 用言语赞同客户

站在顾客的角度，给予理解和认同，表达自己的同感，这种同感可以拉近彼此之间的距离，使顾客的拒绝心理得到遏制。比如客户说："这个皮包的设计、颜色都非常棒，令人耳目一新，可惜皮的品质不是最好的。"销售人员："您真是好眼力，这个皮料的确不是最好的。若选用最好的皮料，价格恐怕要高出现在的五成以上。"

当客户提出的异议有事实依据时，销售人员应该承认并欣然接受，同客户产生共鸣，强力否认事实是不明智的举动。但注意一定要给客户一些补偿，让他获得心理的平衡。

5. 赞美客户

人人都渴望得到赞美，这是一种正常的心理需求，满足客户的这种心理，就增加了交易成功的概率。赞美是取得对方好感的一个好方法，无疑也是预防客户异议的一种利器。

6. 选择较佳时机解答客户问题

美国某权威机构通过对几千名销售人员的研究发现，优秀销售人员所遇到的客户严重反对的概率只是普通销售人员的1/10，其中的主要原因在于：优秀的销售人员对客户的异议不仅能给予一个比较圆满的答复，而且能选择恰当的时机进行答复。可以说，懂得在何时回答客户异议的销售人员会取得更好的成绩。

采用先价值后价格的技巧

销售心理学一点通：销售员不要老在价格上与顾客纠缠，因为价格永远对销售员不利。事实上，一个总是通过降价来达成销售的销售员不是优秀的销售员。

销售经验告诉我们，价格对顾客而言永远都是偏高的，他们总觉得商家多赚了他们的钱。所以关键是销售员要让顾客觉得商品值这个价格。

以下这些常见的销售场景就是我们销售员经常会犯的错误：

顾客："你们的产品听说还不错，就是贵了点。"

销售员一："我们的产品比其他产品要高档、耐用，富贵花园（当地高档住宅）的人很多都买我们的品牌，觉得有面子。"

销售员二："电器是用一辈子的，要买就买好的。"

销售员三："我们的产品比别人的口碑都好，这您也知道，贵也贵得实在。"

销售员四："拜托，这样子还嫌贵。"

销售员五："小姐，那您多少钱才肯要呢？"

销售员六："打完9折下来也就180元，已经很便宜了。"

销售员七："连我们这里都嫌贵，那你在全中国都买不到。"

销售员八："无论我们标价多少，顾客都会觉得贵的啦！"

场景中，从顾客的话里可以听出来，顾客的买点是"使用感觉好（感觉不错）+比较实惠的价格（就是认为贵了点）"。

第一个场景中，显然这句话说明销售员对产品的定位是"使用感觉比较好+高档产品高端消费"，这正好与顾客的定位相左。也就等于对顾客进行了错误的暗示：这款产品是高端产品，是给大款用的，所以才贵。这时顾客会想，那等以后有钱再说吧。

第二个场景等于告诉顾客正确的价值取向是"买贵的才是好的"。换言之，等于是同意了顾客的看法：这款机型就是贵！但顾客其实想买的是好而不贵的产品，销售员这样应对就不是要成交，而是要"断交"，根本没和顾客说到一块儿去。

第三个场景还是在"贵"上打转，并没有从顾客的立场解释为什么这款产品其实并不贵。

第四个场景暗示顾客如果嫌贵就不要买了，有看不起顾客的味道。

第五个场景过早陷入讨价还价的被动局面，很容易使顾客对产品质量失去信赖，纯粹属于销售员自己主动挑起价格战，使得价格谈判代替商品价值成为决定顾客购买的关键因素。

第六个场景属于销售员主动让步，使自己在后续的价格谈判中失去了回旋的空间。

第七个场景显得太狂妄自大，令顾客感觉很不舒服。

第八个场景抢白顾客，暗示顾客不讲理。

顾客的需求本来是"好用+实惠"，以上场景中的销售员都没有从这一根本点出发来解释“好用+实惠”。你不从顾客的买点出发，就没有交易可言。抱怨产品价格贵，这是多数顾客会说的话，对于这类顾客，销售员与顾客对价格进行反复讨论是最不明智的。销售员不能因为顾客说贵了，就惊慌失措或者生气，而应该采取“先价值后价格”的计策，通过列举产品的核心优点，在适当的时候与比自己报价低的产品相比较，列举一些权威专家的评论及公司产品获得的荣誉证书或奖杯等实例，从多方面引导顾客认可“一分钱一分货”的道理，让顾客充分认识到产品能给他带来的价值，消除顾客认为“昂贵”的感觉。

销售人员要告诉顾客一个道理，即买东西其实不一定是越便宜越好，关键是要看是否适合自己。所以销售员可以通过强调商品的卖点，告诉顾客付太多的钱并不明智，但付太少的钱风险更大的道理。付得太多，你只是损失掉一点钱；但如果你付得太少，有时你会损失所有的东西，因为商业平衡的规律告诉我们想付出最少而获得最多几乎不可能。销售员可以如此引导顾客，并询问顾客的看法，如果对方默认或点头就立即用假设成交法建议顾客成交。所谓假设成交法就是假定顾客已经决定购买，而在细节上面询问顾客或者帮助对方做出决定。使用假设成交法前应该首先询问对方一两个问题，在得到顾客肯定的表示后再使用效果会更好。

销售员：“确实，我承认如果单看价格，您有这种感觉很正常。只是我们的价格之所以会稍微高一些，是因为我们在质量上确实做得不错，我想您一定明白买对一样东西胜过买错三样东西的道理，您也一定不希望东西买回去只用几次就不能再使用了，那多浪费呀，您说是吧？我们这个品牌的专用灯具使用寿命长达8000小时，是普通白炽灯和灯具的8倍。又具有节能功能，能达到白炽灯60瓦的亮度，但是耗电量只需白炽灯的20%。虽说买时贵，但您用时就便宜啦。我给您算笔账您就清楚了。”

销售员在采用“先价值后价格”的计策之前，要学会收集和整理一些非常经典的说服辞令，譬如“买对一样东西胜过买错三样东西”。有许多顾客往往就是因为受这些非常新颖语句的触动而改变了自己的购买习惯。

在推介产品的过程中，销售人员要把握住产品的品质、工艺与外观等方面的优点，同时采用比较法、拆分法等计策向顾客友好地解释产品物超所值的原因，设法让顾客理解你产品的价值和认同由此带来的利益，让他们相信产品的价格与价值是相符的。另外，在列举要点的同时，销售人员可引用一些客观的数字，或者做一些辅助性的演示工作，加强销售话术的可信度。

PART 02 拔掉钉子，临门一脚促成交——排除异议，化解抱怨

找到客户异议的症结

销售心理学一点通：错误的异议化解方式不但无助于推进销售，反而可能导致新的异议，甚至成为推销失败的重要因素。

一位客户想买一辆汽车，看过产品之后，对车的性能很满意，现在所担心的就是售后服务了。于是，他再次来到甲车行，向推销员咨询。

准客户：“你们的售后服务怎么样？”

甲推销员：“您放心，我们的售后服务绝对一流。我们公司多次被评为‘消费者信得过’企业，我们公司的服务宗旨是顾客至上。”

准客户：“是吗？我的意思是说假如它出现质量问题怎么办？”

甲推销员：“我知道了，您是担心万一出了问题怎么办。您尽管放心，我们的服务承诺是在一天之内无条件退货，一周之内无条件换货，一月之内免费保修。”

准客户："是吗？"

甲推销员："那当然，我们可是中国名牌，您放心吧。"

准客户："好吧。我知道了，我考虑考虑再说吧。谢谢你，再见。"

在甲车行没有得到满意答复，客户又来到对面的乙车行，乙推销员接待了他。

准客户："你们的售后服务怎么样？"

乙推销员："先生，我很理解您对售后服务的关心，毕竟这可不是一个小的决策。那么，您所指的售后服务是哪些方面呢？"

准客户："是这样，我以前买过类似的产品，但用了一段时间后就开始漏油，后来拿到厂家去修，修好后过了一个月又漏油。再去修了以后，对方说要收5000元修理费，我跟他们理论，他们还是不愿意承担这部分的费用，没办法，我只好自认倒霉。不知道你们在这方面怎么做的？"

乙推销员："先生，您真的很坦诚。除了关心这些还有其他方面吗？"

准客户："没有了，主要就是这个。"

乙推销员："那好，先生，我很理解您对这方面的关心，确实也有客户关心过同样的问题。我们公司的产品采用的是欧洲最新AAA级标准的加强型油路设计，这种设计具有极好的密封性，即使在正负温差50℃，或者润滑系统失灵20小时的情况下也不会出现油路损坏的情况，所以漏油的概率极低。当然，任何事情都有万一，如果真的出现了漏油的情况，您也不用担心。我们的售后服务承诺：从您购买之日起1年之内免费保修，同时提供24小时之内的主动上门服务。您觉得怎么样？”

准客户：“那好，我放心了。”

最后，客户在乙车行买了中意的汽车。

在推销过程中，客户提出异议是很正常的，而且异议往往是客户表示兴趣的一种信号。但遗憾的是，当客户提出异议时，不少新入行的推销员往往不是首先识别异议，而是直接进入化解异议的状态，这样极易使客户产生不信赖感。所以，错误的异议化解方式不但无助于推进销售，反而可能导致新的异议，甚至成为推销失败的重要因素。上面这个案例就是这类问题的典型代表。

案例中，客户提出“你们的售后服务怎么样”，这个问题是客户经过慎重考虑提出来的，是一种理性思考的结果。这时候，要化解客户的异议就需要推销员具有超强的应变能力，并促使其决策。

甲推销员显然不懂得这个道理，当客户提出疑问后，他还没有识别客户的异议就直接去应对，给出了自以为是的答案，客户没有感到应有的尊重，认为推销员的回答不够严谨，因此推销失败也就不足为奇了。

与之相反的是，乙推销员则采用了提问的方式："您所指的售后服务是哪些方面呢？"这种询问给予客户被尊重的感觉，同时也协助客户找到了问题的症结所在，然后又利用自己的专业知识轻松化解了客户的疑虑，推销获得了成功。

这个案例表明，对客户异议的正确理解甚至比提供正确的解决方案更重要。至少，针对客户异议的提问表达了对客户的关心与尊重。推销员只有找到症结所在，才能顺利成交。

灌输"一分钱一分货"的价值理念

销售心理学一点通：当顾客认为价格高时，你要使他相信一分钱一分货。

客户："我是××防疫站陈科长，你们是某某公司吗？我找一下你们的销售。"

电话销售："哦，您好！请问您有什么事？"

客户："我想咨询一下你们软件的报价，我们想买一套检验软件。"

电话销售："我们的报价是9.88万元。"

客户："这么贵！有没有搞错。我们是防疫站，可不是有名的企业。"（态度非常高傲。）

电话销售："我们的报价是基于以下两种情况：首先从我们的产品质量上考虑，我们历时5年开发了这套软件，我们与全国多家用户单位合作，对全国的意见和建议进行整理，并融入我们的软件中，所以我们软件的通用性、实用性、稳定性都有保障。另外，我们的检验软件能出检验记录，这在全国同行中是首例，这也是我们引以为傲的。请您考察。”

客户：“这也太贵了！你看人家××的才卖5万元。”

电话销售：“陈科长，您说到××的软件，我给您列举一下我们的软件与××的软件的优缺点：咱们先说××的，他们软件的功能模块很全，有检验、体检、管理、收费、领导查询等，但他们软件的宗旨是将软件做得全而不深。而我们的宗旨是将软件做到既广又深，就检验这一块来说，他们的软件要求录入大量的数据，并需要人工计算，他们实现的功能只是打印，而再看我们的，我们只需要输入少量的原始数据即可，计算和出检验记录全部由计算机完成，这样既方便又快捷。另外，我们的软件也有领导查询和管理功能。在仪器和文档方面我们的软件也在不断改进、不断升级。”

客户：“不行，太贵。”（态度依然强硬。）

电话销售：“您看，是这样的，咱们买软件不仅买的是软件的功能，更主要的是软件的售后服务，作为工程类软件，它有许多与通用性软件不同的地方。我们向您承诺，在合同期间我们对软件免费升级、免费培训、免费安装、免费调试等。您知道，我们做的是全国的市场，这期间来往的费用也是很高的，这方面我们对您也是免费的。另外，在我们的用户中也有像您这样的客户说我们的软件比较贵，但自从他们用了我们的软件以后就不再抱怨了，因为我们的软件满足了他们的要求，

甚至超过了他们的期望。我们的目标是：利用优质的产品和高质量的售后服务来平衡顾客价值与产品价格之间的差距，尽量使我们的客户产生一种用我们的产品产生的价值与为得到这种产品而付出的价格相比物有所值的感觉。”

客户：“是这样啊！你们能不能再便宜一点啊？”（态度已经有一点缓和。）

电话销售：“抱歉，陈科长您看，我们的软件质量在这儿摆着，确实不错。10月21号我们参加了在上海举办的上海首届卫生博览会，会上有很多同行、专家、学者。其中有一位检验专家对检验、计算机、软件都很在行，历时6年开发了一套软件，并考察了全国的市场，看到我们的软件介绍和演示以后当场说：‘你们的和深圳的软件在同行中是领先的。’这是一位专家对我们软件的真实评价。我们在各种展示中也获过很多奖，比如检验质量金奖、检验管理银奖等奖项。”

客户：“哦，是这样啊！看来你们的软件真有一定的优点。那你派一个工程师过来看一下我们这儿的情况，我们准备用你们的系统。”

至此，经过以上几轮谈判和策略安排，销售人员产品的高价格已被客户接受，销售人员的目标已经实现了。在与别人谈判的过程中，如何说服你的客户接受你的建议或意见，这其中有很大的学问，特别是在价格的谈判中。以下是价格谈判中的一些技巧和策略：

（1）在谈判过程中尽量列举一些产品的核心优点，并说一些与同行相比略高的特点，尽量避免说一些大众化的功能。

（2）在适当的时候可与比自己的报价低的产品相比较，可以从以下几方面考虑：

①客户的使用情况（当然，你必须对你的和你对手的客户使用情况非常了解）；

②列举一些自己和竞争对手在为取得同一个项目工程同时展示产品和价格时，客户的反应情况（当然，这些情况全都是对我们有利的）。

（3）列举一些公司的产品在参加各种各样的会议或博览会时专家、学者或有威望的人员对我们的产品的高度专业评语。

（4）列举一些公司产品获得的荣誉证书或奖杯等。

让顾客享受砍价乐趣

销售心理学一点通：在销售的过程中，销售员必须对消费者的心理价位有一定的了解，从而才能在讨价还价时获得最大的利润。

一天，一位顾客看中老张店里的一套服装，标价为800元。

顾客说："你便宜点吧，500元我就买。"

老张回道："你太狠了吧，再加80元，也图个吉利。"

"不行，就500元。"

随后，老张又与顾客经过一番讨价还价，最终谈妥以520元成交。

但是，当顾客掏出钱包准备付款时，却发现自己身上只有490元。老张为难地说："那太少了，哪怕给我凑整500元呢？"顾客说："不是我不想买，的确是钱不够啊。"最后，老张似乎狠下心说："好吧，就490元吧，算是给我今天买卖开张了，说实话，真的一分钱没挣你的。"顾客花490元拿着这套衣服，开开心心地走了。

老张真的一分钱没赚吗？当然不可能。因为这只是老张故意使用的计策。其实老张心里最清楚不过，那件衣服进价也就280元，给出800元的标价为的是给顾客心理上制造"高档"商品的感觉，同时留出顾客"砍价"的空间，在讨价还价中得出顾客愿意支付的价格，最终，老张能赚得利润，消费者也在"砍价"过程中得到了乐趣和成就感，感觉自己占到了便宜，自然也就达成了一桩愉快的买卖。

每个消费者一般都会对预期商品有一个预期的心理价位。消费者的心理价位实际上就是他们对于所购买的物品有一种主观评价，往往取决于他们的消费能力及对商品的偏好程度。因此，在销售的过程中，我们必须对消费者的心理价位有一定的了解，从而才能在讨价还价时获得最大的利润。

对于消费者来说，购物常常是一场“斗智斗勇”的心理战。如果通过自己的“砍价”，买到一件价格明显低于自己设想而质地样式又特别喜欢的商品，心理上会产生极大的愉悦感和自豪感。同时不少消费者也会将“砍价”当成一种生活的乐趣。所以我们销售员也要迎合消费者的这种心理，满足他们“砍价”的乐趣。

销售员可以从以下两个方面掂量好“砍价”的分寸：

1. 判断消费者对所购物品的迫切程度

我们可以从观察消费者的神情、动作来判断他们对商品的喜欢程度，根据他们对商品所表现出来的喜欢程度决定价格的弹性幅度。消费者越迫切、越需要，我们就越不能轻易降低商

品的价格。如果无法从消费者的神情、动作上判断出他们需要商品的迫切程度，我们还可以使出另外一招，即不断地与消费者攀谈——他们买给谁，是不是送礼，是送给谁，还是自己用。

2. 判断消费者的经济条件和花谁的钱

我们可以通过观察消费者的穿着和言行，判断他的经济实力，根据实际情况出价和降价。一般来说，经济实力强的人容易接受高价；而你用狮子大开口的方式来对待捉襟见肘的人，只会立即将他们吓跑。

此外，销售员要特别注意以下几点：

1. 证明价格是合理的

无论出于什么原因，任何顾客都会对价格产生异议，大都认为衣服价格比他想象的要高得多。这时，销售员必须从衣服在设计、质量、品牌等方面的优点来证明价格是合理的。所谓“一分钱一分货”，只要你能说明定价的理由，消费者就会相信购买是值得的。

2. 在小事上要慷慨

在讨价还价过程中，买卖双方都是要做出一定让步的。虽然每一个人都希望在讨价还价中得到好处，但并非每个人都是贪得无厌的，多数人只要得到一点点好处，就会感到满足。因此，销售员在洽谈中要在小事上做出十分慷慨的样子，使买家感到已得到对方的优惠或让步。比如，增加或者替换一些小纽扣时不要向买家收费，等等。

3. 讨价还价要分阶段进行

和买家讨价还价要分阶段一步一步地进行，不能一下子降得太多，而且每降一次都要装出一副一筹莫展、束手无策的无奈模样。另外，讨价还价切不可一开始就亮底牌，有的销售员不讲究策略，洽谈一开始就把最低价抛出来，然而事实上，洽谈初始阶段，消费者是不太会相信销售人员的最低报价的，这样也就无法谈下去了。

采取因人而异的跟进策略

销售心理学一点通：无论对于哪一类客户，我们都应当致力于与客户发展长期的合作关系。

一般情况下，我们可以把客户分为近期有希望下订单的客户、近期没希望下订单的客户、初期客户和长期客户四种类型。面对这四种类型的客户，你可以采取以下不同的策略：

1. 近期有希望下订单的客户

对于这类客户，重点是争取让客户下订单。通过之前与客户的接触，我们发现这类客户对我们的产品及服务有明确的需求，但还没到他们下订单的时候。这类客户在客户决策周期中处于哪个阶段呢？在这个阶段的客户，他们在做什么工作呢？这就需要销售员与对方进行沟通时仔细探询客户的需求。在这一阶段，客户会发生什么事情呢？

（1）客户处在分析、调查、论证阶段。

（2）客户在决策。

（3）客户在与其他公司接触以评估比较。

（4）我们对客户的需求有误解。

（5）客户可能在欺骗我们。

对于这类客户，从整体上来讲，分为三种情况：

第一种是客户确实有需求，而且也愿意提供销售机会。

第二种是客户本来有需求，但他们从内心深处根本就不想给我们机会，但在表面上给我们还有机会的假象。

第三种是客户没有需求，只不过是我们误认为客户有这种需求。

在这一阶段，分析判断客户是属于哪一种情况就变得极为重要。如果我们判断错误的话，对制订销售策略将产生不利的影响。

2. 近期没希望下订单的客户

对于近期没有合作可能的客户，也应该通过电子邮件、直邮等形式与客户保持联系，同时，每3个月同客户通一次电话。这样，可以让客户感受到你的存在，当他产生需求的时候，能主动找到你，用最少的时间来建立最有效的客户关系。

3. 初期客户

初期客户是指那些已经和我们建立了商务关系，但只给我们极少一部分份额的客户。也许这些客户将是你的长期买主，只是你还没有打动他们的有力产品，或许你提供的服务还不足以让客户特别满意，或者这些客户只是抱着“试试看”的态度。不管是什么情况，这些客户已经与我们有一定的交易往来了，但是没有积极推进我们的交易合作关系。因此，与这些客户交易，我们的目标是增加我们总的商业交易额。我们需要在过去成功的经验之上，证明我们的交易关系是值得进一步推进的。这时，频繁的商务电话攻势就显得非常必要。

只有了解了为什么你的这位客户没有给你更大的商业交易份额时，你才有可能在你们的合作关系上获得更大的进展。

4. 长期客户

建立长期客户关系是针对那些与我们已经有过一段时间的稳固合作关系，并且已经成功地推进了合作关系的客户。与这类客户的联系可以巩固我们的地位，使我们成为这些客户的主要或者唯一供货者，最后成为这些客户的战略伙伴（记住，战略伙伴阶段是指客户已经把我们列为其商业计划发展的一部分）。

总体来讲，无论对于哪一类客户，我们都应当致力于与客户发展长期的合作关系。对于现有客户，我们的重点是在做好服务的同时，尽可能地提高客户的忠诚度；对于潜在客户，我们的重点则是争取订单。

只要存在积极的关系，你就拥有进一步推动关系的机会。当双方都受益时，交流才会继续。因此，我们对不同类型的客户应采取不同的跟进策略，这有赖于我们对客户真实情况的掌握。

准确地**把握住成交时机**

销售心理学一点通：成交时机稍纵即逝，要获得成交，就必须抓住成交时机。

成交的时机就在你的身边，就看你怎么把握它。在沟通

中，当你能准确地把握住时机，就可能获得巨大的利益。我们可以通过下面的方式来捕捉与客户成交的时机：

1. 惜失心理刺激

利用对方怕占不到便宜的心理，利用对方怕过时的心理，告诉对方“货已不多了”，用“太可惜了”“很遗憾”等语句来加剧对方的惜失心理刺激。请看下面的例子：

“您好，刘经理！我是××体育用品中心的××，可以跟您谈几分钟吗？”

“什么事？”

“是这样，我用一分钟和您谈点题外话，听口音，我猜您三十六七的年龄，对吧？根据医学统计，这个年龄是腰椎间盘突出的易发期。如果心里不太想得开，就容易发怒，是吧？我们说怒伤肾，这会给肾造成很大压力，时间长了特别不利于健康。这时候腰部器官的功能也会随之下降，什么腰肌劳损、肾虚这些病就找上门了。所以，我们建议这个年龄的男子要多做运动，如果抽不出运动的时间，或找不到运动的场地，我们就建议您购买一台‘扭转腰按摩仪’。”

“噢！过几天你送个过来让我看看。”

这里就是利用客户的恐惧心理，达到引起客户注意、唤起客户购买欲望的目的。

2. 观察力

锻炼敏锐的观察力可以帮助你捕捉时机。在业余时间里做一些智力测试，做完后要多思考。

3. 激发客户的购买欲望

虽然客户尚未开口表决，却已在无形中透露了内心的机密。这时营销员要注意捕捉客户的需求，并用敦促的方法与客户达成交易。关于这一点，在前面已经介绍过，在这里就不再赘述。

总之，要使与客户的沟通成功而有效，我们就要学会善于在沟通过程中捕捉成交的良机。

4. 创造环境

营销人员在向客户推销产品时，如果可以将个人情感引入其中，往往会占据上风。在交谈中引入个人情感，几乎可以在任何问题上帮你获胜。

用广博的知识抓住机会

销售心理学一点通：销售人员只有不断丰富自己的知识，储备自己的专业能力，才能在关键时刻抓住成功的机会。

孙兴从美术学院毕业后，一时没找到对口的工作，就做起了房地产推销员。但3个月后，孙兴一套房子也没卖出去，按合同约定房地产公司不再续发底薪，这让他陷入了进退两难的境地。

一天，孙兴的一个大学同学向他提供了一个信息：有位熟人是某大学的教授，他住的宿舍楼正准备拆迁，还没拿定主意买什么样的房子。他劝孙兴不妨去试一试。

第二天，孙兴敲开了教授的家门，说明了来意，教授客气地把他带到客厅。当时，教授刚上中学的儿子正在支起的画板架上画着“静物”。孙兴一边向教授介绍自己推销的房产情况，一边不时地瞄上几眼孩子的画。

教授半闭着眼睛听完孙兴的介绍，说：“既然是熟人介绍来的，那我考虑一下。”孙兴通过观察，发现教授只是出于礼貌而应和，对他所说的房子其实并没有多大兴趣，心里一时没了谱，不知道接下来该说什么，气氛一时变得很尴尬。

这时孙兴看到孩子的画有几处毛病，而孩子却浑然不知，便站起身来走到孩子跟前，告诉他哪些地方画得好、哪些地方画得不好，并拿过画笔娴熟地在画布上勾勾点点，画的立体感立刻就凸显出来了。

孩子高兴地拍着手说：“叔叔真是太棒了！”略懂绘画的

教授也吃惊地瞧着孙兴，禁不住赞道："没想到你还有这两下子，一看就是科班出身，功底不浅啊！"他还感激地说："有时候，我也看出孩子画得不是那么回事儿，可我却一知半解，不知怎么辅导，经你这么一点拨，就明白了，你真帮了我的大忙了！"

接下来，孙兴同教授颇有兴致地谈起了绘画艺术，并把自己学画的经历说了一遍。他还告诉教授应该怎样选择适合孩子的基础训练课目，并答应说以后有时间还要来给孩子讲讲课。孙兴的一番话，让教授产生了好感，也开了眼界，一改刚才的敷衍连连点头称是。两个人的谈话越来越投机。

后来，教授主动把话题扯到房子上来。他边给孙兴端上一杯热茶边说："这些日子，我和其他几个老师也见了不少推销房产的，他们介绍的情况和你的差不多。我们也打算抽空去看看，买房子不是小事，得慎重才行。"

教授又看了孙兴一眼，接着说："说心里话，我们当老师的就喜欢学生，特别是有才华的。你的画技真让我佩服！同样是买房子，买谁的不是买，为什么不买你的呢？这样吧，过两天，我联系几个要买房的同事去你们公司看看，如果合适就非你莫属，怎么样？"

半个月后，经过双方磋商，学校里的十几名教师与孙兴签订了购房合同。

推销员的知识面越广，专业实力越强，成功的机会就越多。尤其当顾客出现麻烦、需要帮助时，这些知识随时都可能派上用场。如果能抓住机会，帮上一把，必能让对方心生感激、刮目相看，从而打开成功的大门。

房地产推销员孙兴通过熟人介绍，得到了一个销售信息，他登门拜访，并详细陈述房子的情况，但潜在客户对房子并未产生很大的兴趣，谈话陷入了尴尬的场面。至此，说明孙兴的策略失败了。如果不改变策略的话，就会失去这次销售机会。

美术专业出身的孙兴看到客户的孩子正在画的画有几处毛病，于是对孩子进行了简单的指导，这一举动让客户大为惊讶，他没有想到一个房地产推销员有如此高的美术专业素养。孙兴抓住这个机会，与客户探讨绘画艺术，用自己的知识逐渐赢得了客户的好感和认可。最后，客户不但自己买了房子，还推荐其他同事到孙兴的公司买房。

孙兴用自己广博的知识抓住了稍纵即逝的机会，并取得了成功。可见，销售人员只有不断丰富自己的知识，加强自己的专业能力，才能在关键时刻抓住成功的机会。

PART 03 成交之后还有生意——培养长期忠诚度的心理满足感

别忘记**打售后跟踪电话**

销售心理学一点通：交易结束后，我们最主要的工作是发展同老客户的友谊。

一位客户几年前刚买了套新房子，虽然他非常中意这套房子，但由于售价很高，交易完成后，这位客户一直为自己这笔买卖是否值得而心存疑虑。当他搬进新居后，大约过了两个星期，销售这套房子的销售员就打来了电话。

销售员：“嗨，

彼得先生，我是杰克。恭喜您住进了新居。”

客户：“杰克，谢谢。”

销售员：“彼得先生，真佩服您独具慧眼，挑中了这么一套好房子。”

客户：“你客气了，我感觉这套房子买得有点贵了。”

销售员：“彼得先生，怪我没跟您说清楚，这套房子确实是物超所值。您是不是感觉到这里的治安特别好，周围的环境也特别清静？对您这样需要休养的人士来说，是最合适不过的了。”

客户：“我已经感觉到了这一点，周围的环境是挺不错。”

销售员：“附近几家房屋的买主多是地方上赫赫有名的人士，他们都需要好的休息环境，所以也选择了这里。”

客户：“你是说，我的邻居们都是一些当地有名的人士！”

销售员：“是这样的，彼得先生，要不怎么说您独具慧眼呢！”

客户：“杰克，这可也有你一部分功劳呀。对了，我有一位朋友对这附近的一幢房子感兴趣，你去跟他联系一下吧！”

销售员：“太谢谢了，有您这样的老朋友真是我的荣幸。”

案例中的客户正在为买价是否过高而心存疑虑时，销售员打来电话向客户道贺，赞赏他独具慧眼，挑中了这套好房子，还聊到这附近良好的治安和环境，指出附近几家房屋的买主多是地方上赫赫有名的人士，使客户不禁引以为豪，认为自己买对了，最后还推荐了自己的朋友买房。

一般来说，新客户对于他们刚买下的商品有两种态度：

一是庆幸自己买对了，二是后悔自己买错了。如果是第一种态度，并且商品使用起来的确很方便，他们便会赞不绝口，乐于向他们的亲朋好友推荐；而如果是第二种态度，并且商品使用起来很不方便，他们则会将抱怨向四周扩散，影响其他人的购买。因此，销售人员每隔一周左右应打电话关切地询问客户使用产品的情况，若有任何不清楚的地方，销售员一定要提供周全的咨询服务。这样一来，这些客户将会得到满意的处理结果，通过他们，你就可以开发出更多的潜在客户。

所以，交易结束后，我们最主要的工作是发展同老客户的友谊。具体工作是，我们要为完成交易的客户建立档案，并进行跟踪服务和展开人情攻势，不仅使之继续购买我们的产品，还要使之作为我们的朋友为我们推荐新客户。因此，我们一定要注意发展与老客户的友谊。

记录与客户的交流信息

销售心理学一点通：有了完善的记录，才能有的放矢地进行准备，更好地为销售服务。

对于推销员来说，一个订单的签订通常都要和客户经过一段时间的接触与交流。在这个过程中，推销员为了促成交易，必须尽可能多地收集有关客户的信息，同时也需要及时把握客户的购买意向。因此，在推销过程中一定要做好每天的访问记录，一方面记录在交流中掌握的客户信息，一方面记录那些已经有购买意向的客户的条件或需求。这样，再次拜访客户的时候既可以有针对性地“谈判”，又可以避免出现前后不一的情况。

艾伦一直在向一位客户推销一台压板机，并希望对方订货，然而客户却无动于衷。他接二连三地向客户介绍了机器的各种优点，同时，他还向客户提出到目前为止，交货期一直定为6个月，从明年一月份起，交货期将设为12个月。客户告诉艾伦，他自己不能马上做决定，并告诉艾伦，下月再来见他。到了一月份，艾伦又去拜访他的客户，他把过去曾提过的交货期忘得一干二净。当客户再次向他询问交货期限时，他仍说是6个月。

艾伦在交货期问题上颠三倒四。忽然，艾伦又想起他在一本推销书上看到的一条妙计：在背水一战的情况下，应在推销的最后阶段向客户提

供最优惠的价格条件，因为只有这样才能促成交易。于是，他向客户建议，只要马上订货，可以降价10%。而上次磋商时，他说过削价的最大限度为5%，客户听他现在又这么说，一气之下终止了洽谈。

如果艾伦在第一次拜访后有很好的访问记录；如果他不是在交货期和削价等问题上颠三倒四；如果他能在第二次拜访之前，想一下上次拜访的经过，做好准备，第二次的洽谈很可能就会成功了。由此可见，做记录是多么的必要。

齐藤竹之助的口袋里总装有几样法宝——记录用纸和笔记本。在打电话、进行拜访及听演讲或是读书时，都可以用得上。打电话时，顺手把对方的话记录下来；拜访时，在纸上写出具体例子和数字转交给客户；在听演讲或读书时，可以把要点和感兴趣之处记下来。

乔·吉拉德认为，推销人员应该像一台机器，具有录音机和电脑的功能，在和客户交往过程中，将客户所说的有用情况都记录下来，从中把握一些有用的东西。所以他总是随身带着一个本子，及时记录各种客户信息。

客户访问记录不仅包括与客户交流过程中的重要信息，如交货时间、货物价格、优惠幅度等，还应该包括客户特别感兴趣的问题及客户提出的反对意见。有了这些记录，才能有的放矢地进行准备，更好地进行以后的拜访工作。

此外，推销员还应该把有用的数据和灵光一现的想法及时记录下来，同时对自己工作中的优点与不足也应该详细地记录下来。长期积累你就会发现，这些记录是一笔宝贵的财富。

用持续沟通实现二次销售

销售心理学一点通：专业推销员的工作始于他们听到异议或“不”之后，但优秀的推销员真正的工作则开始于他们听到“可以”之后。

千万不要销售成功就立刻走人，要为下次销售埋下种子。比如一个优秀的推销员会适时地询问老客户是否还有其他的需求，以便寻求下一次合作的机会。老客户需要新的产品时，如果推销员及时地把最新产品信息反馈给老客户就很容易实现二次销售。

一定要让客户感受到，你非常珍视与他们的交易。要让他们明白，你对他们的决定深信不疑，一旦有机会，你还会给予他们帮助。

李东自己经营一家电脑公司，同时负责公司的电脑销售，而且在这方面做得非常好。他说：“一旦新电脑出了什么问题，客户打电话来要求维修，我会马上带着负责维修的工作人员前去维修，并会设法安抚客户，让他不要生气。我会告诉他，我们的人一定会把维修工作做好，他一定会觉得特别的满意，这也是我的工作。没有成功的售后服务，便不会有再次交易。如果客户仍觉得存在严重的问题，我的责任就是要和客户站在一边，确保他的电脑能够正常运行。我会帮助客户争取进一步的维护和修理，我会同他共同战斗，一起与电脑维修人员沟通，一起应付电脑供货商和制造商。无论何时何地，我总是和我的客户站在一起，与他们同呼吸、共命运。”

李东将维护与客户的长期关系当作是长期的投资，绝不会卖一台电脑后即置客户于不顾。他本着来日方长、后会有期的态度，希望他日客户为他介绍亲朋好友来买电脑，或客户的子女长大成人后，继续将电脑卖给其子女。电脑卖出之后，他总希望让客户感到买到了一台好电脑。客户的亲戚朋友想买电脑时，自然首先便会考虑找他，这就是他的最终目标。

电脑卖给客户后，若客户没有任何联系的话，他就试着不断地与那位客户接触。打电话给老客户时，他开门见山便问："你以前买的电脑情况如何？"通常白天电话打到客户家里时，接电话的多半是客户家的保姆，她一般会回答："电脑情况很好。"他再问："有什么问题没有？"顺便向对方示意，在保修期内应该将电脑仔细检查一遍，并让她提醒雇主在此期间送到厂里检修是免费的。

他也常常对客户家的保姆说："假使你需要装什么软件或程序的话，请打电话过来，我们会马上过去免费安装，并免费给你提供技术指导，请你及时提醒你的雇主。"

李东说："我不希望只销售给他这一台电脑，我特别珍惜我的客户，我希望他以后所买的每一台电脑都是从我这里销售出去的。"

把新的资料和信息及时反馈给老客户，询问老客户的特殊需求，这样第二笔生意就有了成交的可能，同时也为第二次交易设置了一个良好的开端。

我们要懂得维护与客户的关系，并和他们保持密切的联系，不要因为这样那样的原因，最终失去一些老客户。

防止大客户叛离的方法

销售心理学一点通：客户的需求不能得到切实有效的满足往往是导致客户流失的最关键因素。要想留住大客户，就必须在如何满足其需求上做足文章。

企业与企业之间本来就有一场争夺客户的战争，尤其是争夺大客户是事关企业生死存亡的关键。客户的流动是正常的，但如果损失了大客户我们都没有预防的策略，那企业肯定会遭受重创。

一些高层管理人员经常诧异地说："不久前与客户的关系还好好的，一会儿'风向'就变了，真不明白这是为什么。"很多企业，甚至大型企业，在面对客户流失危机的时候也束手无策，只能无奈地发出"告诉我你为什么要离去"这样的感慨。

某营销咨询机构研究中心针对大客户的一次调查结果显示，91%以上接受调查的大客户认为可以长期合作的供应商应该具备四个最基本的条件：第一，有良好的产品质量；第二，要有满意的服务质量；第三，交货及时、足量（包括紧急需要时），物流顺畅；第四，产品或服务的让渡价值等于或高于竞争对手，即产品或服务的附加值不能低于竞争对手。

当我们的工作在上面任何一个环节中出现纰漏时，大客户都有可能发生叛离。

客户流失已成为很多企业面临的危机，他们大多也都知道失去一个老客户会带来巨大损失，也许需要再开发十个新客户才能予以弥补。但当问及客户为什么流失时，很多销售人员一脸迷茫，谈到如何防范，更是不知所措。

客户的需求不能得到切实有效的满足往往是客户流失的最关键因素。一般情况下，企业应从以下几个方面入手来防范客户流失：与客户合作的过程很多属于短期行为，这就需要对客户灌输长期合作的好处，对其短期行为进行成本分析，指出其短期行为不仅给企业带来很多的不利，还给客户本身带来了资源和成本的浪费；企业应该向老客户充分阐述自己企业的美好远景，使老客户认识到自己只有选择企业才能够获得长期的利益，这样才能使客户与企业同甘苦、共患难，不会被短期的高额利润所迷惑，而投奔竞争对手。

通过对目前的大客户叛离原因的调查，我们可以从以下几个方面进行预防：

1. 加强与大客户的深度沟通

有助于维护与大客户的长久关系，并能够及时了解大客户的需求变化。

2. 经常进行客户满意度调查

只有了解了客户对我们的期望与建议，我们才能将工作做得更好。

3. 平日的问候与回访

不能小看一些不起眼的小礼品与小恩惠，那些常常能使客户感受到温暖。

4. 提高产品质量并防范对手

产品质量是根本，而只有了解对手，我们才能做好防范工作。

5. 对市场反应及时迅速

企业应及时提供客户订购的产品或服务，及时掌握产品在市场上的反馈信息，并能迅速处理关于产品的异议和抱怨。

将客户放在心里

销售心理学一点通：联系就如同一根细丝线，将我们和客户紧紧相连。再好的客户如果不常联系，也会像断线的风筝一样飞走。

新客户与我们进行了长时间的合作之后，就会成为我们的老客户，但一定要记住：老客户并不是我们的永久客户。也就是说，老客户如果不注意维护的话，也会流失掉。

要保住老客户，除了我们所提供的产品或服务质量过硬，以及有良好的售后服务外，我们还应该定期与客户保持联系。成功的客户服务人员是不会卖完东西就将客户忘掉的。

交易后与客户持续保持联络，不仅可以使客户牢牢记住你与公司的名字，而且还会增强客户对你的信任感，从而为他们向你推荐新客户奠定感情基础。

聪明的企业肯把大力气花在售后与老客户的联系上，就是为了巩固与老客户的关系。因为，在市场景气时，这些老客户能将生意推向高潮；在市场萧条时，这些老客户又能使公司维持生存。可以说，老客户对公司的生死存亡有着十分重要的意义，因此一定要保持与客户的长期联系。和客户保持联系的方式主要有以下几种：

1. 打电话

如今人与人之间的沟通交流缺不了电话这个工具，尤其是我们与客户的联系，一个小小的电话可以帮助我们与客户建立亲密的关系。电话是一种最便捷的工具，当然是首选。

博恩·崔西是世界顶级管理与营销培训大师，被认为是全球推销员的典范，曾被列入“全美十大杰出推销员”。这位大师十分注重和客户建立长期联系的作用，并且在对学员的培训中一直强调这点，他说：“必须向客户提供一种长期关系，然后尽一切努力去建立和维护这种关系。”与客户建立联系除了建立在销售目标之上的销售沟通之外，其实还可以包括很多方式，而有时交易之外的联系往往更容易使你和客户保持亲近。

这里所谓的“交易之外的联系”，主要是指不将销售产品或服务作为行为动机，和客户进行轻松愉悦的交流，赢得客户的信任，甚至和客户成为朋友的联系方式。很多销售高手都提出，他们真正的销售额几乎都是在谈判桌和办公室之外完成的。

2. 发短信

短信经济、快速，令人感到亲切。因此，发短信也是一个与客户保持长期接触的方法。使用短信时有一点要注意，即慎重使用产品和服务介绍。当销售人员准备通过短信的方式向客户介绍产品或者服务时，最好预先告诉客户。如果盲目地从什么渠道获取手机号码就向他们发短信，这样做的结果只会招来手机用户的投诉。

3. 写信件、明信片

很多销售人员用电子的方式代替手写信件和明信片，成本会降低，效率会提高。不过，传统的手写信件、明信片在销售中确实也有不可估量的作用。如果采用信件、明信片，可以给客户与众不同的感觉，使他在倍感亲切的同时又感受到被人重视的感觉。

4. 邮寄礼品

节日来临的时候，在条件允许的情况下，最好能给客户邮寄些实质性的礼品，这是实施情感营销的必要环节。例如，中国电信的一个大客户经理打了很多次电话给一个客户，可是客户都不见他。后来他送了部公司刚出的新电话机给客户，第二天再打电话给客户的时候，客户的态度发生了很大的变化。有人问那位大客户经理："这主要是什么原因呢？"大客户经理想了想，说："他觉得我真的在关心他、在乎他。"事实正是如此，小小的礼品不一定很昂贵，却能使客户感受到你的关心，从心理上接受了你。

第五篇

你的嘴巴搭建你的舞台——销售口才中的心理引导术

PART 01 会提问是一种能力——问话术中的心理运用

用问题来控制节奏

销售心理学一点通：任何一个推销员在与客户面谈之前都应该做好充分的准备工作，精心设计向客户提出的问题是其中最重要的一环。

林强："早上好，王总，很高兴见到您。"

准顾客："你好，有什么事吗？"

林强："王总，我是华夏公司的林强，我今天特意来拜访您，是因为我看到了《机械工业》杂志上有一篇关于您公司所在行业的报道。"

准顾客："是吗？都说了些什么呀？"

林强："这篇文章谈到您所在的挖掘机行业将会有巨大的市场增长，预计全年增长幅度为30%，市场总规模将达到50亿。这对您这样的领头羊企业应该是一个好消息吧？"

准顾客："是啊，前几年市场一直不太好，这两年由于西部大开发，国家加强基础设施建设，加大固定资产投资，所以情况还不错。”

林强：“王总，在市场需求增长的情况下，公司内部研发生产的压力应该不小吧？”

准顾客：“是啊，我们研发部、生产部都快忙死了。”

林强：“是吗？那真是不容易啊。王总，我注意到贵公司打出了招聘生产人员的广告，是不是就是为了解决生产紧张的问题呢？”

准顾客：“是啊，不招人忙不过来啊。”

林强：“确实是这样。那王总，相对于行业平均水平的制造效率——每人5台而言，您公司目前的人均制造效率是高一些还是低一些？”

准顾客：“差不多，大概也就人均5~6台。”

林强：“那目前使用的制造设备的生产潜力有没有提升的空间呢？”

准顾客：“比较难，而且耗油率还很高呢。”

林强：“那您使用的是什么品牌的设备呢？国产的还是进口的啊？”

准顾客：“……”

结果：谈话一直继续，顾客对销售代表即将推出的产品充满了期待。

任何一个推销员在与客户面谈之前都应该做好充分的准备工作，精心设计向客户提出的问题是其中最重要的一环。尤其是在首次拜访时，为了使交易继续下去，推销员应仔细做好一系列周密计划，通过问题来控制会谈的节奏，保持对话的顺畅进行。

在这个案例中，推销员不是使用常见的“说”来进行会谈，而是成功地使用了一系列具有逻辑性的问题引导了客户的思路，使客户主动而愉快地参与到会谈中。

我们可以看到，他一开始并未介绍自己的产品，而是说“我今天特意来拜访您，是因为我看到了《机械工业》杂志上有一篇关于您公司所在行业的报道”，这句话显然是推销员事先精心设计好的，目的在于化解客户对推销员的警惕心理，引起客户的好奇心。果然，正如推销员所料，谈话顺着他设计的思路进行下去，从行业的发展谈到客户的目标、目前的问题等，随着话题的逐步打开，客户逐渐放松对推销员的防范，转

而进行深入的理性思考。

当然，提问不是万能的，尽管提问在销售过程中起着越来越重要的作用，只有经过精心设计的正确的提问才能实现更多的销售。因此，推销员在设计问题时要注意以下几点：

提出的问题要能引起对方的注意，并能引导对方的思考方向；

提出的问题要能获得自己所需要的信息反馈；

提问要以顾客为中心，这样才容易受顾客欢迎，赢得顾客的信赖。

巧妙提问探寻客户的真正需求

销售心理学一点通：在与客户的沟通中，我们要养成善于向客户提问的习惯。这样，我们便可以与客户形成互动交流，也使我们更清楚客户的真正需求是什么，最终达成双赢。

探寻客户的需求是所有销售阶段最重要的环节。只有真正明确客户的需求，才能做到有的放矢，成功销售。在电话沟通中，我们可以通过巧妙地提问来探寻客户的需求。

1. 提出问题的方式

按照提问的形式，问题可分为开放式问题和封闭式问题。

（1）开放式问题

开放式问题是由“什么、哪里、告诉、什么时候、怎样、为什么、谈谈”等词来提问。例如：

您如何评价现在的电脑系统？

您对未来的电脑系统有什么构想？

您公司的发展方向是什么？

您为什么会对现有的系统不满意呢？

您准备用什么方法来解决呢？

您最喜欢A品牌的哪些方面呢？

提开放式问题时可减少问问题的个数，引导客户谈话。例如："那您准备如何解决这个问题？""您刚才谈到耐用性很重要，具体是指什么呢？"

（2）封闭式问题

封闭式问题以"能否、是否、可否、多少、会不会、哪里、谁和哪一个"之类的词开头。所有封闭式问题都可以用"是""否"或相对简单的陈述来回答。

既然通过开放式问题可以获得更多的信息，那么你可能在想：难道销售人员不会自然而然地问开放式问题吗？不幸的是，他们不会。尽管大多数销售人员知道"开放式问题"这一概念，但是很少有人能够灵活地运用它。

当你在询问问题的时候，你可以全盘控制谈话，你总能建设性而不失礼貌地把谈话引向主题。因此，有时你或许不得不问一些封闭式问题，例如："你最近有没有听相关销售培训课程的计划？"

列出你在电话沟通时通常会问的问题，然后看看是不是值得把一些封闭式问题改成开放式问题。下面是专家们在销售面谈时常问的问题：

批准购买的程度是什么样的？

贵公司提高产出的日程表是怎样的？

如果就您目前的情形设计一个理想的解决方案，那应该是什么样的？

请您告诉我，您的窗口小部件的制造程序是怎样的？

一旦你从对方那里收集了信息，接下来你要围绕发现的需求，评论和解释你的产品或服务。

2. 提问时应注意技巧

（1）反问

这一点适合于当客户问到一个我们并不太清楚的问题时。例如："你如何看待今年的计算机行业的发展？"如果我们知道，则可以很专业地与他交流，但如果我们不知道，就只能说："真对不起，这一点我不知道。"这样的话，我们的专业形象将会受到影响。

所以，遇到这类情况，我们不妨反问对方："陈经理，听您这样讲，我想您对这一方面肯定有很深的研究，您认为会是怎样呢？"类似这样的情况，在电话沟通中很普遍。

再举个例子，当客户问："它能达到什么效果？"如果这个效果并不能很清楚地在电话中向他讲明白，营销人员可问："陈经理，我知道您对效果很关心，那您希望达到一个什么效果？"这就像是在打太极拳，有时候需要圆滑一些。

（2）纵深提问

利用客户提到的问题，往深处问，深挖他的需求和内心真正的想法。例如，客户说："我喜欢国际管理咨询公司。"销售人员可以问："我知道您喜欢国际管理咨询公司，它们确实不错，那您喜欢它们的什么地方呢？”这就是纵深提问法。

（3）多问“为什么”

这其实也是在找原因，不管如何问，我们都要找到客户产生某种需求的原因。在销售中，很重要的一点就是，我们不仅应知道客户的需求，更重要的是要知道客户为什么会有这样一个需求，这其实是推动客户采取行动的一个内在驱动力。一旦把握好了这个内在驱动力，将对我们进一步引导客户，以及在以后的竞争中保持优势，都很有帮助。

“您今年的重点工作将会放在人力资源管理方面，它对您为什么很重要？”

“您现在想要与管理咨询公司合作以加强营销管理，这是一个极好的想法，为什么您现在有这个想法呢？”

“您提到销售额上升5%对您很重要，为什么呢？”

记住：多问为什么，同样会使我们获取竞争优势！

我们要养成问问题的习惯，在日常电话沟通过程中，我们可以把所有的陈述句变成问句。向客户提问题时需要注意以下几个要点：

把所有的陈述句转化为疑问句；

问问题要使用感性的语言；

问完问题稍作停顿。

在与客户的沟通中，我们要养成善于向客户提问的习惯，这样，我们便可以与客户形成互动交流，也使我们更清楚客户的真正需求是什么，最终达成双赢。

多提积极的问题

销售心理学一点通：作为推销高手，只有熟练掌握积极发问这种技能，才能获得良好的销售业绩。

吴涛是一名家用电器的推销员，一天有一对夫妇来到家电区打算看看电冰箱。吴涛以亲切的态度做了适当说明后，发现这对夫妇似乎有购买意向，于是她便抓住时机发动热情攻势。

“先生家里有几口人？”丈夫回答说有5口人。

吴涛又转过身来问太太：“太太是隔日买菜呢，还是每天都上市场买？”太太笑而未答，吴涛并未放弃，继续热情地为这位太太做了个“选择答案”。

“听说有人1星期买一次，有人3天买一次，他们认为3天买一次，菜色不会有变化。太太您喜欢哪一种买法呢？”

太太终于回答说：“我想3天买一次更好些。”

“家里常来客人吗？”

“有时候。”

“在冰箱里储存些食品，既可以保鲜，又可以应付突来的客人啊。”

这时丈夫蹲下来查看冰箱下方放啤酒的地方，估算着可以放多少瓶啤酒。吴涛马上说：“先生，听说爱喝啤酒的人是这样的，一次买上一打。这样的天气，每天晚上下班回家享受一瓶冰镇啤酒，嘿，男人们的福气可真好哦！”

吴涛又问太太：“太太，您看这个可以容纳3天的鱼肉蔬菜吗？”

“可以，可以，刚刚好。”

“您看这个小点的够不够？”

“不行吧。”

“太太，您打算把冰箱放在什么地方？是客厅里还是厨房里？”

“厨房太小了，没有空间。”

“是啊！我也这么想。”

吴涛又继续为这对夫妇勾勒了一幅动人美景：“夏天的冰镇啤酒、西瓜、汽水、软包装饮料，解暑可口；就是冬天的冰淇淋也别有一番风味，更不要说随时取出青嫩的蔬菜和新鲜的鱼肉了。尤其是用上电冰箱可以节约买菜的时间，也可以省下不少的菜钱，还可以从容不迫地招待那些突然登门的客人，真是一举数得啊！”

紧接着，吴涛又问：“先生住在哪儿？离这儿远吗？”

“不太远，就在附近。”

“那么是马上送到府上，还是明天一早给您送去好呢？如果今天送去，明天就可以放进很多新鲜蔬菜和鱼肉啦！”

太太：“还是明天吧，我们要先空出地方来。”

就这样，吴涛成功地卖出了一台冰箱。

与客户交谈时，推销员应该多提一些内容积极、肯定、让客户增强对产品信心的问题，以促使他下决心购买。这个案例中的推销员吴涛就是善用此法的高手。

开始时吴涛只是简单介绍了一下，发现对方有购买意图后，才进行下一步。

吴涛开始积极发问，善于提问也是一种技能，从家里的人口，到买菜的规律，看似随意却是事先精心设计好的。当吴涛留意到男客户查看放啤酒的地方，她马上借题发挥。在快要结束谈话时，吴涛又为这对夫妇勾勒了一幅美景：“夏天的冰镇啤酒……真是一举数得啊！”显然这段话已完全打动了客户的心。

最后推销员询问顾客的住址，其实她此时的问话并非真想了解这对夫妇家离商场的距离，而是把推销引向了一个新的目标阶段——要把货送到客户家里。果然，她顺理成章地实现了成交。作为推销高手，只有熟练掌握积极发问这种技能，才能获得良好的销售业绩。

恰到好处地发问，善于在提问中倾听

销售心理学一点通：在与客户进行沟通时，销售员需要提出很专业、很得体的引导性问题，使自己获得更加详细的客户信息，最终锁定客户真正的需求，得到自己需要的结果。

好的医生在医疗之前一定会问病人许多问题。譬如，医生会问：您什么时候开始感到背部疼痛？那时您正在做什么？吃了什么东西？摸您这个地方会痛吗？躺下来会痛吗？爬楼梯的时候会痛吗？这些问话使病人觉得受到了医生的关心和重视，也使病人跟医生密切配合，让医生能迅速找到病源而对症下药。同理，能够扮演好角色，使客户愿意密切配合，进而迅速

发觉客户真正的需要而适时给予满足的，才是一位成功的销售人员。

询问在专业销售技巧上扮演着十分重要的角色，您不但能利用询问的技巧获取所需的情报、确认客户的需求，还能引导客户谈话的主题。询问是沟通时最重要的手段之一，它能促使客户在表达意见时产生参与感。

当然，提问也是有一定技巧的：

你可以用“谁、什么、哪里、什么时候、为什么、如何”等一些词开始你的问题。

使用确定性问题。如前所论，这些问题可以确认一般情况。另外，还可以用确定性问题促使迟疑的客户讲话。许多情况下他们要说几遍“是”或“不是”，这样他们才会放松下来。

我们在与客户交流时，往往会发现客户没有说出他们的心里话，这就需要业务员进行分析判断之后才能明白客户真正的需求和抗拒以及目的，这样才能为客户提出解决方案。因此，我们就要努力地听出客户话语真正的意义是什么。

要真正理解通话对方的讲话含义，可以通过以下几种途径：

用你自己的话重新表述一下你理解的含义，让潜在客户检查正误。

当你不同意潜在客户的观点但又必须接受其决定时，你需要格外认真地听他讲话，通常这样做才会知道自己应该在何时表示质疑。

如果你对潜在客户的某些讲话内容感到厌烦，这时你要尤其注意：一些很重要的事实可能会被错过，也许你只得到部分信息。因此，你可能并不完全懂得对方究竟讲了什么。

即使是你以前已听过的信息，仍然要继续认真地听下去，“温故而知新”是不会错的。

总之，在与客户进行沟通时，我们需要提出很专业的、很得体的引导性问题，帮助客户解决遇到的问题，同时帮助自己获得更加详细的客户信息，最终锁定客户真正的需求，得到自己需要的结果。

迂回提问消除对方的戒备之心

销售心理学一点通：在谈判中，恰到好处地使用“投石问路”的方法，你就会为自己一方争取到更大的利益。

谈判开始时，虽然双方人员表面彬彬有礼，内心却对对方存有戒备心理，如果这个时候直接步入主题，进行实质性谈话，就会提高对手的警觉心理。

谈判开始时的话题最好是松弛的、非业务性的，要善于运用环顾左右、迂回入题的策略，给对方足够的心理准备时间，为谈判成功奠定一个良好的基础。

环顾左右、迂回入题的做法很多，下面介绍几种常用且有效的入题方法：

1. 从题外话入题

谈判开始之前，你可以谈谈关于气候的话题。“今天的天气不错。”“今年的气候很怪，都三四月了，天气还这么冷。”也可以谈旅游、娱乐活动、衣食住行等。总之，题外话内容丰富，可以信手拈来，不费力气。你可以根据谈判时间和地点，以及双方谈判人员的具体情况，脱口而出，亲切自然，刻意修饰反而会给人一种不自然的感觉。

2. 从“自谦”入题

如对方为客，来到己方所在地谈判，应该向客人谦虚地表示各方面照顾不周，没有尽好地主之谊，请谅解等。也可以向对方介绍一下自己的经历，说明自己缺乏谈判经验，希望各位多多指教，希望通过这次交流建立友谊等。简单的几句话可以让对方有亲切的感觉，心理戒备也会很快消除。

3. 从介绍己方人员入题

在谈判前，简要介绍一下己方人员的经历、学历、年龄和成果等，让对方有个大概的了解，既可以缓解紧张气氛，又不露锋芒地显示己方的实力，使对方不敢轻举妄动，暗中给对方施加心理压力。

4. 从介绍己方的基本情况入题

谈判开始前，先简略介绍一下己方的生产、经营、财务等基本情况，提供给对方一些必要的资料，以显示己方雄厚的实力和良好的信誉，坚定对方与你合作的信念。

5. 投石问路巧试探

投石问路是谈判中一种常用的策略，是指谈判过程中巧妙地试探对方，在谈判中常常借助提问的方式，来摸索、了解对方的意图及某些实际情况。

如当你希望对方得出结论时，可以这样提问：

“您想订多少货？”

"您对这种样式感到满意吗？"

总之，每一个问题都是一颗探路的石子。你可以通过了解产品质量、购买数量、付款方式、交货时间等来了解对方的虚实。

想在谈判中尽快降低对方的警觉性，谈判之前就要做好充分的准备。你最好先了解和判断对方的权限及背景，然后把各种条件及自己准备切入的重点问题等简短地写在纸上，在谈判时随时参考，提醒自己。

不要问答案未知的问题

销售心理学一点通：在法律系学生的课程中，教授会告诉他们："当你盘问证人席的证人时，不要问事先不知道答案的问题。"相同的训诫也可以用在销售上。

电话销售人员："莱迪先生，这个电话是您太太告诉我的。听她说，你们近来有买一辆中档车的打算，但最后的决定权在您手上。"

客户："是的，有这个想法，只不过还没确定买什么样的车。"

电话销售人员："听您太太说，你们有6个孩子，而且年龄都不大。"

客户："是的。"

电话销售人员："那么遥控锁是不是最适合您家？"

客户："是的"。

电话销售人员：“我打赌您也喜欢四门车。”

客户：“是的。”

电话销售人员：“难道您不同意带遥控锁的四门车是你们最佳的选择？”

客户：“哦，是的，我们只会买带遥控锁的四门车。”

电话销售人员：“太好了，我们有几款这样的车可供您选择。您看什么时间看车方便？”

客户：“这周末吧。”

电话销售人员：“好的，到时我会给您打电话，再见，莱迪先生。”

在法律系学生的课程中，教授会告诉他们：“当你盘问证人席的证人时，不要问事先不知道答案的问题。”相同的训诫也可以用在销售上。辩护律师如果事先不知道答案就盘问证人，会为他自己惹来很多麻烦，同样的情形也会发生在销售人员身上。

绝对不要问只有“是”与“否”两个答案的问题，除非你十分肯定答案是“是”。

例如，我们不会问客户：“你想买双门轿车吗？”而我们会说：“你想要双门还是四门轿车？”

如果你用后面这种二选一的问题，你的客户就无法拒绝你；相反，如果你用前面的问法，客户很可能会对你说：“不。”下面有几个二选一的问题：

“你比较喜欢3月1号还是3月8号交货？”

“发票要寄给你还是你的秘书？”

“你要用信用卡还是现金付账？”

“你要红色还是蓝色的汽车？”

“你要用货运还是空运的？”

可以看出，在上述问题中，无论客户选择哪个答案，业务员都可以顺利做成一笔生意。

要养成经常这样说话的习惯：“难道你不同意……”例如，“难道你不同意这是一辆漂亮的车子，先生？”“难道你不同意这块地可以看到壮观的海景，先生？”“难道你不同意你试穿的这件貂皮大衣非常暖和，女士？”“难道你不同意这个价钱表示它有特高的价值，先生？”因为，这些问题你已很有把握客户会做出肯定的回答。当客户赞同你的意见时，也会衍生出肯定的回应。

PART 02 如何说服客户——不能忽略的说话技巧与倾听艺术

发挥听的功效

销售心理学一点通：在销售中，一定要发挥听的功效，这样才能使客户无所顾虑地说出他想说的话。

人人都喜欢被他人尊重，受到别人重视，这是人性使然。当你专心地听、努力地听，甚至是聚精会神地听时，客户就会有被尊重的感觉，因而可以拉近你们之间的距离。卡耐基曾说："专心听别人讲话的态度，是我们所能给予别人的最大赞美。"不管对朋友、亲人、上司、下属，倾听有同样的功效。

在销售沟通过程中发挥听的功效是十分重要的，因为客户提供的线索和客户的肢体语言是看不见的。在每一次通话当中，听要比说更加重要。善于有效地倾听是电话沟通成功的第一步。所有的人际交往专家都一致强调，成功沟通的第一步就是要学会倾听。有智慧的人，都是先听再说。

在电话中，你要用肯定的话对客户进行附和，以表现你听他说话的态度是认真而诚恳的。你的客户会非常高兴你心无旁骛地听他讲话。根据统计数据，在工作和生活中，人们平均有40%的时间用于倾听。事实上，在日常生活中，倾听是我们自幼学会的一种沟通能力，它让我们能够与周围的人保持接触。失去倾听能力也就意味着失去与他人共同工作、生活的可能。

所以，在销售过程中，发挥听的功效是非常重要的，只要你能够听得越多，听得越好，就会有更多更好的人喜欢你、相信你，并且要跟你做生意。他们越想跟你交往，你就越能获得更佳的人缘。成功的聆听者永远都是最受人欢迎的。

精彩的开场白

销售心理学一点通：开场白的好与坏，在很大程度上决定了一次推销的成功与否。因此，推销员在拜访客户之前一定要想好自己的开场白，给客户留下好的印象，为成交打好基础。

张宇是戴尔公司的销售代表，他得知某省税务局将于今年年中采购一些服务器，林副局长是这个项目的负责人，正直敬业，与人打交道总是很严肃。张宇为了避免两人第一次见面出现僵局，一直在思考一个好的开场白。直到他走进了税务局宽敞明亮的大堂，才突然有了灵感。

“林局长，您好，我是戴尔公司的小张。”

“你好。”

“林局长，我这是第一次进税务局，进入大堂的时候感觉到很自豪。”

“很自豪？为什么？”

“因为我每个月都缴几千元的个人所得税，这几年加在一起有几十万了吧。虽然我算不上大款，但是缴的所得税也不少。今天我一进税务局的大门，就有了不同的感觉。”

“噢，这么多。你们收入一定很高，你一般每个月缴多少？”

“根据销售业绩而定，有的销售代表做得好的时候，可以拿到两万元，这样他就要交五六千元的个人所得税。”

“如果每个人都像你们这样缴税，我们的税收任务早就完成了。”

“对呀。而且国家用这些钱去搞教育、基础建设或者国防建设，对我国早日成为经济强国大有益处。”

“不错。但是个人所得税是归地税局管，我们国税局不管个人所得税。”

“哦，我对税务不了解。我这次来的目的是想了解一下税务信息系统的状况，而且我知道您正在负责一个国税服务器采购的项目，我尤其想了解一下这方面的情况。戴尔公司是全球主要的个人电脑供应商之一，我们的经营模式能够为客户带来全新的体验，我们希望能成为贵局的长期合作伙伴。首先，我能否先了解一下您的需求？”

“好吧。”

在与客户面谈时，不应只是简单地向客户介绍产品，而是首先要与客户建立良好的关系。因此，一个好的开场白，对推销员来说无疑是推销成功的敲门砖。

案例中，作为戴尔公司的销售代表，张宇要拿下某个国税局的服务器采购项目，他知道开场白的重要性，因此在与客户见面之前就进行了思考。当他看到国税局气派的大堂时，有了灵感，在见到主管这个项目的林副局长后，他开口便说："我这是第一次进税务局，进入大堂的时候感觉到很自豪。"

这句话使双方的距离一下子就拉近了，陌生感也消除了很多。客户在好奇心理的作用下，询问张宇自豪的原因，这样张宇就从税务局大堂过渡到个人所得税，最后非常自然地切入主

题——国税服务器采购的项目。由于客户已经对张宇建立了一定的好感，所以双方下面的谈话进行得很顺利。

由此可见，开场白的好与坏，在很大程度上决定了一次推销的成功与否。因此，推销员在拜访客户之前一定要想好自己的开场白，给客户留下好的印象，为成交打好基础。

使用最专业的用语

销售心理学一点通：销售员在沟通中所使用的词语能够体现销售人员的专业程度，关系到销售人员能否获得客户的信任，因此，要使用最专业的词语。

推销员说出的话应让顾客感到你的品质和服务都是一流的和专业的。如“您”“您会满意的”“您可以放心”这类的言语，会使顾客认为受到了尊重，自己是交谈的主体和中心，有利于成交。

推销员说话要给顾客以鼓励和信心。如：

“您能够了解。”

“您可以试用一下。”

“您简直成了这台机器的专家了。”

“您这么快就掌握了它的要点，比我当初用的时间要少一半呢。”

“看起来，您还不那么熟悉，但是当您了解它之后，您一定会高兴地看到这台机器是十分容易操作的。”

这样，使用积极的语言诱导，起到意想不到的暗示效果，能够坚定顾客的自信心。

推销员说话要让顾客感到买得放心。如：

“放心吧！”

“这样十分安全。”

“可以获得好处。”

“这样做是对的，正确的。”

“值得接受。”

“这是事实。”

“我可以保证。”

这样，可以让顾客放心，顾客必然受你坚定语气的感染，放心购买商品。

推销员说话要用提问的方式正面引导顾客。如：

“您是不是要找什么人商量呢，还是自己单独决定？”

这种提问，表面上看是要让顾客选择，事实上是要激发顾客的自尊，以便得到肯定的回答：“我自己可以决定。”

有了这句话，这笔生意就做成了。

把话说到点子上

销售心理学一点通：推销员要取得很好的销售业绩，就必须加强自己的口才训练。

电子产品柜台前，一位电子产品推销员正在向顾客推销游戏软盘。

推销员：“看您这年纪，您孩子快上中学了吧？”

顾客（愣了一下）：“对呀。”

推销员：“中学是最需要开发智力的时候，您看，这些游戏软盘对您孩子的智力提高一定有很大的帮助。”

顾客：“我们不需要什么游戏软盘。孩子都快上中学了，哪敢让他玩游戏呢？”

推销员：“这个游戏卡是专门针对中学生设计的益智游戏，它把游戏与数学、英语结合在一块儿，绝不是一般的游戏盘。”

（顾客似乎有听下去的意思。）

推销员连忙说：“现在是知识爆炸的时代，不再像我们以前那样只是从书本上学知识了。您不要以为玩游戏会影响学

习，以为这个游戏盘是害孩子的，游戏盘设计得好也可以成为孩子学习的重要工具。”

接着，推销员又取出一张磁卡递给顾客，说：“这就是新式的游戏卡。来，我给您展示一下。”

（渐渐地，顾客被吸引住了。）

推销员趁热打铁：“现在的孩子真幸福，一生下来就处在一个开放的环境中。家长们为了孩子的全面发展，往往投入了很大的精力。刚才有好几位像您这样的家长都买了这种游戏卡，家长们都很高兴有这样既能激发孩子学习兴趣，又使家长不再为孩子玩游戏而着急的产品，还希望以后有更多的系列产品呢！”

（顾客动心了，开始询问价钱。）

最后，顾客心满意足地购买了几张游戏软盘。

出色的口才是营销能力的体现，它不仅要求推销员口齿伶俐、思维敏捷，还要求善于安排说话顺序，把话说到点子上。对于推销员来说，良好的口才是说服顾客的利器，是把握主动权的保证。在这个案例中，推销员就是凭借自己出色的口才实现交易的。

推销员说：“看您这年纪，您孩子快上中学了吧？”这是一种典型的感性提问，是推销员根据经验得出的结论。当得到顾客肯定的回答后，推销员马上把自己的游戏软盘与中学生的智力开发问题联系起来，并且把游戏软盘定位成帮助孩子学习的重要工具。我们知道，家长是非常重视孩子学习和智力开发的，推销员这样说就说到点子上了，说到了顾客的心里。果然，顾客被打动了，交易做成了。

在这个案例中，推销员巧妙地运用了口才艺术，一步一步、循循善诱，吸引了顾客的注意力，激发了顾客的购买欲望。可见，推销员要取得很好的销售业绩，就必须加强自己的口才训练。

认真倾听客户的心声

销售心理学一点通：只有认真倾听客户的心声，才能满足客户的真正需求，从而完成销售。

认真倾听，主要目的是发现客户的需求，以及真正理解客户所讲内容的含义。事实上，与客户沟通的主要目的就是销售

商品或服务，所以客户的需求应该永远放在第一位。

有一个餐馆生意很好，老板准备扩大店面，决定提升一位经理，便找来三位员工。

老板问第一位员工："先有鸡还是先有蛋？"

第一位员工想了想，答道："先有鸡。"

老板接着问第二位员工："先有鸡还是先有蛋？"

第二位员工胸有成竹地答道："先有蛋。"

老板又叫来第三位员工，问："先有鸡还是先有蛋？"

第三位员工镇定地说："客人先点鸡，就先有鸡；客人先点蛋，就先有蛋。"

老板笑了，于是擢升第三位员工为大堂经理。

对于老板来说，先有鸡还是先有蛋并不重要，重要的是员工有没有领悟到客户的需求永远是第一位的。可见，认真倾听客户的心声是非常重要的。因此，在倾听过程中要做到以下几点：

1. 澄清事实，得到更多的有关客户需求的信息

"原来是这样，您可以谈谈更详细的原因吗？"

"您的意思是指……"

"这个为什么对您很重要？"

2. 确认理解，真正理解客户所讲的内容

"您这句话的意思是……我这样理解对吗？"

"按我的理解，您是指……"

3. 回应，向客户表达对他所讲的信息的关心

"确实不错。"

"我同意您的意见。"

4. 防止思绪偏离

思绪发生偏离是影响有效倾听的一个普遍问题。因为大多数人的接收速度通常是讲话速度的4倍，有时一个人一句话还未说完，但听者已经明白他讲话的内容是什么。这样就容易导致听者在潜在客户讲话时思绪产生偏离。思绪发生偏离可能会导致你无法跟上客户的思想，而忽略了其中的潜在信息。你应该利用这些多出来的思考时间去组织你获取的信息，并力求正确地理解对方讲话的主旨。

在这方面，你可以做两件事。第一件事是专注于潜在客户的非言语表达行为，以求增强对其所讲内容的了解，力求领会潜在客户所有想传达的信息；第二件事情是要克制自己，避免精神涣散。比如，待在一间很热或很冷的房间里，或坐在一把令人感觉不舒服的椅子上，这些因素都不应成为使你分散倾听注意力的原因。即使潜在客户讲话的腔调有可能转移你的注意力，你也应该努力抵制这些因素的干扰，尽力不去关注他是用什么腔调讲的，而应专注其中的内容。做到这一点甚至比使分散的思绪重新集中起来更困难。从这个意义上讲，听人讲话不是一项简单的工作，它需要很强的自我约束力。

此外，过于情绪化也会导致思绪涣散。例如，当潜在客户表达疑问或成交受挫时，停止听讲是很正常的做法，但是你最好能认真地听下去，因为任何时候都有转机出现的可能性。

5. 注意客户提到的关键词语，并与对方讨论

例如，业务员问："现在是您负责这个项目吗？"客户说："现在还是我。"客户是什么意思？两个关键词：现在、

还。对有些人来讲，也就想当然地理解客户就是负责人，但一个出色的业务员会进一步提问：“现在还是您是什么意思？是不是指您可能会不负责这个项目了？”客户说：“是啊，我准备退休了。”这个信息是不是很重要？再举例，客户说：“我担心售后服务。”这里面的关键词是：担心。所以，有经验的业务员并不会直接说：“您放心，我们的售后服务没有问题。”而是会问：“陈经理，是什么使您产生这种担心呢？”或者问：“您为什么会有这种担心呢？”或者问：“您担心什么呢？”探讨关键词可以帮助我们抓住核心。

6. 注意术语的使用

在商务电话沟通中，应尽可能避免专业术语的使用，除非你能确定与自己对话的客户是这方面的专家。不少业务员为了显示自己的专业水准，在电话中讲很多技术性很强的东西，导致很多客户听不明白，结果客户希望通话越早结束越好。所以，一定要注意术语的使用。

用垫子法解答挑衅性提问

销售心理学一点通：面对客户的挑衅性提问，销售人员要学会技巧性应对，从而避免争执和对抗，为销售创造出有利局面。

销售人员：“这款笔记本的速度还是相当快的，何况我们的售后服务也很周到，毕竟是著名品牌嘛！”

顾客：“前两天新闻说，你们准备削减保修网点了，而且对许多属于产品质量的问题还回避，甚至服务热线都拨不通，一直占线，是怎么回事？”

销售人员：“那是有一些顾客故意找茬儿，属于自己失误操作导致的笔记本无故死机，完全是不正当操作导致的，不属于保修范围，当然就不能保修了。”

顾客：“只要顾客有争议，你们都说有理，再说了，计算机这个事情，谁说得准，怎么能相信你们呢？”

无论销售人员怎么解释，潜在顾客就是不让步，咄咄逼人。

案例中销售人员的回答方法是不可取的，当顾客提出“听说你们的售后服务不好”这样的问题时，销售人员不要做出以下回答：

“不会啊，我们的售后服务可好啦！”（直接的否定会让顾客对你及你的品牌更加不信任）

“您放心，我们的产品绝对保证质量！”（答非所问，难以让顾客信服）

“您听谁说的，那不是真的。”（质问顾客、极力否认只会适得其反）

这个时候，销售人员正确的回答方法应该是有效使用“垫子”。案例中的销售人员应采用如下回答方式：“您真是行家，这么了解我们的品牌，而且，对于采购笔记本特别在行，问的问题都这么尖锐和准确。”此时要停顿片刻，让潜在顾客回味一下。然后，接着说：“许多顾客都非常关心产品质量保修问题，当产品发生问题时，顾客首先要得到尊重和保障，我们要求国家工商部门批准的质量部门鉴定产品质量问题的责任归属，一旦最后鉴定的结果是该我们负责，那么我们就承担所有的责任。在产品送去鉴定的过程中，为了确保顾客有电脑使用，我们还提供一个临时的笔记本供顾客使用，您看这个做法您满意吗？”

销售的过程是相互交流的过程，顾客在销售对话时也会问问题。有时他们的问题似乎是反驳性的，但实际上这只是顾客对自己思路的澄清。面对顾客对销售人员的某个问题提出反驳，销售人员不应对顾客的反驳予以辩解，而要反思自己交流环节是否出了问题，并且对问题环节加以调整。

以售后服务问题为例，由于家电的使用寿命一般都在10年或10年以上，所以顾客在选购家电时会比较关注厂家提供的售后服务，特别是对于体积较大、移动不方便、内部零件较为复杂的大件电器，顾客会非常在意厂家能否提供快速、便利的维修服务。

面对顾客提出关于产品售后服务的问题，销售人员首先不要正面反驳顾客，而要通过提问来了解顾客对我方的售后服务是否有不愉快的经历，然后以事实为依据，列举厂家在售后服务方面做出的努力。但要注意，销售人员在消除分歧的同时，不要做过度的承诺，避免给厂家造成不必要的纠纷。

场景一：

销售人员：“先生，请问您是不是有亲戚朋友买过我们品牌的产品？”

顾客：“对呀，我有个同事三年前买过你们的产品，但出现问题后找不到维修的地方，后来只能邮寄回厂家维修，真是太麻烦了！”

销售人员：“先生，很抱歉给您的同事带来了不便！（真诚向顾客道歉）我们前几年的服务网点确实不够健全，给我们的用户造成了不便。针对这种情况，我们公司做出了很大的努力和投入，您可以看一下我们现在的服务网点数量（拿出产品说明书后的网点介绍部分）。为了保证我们品牌售后服务的质量，我们在地级城市都设置了技术服务中心，并签约大量的特约维修点，以保证我们的用户能够享受到更加便捷的上门服务。对于我们这款产品，您还可以享受到终身免费清洗和免费上门维修的贴心服务，保证您买得放心、用得安心！今天就定下来吧？”

场景二：

销售人员：“大姐，您这是从哪里听来的？”

顾客：“我邻居说的，她家用的就是你们品牌的洗衣机，年前出现了故障，打电话报修后的第三天，你们的售后服务人员才上门。这不是不重视顾客吗？”

销售人员：“大姐，我明白了！这确实给您的邻居带来了不便！不过，这是因为这些售后维修人员都是我们自己的员工，他们都是受过专业训练的，维修技术和服务态度绝对都是优秀的，只是数量上不是很多，应付平常的维修没有问题，但年前购买洗衣机的顾客特别多，安装的工作量特别大，所以他们上门维修的时间才有所拖延，还望您及您的邻居能够理解！”

顾客：“难道别的品牌的维修人员不是厂家的人吗？”

销售人员：“对呀，现在很多品牌都把售后服务以协议的形式外包到各个地方的家电维修点，由于厂家与特约维修点之间并不是上下级关系，而是一种互利的合作关系，所以消费者得到的售后服务质量无法得到保证。我们公司正是为了保证售后服务的质量，才自建维修队伍的。这也是我们对消费者负责任的表现，对吧？所以，您就放心买我们的产品吧，售后服务方面绝对让您无后顾之忧！”

当顾客问一些挑衅性问题时，销售人员不能正面反驳顾客的挑衅，而应采取柔性引导方式，从侧面提供解决方案。此外，还应提供本品牌售后服务好的证据：

维修网点数量多、分布广。

服务态度好。

维修技术过硬。

提供的维修服务迅速。

赞美客户要有分寸

销售心理学一点通：身为推销员，反应速度一定要快，当客户出现反感时要立即打住，避免墨守成规而形成僵化的局面。

好话人人爱听，但过分矫饰的赞美却让人浑身不自在。

一个推销员看准女人都希望自己年轻这一点，凡见到女性即称呼“小姐”。一次遇到一位年逾六旬、雍容华贵的老太太，直觉告诉他这是一个好客户，于是十分热情地招待，并在寒暄中知道这位老太太姓李，频频称呼她为“李小姐”。孰料老太太觉得不妥，希望他改一下称呼，然而推销员仍然坚持要以“李小姐”来称呼，并且用十分谄媚的语气说：“外表不年轻并不重要，只要内心保持年轻就好了。”后来老太太虽然不再表示意见，但心中不悦的情绪早已产生，拒绝与排斥的念头也开始在心中发酵。

我们经常说“礼多人不怪”，所以推销员对顾客总是礼遇有加，并且经常会以近乎拍马屁的态度去奉承每一个客户，将人与人之间的沟通技巧建立在取悦对方的逢迎拍马上面，这种做法其实是一种过度包装。

推销的技巧中虽然会用到一些吹嘘和称赞的语言，但若是

茶水太满，则会溢出。

运用不当，就会出现相反的效果。也就是说，在赞美对方时，首先要考虑到一种情况，那就是客户可以接受哪些称赞的话。倘若适得其反，则不如不用。身为推销员，反应速度一定要快，当客户表现出反感时要立即打住，避免墨守成规而形成僵化的推销局面。否则推销能力不但不会提高，还会给人一种令人作呕的虚伪形象。销售员应该以更实际的做法来取得客户的认同，并且随时顺应社会的变迁，掌握最新的资料，调整新的推销策略，这样才能跟得上时代。

赞美客户有助于推销员和客户形成良好的关系，进而达成交易并保持良好的关系。赞美对于推销员来说是相当重要的，它是一件好事，但绝不是一件易事。赞美客户如果不审时度势，不掌握良好的赞美技巧，即使推销员出于真诚，也会将好事变成坏事。在赞美客户时，以下技巧是可以运用的：

一是因人而异。客户的素质有高低之分，年龄有长幼之别，因此要因人而异，突出个性，有所指的赞美比泛泛而谈的赞美更能收到好的效果。年长的客户总希望人们能够回忆起其当年雄风，与其交谈时，推销员可以将其自豪的过去作为话题，以此来博得客户的好感。对于年轻的客户不妨适当地、夸张地赞扬他的开创精神和拼搏精神，并拿伟人的青年时代和他比较，证明其确实能够平步青云。对于商人，可以赞扬其生意兴隆、财源滚滚。对于知识分子可以赞扬其淡泊名利、知识渊博，等等。当然所有的赞扬都应该以事实为依据，千万不要虚夸。

二是详细具体。在和客户的交往中，发现客户有显著成绩的时候并不多见，因此推销员要善于发现客户哪怕是最微小的长处，并不失时机地予以赞美，让客户感觉到推销员的真挚、亲切和可信。

三是情真意切。说话的根本在于真诚。虽然每一个人都喜欢听赞美的话，但是如果推销员的赞美并不是基于事实或者发自内心，就很难让客户相信，甚至客户会认为推销员在讽刺他。

四是合乎时宜。赞美客户要相机行事。一开始就赞美能拉近和客户的距离，到交易达成后再赞美客户就有些晚了。如果客户刚刚受到挫折，推销员的赞美往往能够起到激励其斗志的作用。但是如果客户取得了一些成就，已经被赞美声包围并对赞美产生抵制情绪时，再加以赞美就容易被认为有溜须拍马的嫌疑了。

五是雪中送炭。在生活中，人们往往把赞美给予那些功成名就的胜利者。然而这种胜利者毕竟是极少数，很多人在平时处处受到打击，很难听到一句赞扬的话，此时你的赞美就好比是雪中送炭。

推销员适时地对客户进行赞美，往往能够让客户把推销员当作知心朋友来对待。在这种环境中，最容易达成交易。当然对于推销员来说，不要心存愧疚，只要推销员的赞美是出于真心诚意，这种方法就是可行的。

赞美不一定都要表现在言语上，通过目光、手势或者微笑都可以表达对客户的赞美之情。

恰当重复客户语言

销售心理学一点通：重复客户说的话，是让客户感觉销售员与他站在同一个立场上，这是拉近关系的好方法。

恰当重复客户语言，不失为一种把话说到对方心坎上的好方法。

当客户说“现在企业很难找到敬业的员工”时，销售员应该回答说“不错，现在敬业的员工的确太难找了”以表示赞同。

另外，你也可以说一些表示赞美与理解的话，让对方高兴。例如，你可以这样赞美他：“您的声音真的非常好听！”“听您说话，我就知道您是这方面的专家。”“公司有您这种领导，真是太荣幸了。”

你也可以说一些对他表示理解和尊重的话。你可以说：“您说的话很有道理，我非常理解您。”“如果我是您，我一定与您的想法一样。”“谢谢您听我谈了这么多。”

这些话无疑都说到了对方的心坎上，让对方觉得受用、中听，说不定欣喜之余就会决定与你合作。

PART 03 不知道就会被淘汰的说话术——不能触犯的说话误区

切勿片面地评价竞争对手

销售心理学一点通：诋毁对手只能引起反感，当客户问及竞争对手时，最好的方式就是客观地评价对手。

“您认为某公司（竞争对手）怎么样？”这是所有销售人员都会遇到的客户询问。有的销售人员为此请教专家这类问题：“有一次在针对一位客户的销售项目中，我们占有很大的优势，无论在产品、服务还是价格方面。可最后客户却选择了我们的竞争对手，你说是什么原因？”

专家给他分析说：“如果单纯从这个问题来看，原因可能很多，比如，客户喜欢竞争对手的销售人员、迫于某种关系上的压力等。”后来这名销售人员说：“我们的销售人员后来问客户是什么原因，客户说，在客户希望销售人员对他们的竞争对手进行评价的时候，该销售人员对竞争对手进行了攻击，这产生了负面影响。”

这是客户没有选择他们的一个主要原因。

类似的情况A公司就曾遇到过一次。A公司的一位客户经理在给客户打电话时，客户说："××公司说你们是一个××样的公司（采用负面的诋毁语言），我当时就说，A公司是什么样的企业，我自己心里清楚，你凭什么这样讲？"

后来客户和A公司谈到这一点，问A公司有何看法，这位客户经理说："作为一个专业的销售人员和专业的企业，应当大度，应该客观评价竞争对手。如果××公司的销售人员这样讲我们公司，我感觉也没有什么，这只能说明这家公司不会有太长远的发展。客户心里是最清楚的，我们该怎么做就怎么做，相信我们的实力。"

最后的结果是什么？客户对××公司的销售人员自然没有什么好的印象，而最后当然是A公司顺利得到了价值几百万元的合同。

当客户问到你对竞争对手的看法时，销售人员应该表现出应有的大度，客观地评价竞争对手，而不能诋毁对手公司甚至是诬蔑对手。

如果客户问：“你认为A公司怎么样？”

你可以回答说：“A公司也不错，而且A公司的产品最大的优势就是集中在L产品上。如果您对L产品有很高要求的话，使用A公司的产品也是不错的选择。”

如果客户说：“我也需要A公司的L产品。”

你可以这样回答说：“就您刚才所谈的，L产品只是您所有要求中很小的一部分，对您最重要的还是B方面，而B和L我们做得都不错，尤其是B。所以，B真的很适合您，您说是不是？”

当客户听到销售人员的这种客观评价，他会感到非常高兴，进而对销售人员产生信任，生意自然也就很容易做成了。

切忌与客户争辩

销售心理学一点通：与客户争辩，失败的永远是销售人员。一句销售行话是“占争论的便宜越多，吃销售的亏越大”。

“赢得一场争辩，就等于丢了一桩生意！”这是我们销售人员需要时刻牢记心中的。因为到现在为止，还没有听说过哪位销售人员因为与客户“吵嘴”取胜而促成生意的例子。

永远不要跟客户争辩，这是一个简单的真理。一旦商品或服务的供应者把自己置于可能与客户产生争辩的处境，他的“游戏”就该结束了。对于这一点，任何有过销售经验的人都不会有异议。但是，要真正做到“不与客户争辩”这一点还是有点难度的。

当一名怒气冲冲的客户冲到你面前，对因为与你无关的原因而发生的问题大发雷霆、抱怨不迭时，尽管理智告诉你要保持冷静，但你还是免不了要受委屈，火气上蹿，开始同客户辩论起来、据理力争。这是很自然的行为，但也是很不明智的行为。

下面是一个客户为我们讲述的真实故事：

前几天，苏木到麦当劳就餐，像往常一样点了麦香鸡汉堡和苹果派，她接过苹果派后吃了一口就停住不吃了。因为她吃到的是菠萝派，而她点的是苹果派。于是，她来到柜台前，看见刚才接待她的员工正在招呼其他客户，她找了另一位服务小姐说明了情况，另一位服务小姐二话没说转过身去给她拿苹果派。就在这个时候，刚才接待苏木的员工发现了这个问题。

“对不起，小姐，你刚才点的的确是菠萝派，我记得非常清楚……”她的话还没有说完，刚才那位服务员已经把苹果派递到了苏木手中。这时第一位服务员仍有礼貌地转向苏木：“对不起，小姐，是我们弄错了，祝你在麦当劳用餐愉快。”之后，苏木回到自己的餐桌上享用午餐，猛然想起自己刚才的确点的是菠萝派，因为苹果派有些吃腻了，她临时改变了主意，这时她感到有些后悔，并在内心升起一股对第一位服务员的感激之情。

虽然这是服务行业中的故事，但是故事的意义是相通的。第一位服务员迅速把客户的注意力从点错了菜品的不愉快转移到寻找解决问题的途径上去；相反，如果她同客户争执，使客户不愉快，对问题的解决就会很不利。

有一项研究表明：当客户对一家商店不满时，4%的客户会说出来，而剩下的96%的客户会选择默然离去，结果就是这96%的客户将永远也不会再光顾这家商店，而且还会分别把不满至少传递给8～12人听，向他们宣传此家商店的商品质量和服务质量是如何的糟糕。这8～12人中有20%还会转述给他们的朋友听。如果商店能及时处理而又能让客户满意的话，有82%～95%的客户还会到这里来购物。从中我们可以看出处理好客户的抱怨是多么重要，所以我们要好好对待这4%的客户，让他们把不满、抱怨都说出来，帮助我们改善。

1. 弄清楚客户为什么会有异议和抱怨

客户听销售人员介绍后，往往会提出一些疑问、质询或异议。这是因为：客户事先获知一些不能确认的消息；客户对销售人员不信任；客户对自己不自信；客户的期望没有得到满足；客户不够满意；销售人员没有提供足够的信息；客户有诚意购买。

销售人员在消除客户不满时，第一步就是要学会倾听，即聆听客户的不满。聆听客户的不满时，须遵循多听少说的原则。我们一定要冷静地让客户把其心里想说的牢骚话都说完，同时用“是”“的确如此”等语言及点头的方式表示理解，并尽量了解其中的原因，这样一来就不会发生冲突。

2. 解答疑问和处理异议的一些方式

（1）保持礼貌、面带微笑；

（2）持有积极态度；

（3）热情自信；

（4）态度认真、专注。

值得注意的是，处理客户抱怨时不要拖延，因为时间拖得越久越会激发客户的愤怒，客户的想法也将变得偏激而不易解决。所以，销售人员在处理客户抱怨时，不能找借口说今天忙明天再说，到了明天又拖到后天，正确的做法是立即处理。这种积极的态度会让客户明显感觉到诚意，并能大大安抚客户的情绪，换来客户对自己的理解。

谨记8句不该说的话

销售心理学一点通：俗话说："良言一句三冬暖，恶语伤人六月寒。"与客户打交道，需要时刻关注哪里是客户的"死穴"。

许多不成功的谈判、销售，都可归因于沟通的失败。无论是公司的销售人员、客服人员，抑或是经销商，都应注意在与客户沟通中避免出现以下8句话：

1."这种问题连小孩子都知道。"

这句话最常出现在客户不了解商品特性或者针对商品用途做出询问时，我们极可能脱口而出。因为这句话容易引起客户的反感，认为我们在拐弯抹角地嘲笑他，因此，我们一定要特别注意。

2."一分钱，一分货。"

当你讲出这句话时，通常客户会有“是不是嫌我看起来寒酸，只配买个廉价品”的感觉出现。因为，我们说这句话的时机通常是客户认为价钱太高的时候，所以不免使客户产生这种想法。

3.“不可能，绝不可能有这种事发生！”

一般公司通常对自己的商品或服务都是充满信心的。因此，在客户提出抱怨时，客服人员开始都会以这句话来回答。其实客服人员说出这句话时，已经严重地伤害到客户的心理了。因为这句话代表客户提出的抱怨都是“谎言”，因此，客户必然产生很大的反感。

4.“这种问题你去问厂商，我们只负责卖。”

商品固然是厂商制造，而不是经销商制造的，但是经销商引

进商品销售，就应该对商品本身的质量、特性有所了解。因此，以这句不负责任的话来搪塞、敷衍客户，代表经销商不讲信用。

5.“这个我不太清楚。”

当客户提出问题时，若销售代表的回答是“不知道”“不清楚”，表示这个企业、公司、商铺没有责任感。正确的做法应是热情、礼貌接待，即使我们并不会解答，也可请专人来答疑。

6.“我绝对没有说过那种话！”

当客户认为经销商曾经提出保证却没有履行，因而质询时，若是经销商说出“我绝对没说过那种话”，则解决抱怨的沟通必然成为永远无法相交的平行线。因为，经销商不愿意承担责任。其实，商场上没有“绝对”这个词存在，这个词有硬把自己的主张强加在消费者身上的语气存在，所以最好不要使用。

7.“这是本公司的规定。”

其实公司的规章制度通常是为了提高员工的工作效率而订立的，并不是为了要监督客户的行为或者限制客户的自由。因此，即使客户不知情而违反店规，店员也不应用责难的态度对待，否则不但无法解决问题，还会加深误会。

8.“总是有办法的。”

这一句暧昧的话语通常会惹出更大的问题。因为“船到桥头自然直”这种不负责任的态度，对于急着要解决问题的客户而言，实在是令人扼腕、顿足的话。当客户提出问题时，表示他正在期待供应商能想出办法圆满地帮他解决，如果这时候听到这种回答，客户的心里一定会感到非常失望。

不要轻易许诺

销售心理学一点通：如果你不能兑现已经说出口的承诺，你就会永远失去客户。因此，销售人员不要轻易许诺。

不论什么时候，对客户的承诺一定要予以兑现，因为它体现的是销售人员的修养，是客户信任的依据。承诺是一种约定，销售人员对客户的承诺是销售人员表现的大好机会。兑现你的承诺，你就会赢得客户的信任和支持。

艾娃是一位摄影器材推销员，她与客户克莱特已经打了很长时间的交道。这天，她又给克莱特的工作室打去了电话。

艾娃："克莱特先生，今天的客人（摄影者）多吗？"

克莱特："不多，有些预约今天的电话我都推掉了。"

艾娃："为什么？今天有什么活动吗？"

克莱特："有一个大客户需要我们到他们的场地去拍摄。对不起，我马上就要收拾东西走了。"

艾娃（有些着急）："克莱特先生，我们谈的关于您引进摄影器材的问题不知您能不能定下来？"

克莱特："你也听到了，我今天没时间。"

艾娃："克莱特先生，您若购买我们这种器材，我还可以为您提供几个大客户。我在销售场这些年，认识了各行各业的人，其中有两个人就提到了要请个专业的摄影师为自己的婚礼摄影，还有为公司开业做录像的。"

克莱特："是吗？那么我倒是可以考虑。"

艾娃："那就这么说定了。"

克莱特："好，我下午回来就可以和你签购买协议。"

拿了订单的艾娃立刻就把自己的承诺抛到了九霄云外，满怀希望的克莱特既等不来艾娃的电话，也等不来艾娃介绍的客户。终于，他怒不可遏地拿起电话打给艾娃。

克莱特："你这个骗子，为了获得订单就骗人说你有客户，你这样做还会有哪个客户信任你？"

如果你不能兑现已经说出口的承诺，你就会像案例中的艾娃那样永远失去客户。因此，销售人员不要轻易许诺。

推销人员常常通过向顾客许诺来打消顾客的顾虑，如许诺承担质量风险，保证商品优质，保证赔偿顾客的损失，答应在购买时间、数量、价格、交货期、服务等方面给顾客提供优惠。但要记住，不要做过多的承诺，同时要考虑自己的诺言是否符合公司的方针政策，不能开空头支票。推销人员一旦许下诺言，就要不折不扣地实现诺言。为了赢得交易而胡乱许诺，其结果必定是失去客户的信赖。要销售更多的产品，销售人员必须信守承诺。

这样说服客户最有效

销售心理学一点通：说服客户需要技巧，任何客户都有被成功说服的可能。

如果客户想购买你的商品，你可以将此商品的优点、作用及价格等，向其娓娓道来。假若客户听后，不想购买你的商品，而你所卖的商品确实物美价廉时，你是否能将其说服，使客户变

“不买”为“想买”呢？以下有四种方法，可供借鉴：

1. 设置疑问法

假若有一种方法，能够使客户抱着一种好奇心，停下来，听听你的讲解，就可能使你所推销的商品卖出去。这种方法就是设置疑问法。

一次贸易洽谈会上，卖方对一个正在观看公司产品说明的买方说：“你想买什么？”买方说：“这儿没什么可以买的。”卖方说：“是呀，别人也说过这话。”当买方正为此得意时，卖方微笑着又说：“可是，他们后来都改变了看法。”“噢，为什么？”买方问。于是，卖方开始了正式推销，该公司的产品得以卖出。

2. 背道而驰法

销售商品时，你说出对你自己不利的话语，顾客会在意外之余，油然产生一种信任。因此，客户会变“不买”（因为商品有瑕疵）为“想买”（因为你坦诚）。

王小姐去服装市场购买衣服，她找到了一件款式、颜色都比较称心的套裙，可惜这件套裙上有一处小毛病。文静的王小姐发现后，并没有告诉售货员，而是想到别处看一看。这时候，售货员说话了：“欢迎您来到我们店，可惜这种式样的衣服就一件啦，并且这一件还有点小毛病，我如果长得像您这样标致，我也不买。”王小姐听后寻思：这位售货员大姐可真够坦诚，从她这里购买衣服肯定不会上当受骗。她转身又看了看那件套裙，觉得虽然有点小毛病，但是并不显眼，算不上什么问题。于是，王小姐心情顺畅地购买了这套衣服。

3. 热情有加法

客户在你商店挑选了半天，没有购买一件商品。这时候，你可能会生气。假若你不将不满意的心情表现出来，反而对此时不想购买的客户更加热情，说不定，被你感动的客户会回转身来，心甘情愿地买走你所售的商品。

一次，一个旅游团不经意地走进了一家糖果店，在参观一番后，并没有购买糖果的打算。到了临走的时候，服务员将一盘精美的糖果捧到了他们面前，并且柔声慢语："这是我们店刚进的新品种，清香可口，甜而不腻，请您随便品尝，千万不要客气。"如此盛情难却，恭敬不如从命。旅游团成员觉得既然免费尝到了甜头，不买点什么确实有点过意不去，于是每人买了一大包，在服务员"欢迎再来"的送别声中离去。

4. 声东击西法

主动是声东击西的重要环节，在行使自己计划的时候，必须先公开暴露自己的佯动方向，令对方产生错觉。计划开始后，不能让自己为对方所牵制，应能主动地忽东忽西，进退自如。

运用声东击西计策的方法有很多，或增加对方的顾虑；或故布疑阵，使对方力量分散，削弱其防范；或利用对方多疑善变的心态，故意暴露自己的不足。

对待那些"不通情理"、故意与你为敌的客户，最好的方法就是声东击西，令他在不知不觉中被你牵着鼻子走。

第六篇

方法总比困难多——销售员成功的方法和秘诀

PART 01

会“借”才会赢——借助心理学的销售方式

利用赞助赢得客户信赖

销售心理学一点通：抓住时机举办赞助活动可以收到其他开发方式所代替不了的效果。

现代营销思想中，有一项重要的开发新渠道的方式已经越来越引起人们的关注，那就是利用赞助树立企业形象，然后打通渠道。

俗话说：“赞助别人，也是赞助自己。”许多企业把产品促销与赞助活动结合起来，获得了名利双收的效果。广告界人士为这种策略取了个平凡的名字，称之为“赞助活动销售”。

赞助活动不仅是企业向社会献爱心的体现，也是其社会性公共关系的一部分，它是不可能直接为企业获取经济效益的，但却在默默地争取开发那些潜在的客户。现代企业不但要赢利，还需要承担一定的社会责任和社会义务，以表明企业是社会的一部分，也要为社会贡献一份力量。同时，通过承担一定的社会责任和义务，可以得到其他组织或个人、社区及政府的支持和理解，从而为企业自身的发展提供可靠的保障。

美国运通公司可以说是“赞助活动销售”的鼻祖。该公司自20世纪80年代以来，所推出的赞助活动已多达60项。其中特别值得称道的，是公司的销售主管威尔奇在1983年提出的新点子：运通卡持有人每持卡消费一次，运通公司便保证捐出1美分作为筹措重新修饰自由女神的经费。最后累计结果，修饰自由女神像由此得到的捐款为170万美元。凭借这个赞助活动，运通公司不仅提高了知名度，还发展了不少新客户。

虽然说企业搞赞助是为了扩大知名度，这是它最基本的目的，但人们还是希望企业要奉献社会。因此，为了照顾到人们的

这种期待心理，企业搞赞助时就要处理好奉献与扬名的关系。

赞助分不同的种类，以下几种是比较常见的：

1. 赞助体育运动

例如：富士胶卷因赞助1986年的世界杯足球赛，从而销量大幅上升，跃居世界第二位。

2. 赞助文化活动

例如：赞助影视剧。美国一家经营肥皂的公司，由于经常出资赞助拍摄爱情与家庭生活的电视剧，而使这类电视剧被美国观众称为“肥皂剧”，该公司因此声名远播。

3. 赞助社会慈善和福利事业

很多企业集资赞助希望工程和残疾人福利事业，都属于这类赞助。

4. 赞助各种竞赛活动和展览会

例如：可口可乐公司专门赞助各种青年人的活动，以此来争取青年人对公司的喜爱。

赞助其实就是现代的一种公关思想，抓住时机举办赞助活动可以收到其他开发方式代替不了的效果。

利用你的**满意客户群**

销售心理学一点通：人们的天性似乎对于来自企业的说法抱有怀疑，认为那是虚假的宣传，认为其他已使用过该产品或服务的客户的说法更具说服力。

销售人员获得新客户的办法有很多，其中最有效的可能就是利用满意客户的推荐来争取新客户了。从策划之精心、对个人之尊重来看，加拿大日产公司的努力可称得上是达到了这一方法的“艺术境界”，但是，这些还不是他们最成功的销售手法。有一个做法使日产公司在个别顾客身上得到了更多生意，那就是请最满意的顾客群来进行推荐。

假设你一年内刚买了一辆日产新车，而汽车公司告诉你诚实地将意见提供给想买车的消费者作参考，就可以获赠雨伞或旅行袋之类的小礼物，另加一张值200美元的购车折价券，你觉得如何？参加方式是将你的联络电话留给15～20位附近地区有意购买日产汽车的人，而且不一定要这些人都打电话来找你，你才能获得优惠。

日产汽车（以及其他寄发问卷给新车主的汽车公司）已经有足够的资料找出最满意的顾客，反正满意的顾客终究会向朋友推荐产品，那么何不运用这些资料使推荐活动更积极呢？

这个技巧也可以用于其他选购性的商品和服务，但重点是要像日产汽车一样清楚谁才是忠实顾客。小企业一样可以利用口碑相传的力量，比如说，对于正考虑是否送小孩去参加夏令营的家长，主办单位可给他们列出附近地区去年参加过该夏令营的学生家长的姓名和电话。

人们似乎对于来自企业的说法抱有怀疑，认为那是虚假的宣传，但对于其他已使用过该产品或服务的客户的说法更信服。

正因为如此，我们才有必要在开发客户时，多多利用对我们抱有好感的客户群，让他们做我们产品服务的免费广告员。

善借第三者的影响力

销售心理学一点通：通过借用第三者的影响力抓住机会，从而获得成功。

在很多时候，要说服客户，如果只靠我们个人的力量会十分困难，但是如果巧借第三者的言语或威信，那事情就会变得很好办了。

一位推销员为了推销吸尘器，他知道某公司的经理与某局长是老相识，便打听到经理的住处，提一袋水果前去拜访，非常巧妙地说了这样几句话："这次能找到您家，是得到了王局长的介绍，他还请我代他向您问好。"

"说实在的，第一次见您我十分高兴……听王局长说，您的公司还没有吸尘器……"

第二天，他再向该公司推销吸尘器便成功了。这位推销员的高明之处是有意撇开自己，借他人之力来迂回攻击，令对方很快就接受了。

在这里，该推销员通过借用第三者的影响力抓住机会，从而获得成功。

一天，一位办理房地产转让的房产公司推销员来到一位客户家，带着朋友的介绍信。彼此一番寒暄客套之后，就听他讲开了：

"此次幸会，是因为我的上司赵科长极为敬佩您，叮嘱我若拜访阁下时，务必请先生您在这本书上签名……"边说边从公文包里取出这位客户最近出版的新著。于是这位客户不由自主地信任起他来。

此种情况，由不得人家不照他的话去做。这种办事的手段，确实令人难以招架。

与客户打交道时，通过第三者的言谈来传达自己的心情和愿望，在办事过程中是常有的事。人们会不自觉地发挥这一技巧，比如："我听同事老张说，您是个热心人，求您办这件事肯定错不了。"但要当心，这种话不能太离谱，一定要事先做些调查。

为了事先了解对方，可向他人打听有关对方的情况。第三者提供的情况是很重要的，但是，对于第三者提供的情况也不能尽信，还要根据需要有所取舍，结合自己的临场观察、切身体验灵活应用。

活动促销吸引顾客的注意力

销售心理学一点通：活动促销是一种常用的促销手段。通过举办与产品销售有关的活动，吸引顾客注意和参与，能够有效地促进产品的销售。

20世纪70年代，美国经济不景气，人们的收入水平普遍有所下降，各家庭已经不再像从前那样频繁地购买和更换汽车了。几乎所有汽车公司的销售量都有所下降，福特汽车公司的领导人意识到，如果不设法开创新的局面，公司的前景将会非常暗淡。

福特汽车公司在经过一番仔细的市场调研之后，发现最有可能购买福特汽车的客户，是那些已经拥有了福特汽车的家庭，因为他们了解并信任福特汽车的品质和性能，这些老客户在接受调查时都纷纷表示，如果有可能，愿意再买一辆新的福特汽车。于是，福特汽车公司决定将这次促销的目标顾客定位在过去4年中所有已经购买了福特汽车的老客户身上。

为了吸引这些老客户，福特汽车公司在全国各大主要媒体进行了铺天盖地的广告宣传，向他们发出了福特汽车促销的信息；同时，为增加对老客户的吸引力，福特公司还专门设置了80万个奖项，希望老客户光顾福特汽车的各家专卖店，借此来制造福特汽车热销的浪潮。具体安排促销内容如下：

向老客户直接邮寄函件，里面附有当地经销商的汽车维修折价券。

在向老客户直接邮寄函件的同时，寄出数以万计的抽奖券，并在抽奖券上说明此次奖品价值共计1000万美元，欢迎大家踊跃参加。

在广告宣传中说明头等奖赠送

两辆福特汽车，此外还有许多其他的奖品。如果所中的奖品没有被领走，可以继续抽奖，直到被领走为止。

福特汽车公司开展这次抽奖促销活动，一方面是为了增加福特汽车的销售量，另一方面也可以促进福特汽车的维修业务，掌握用户对福特汽车的意见，加强同汽车专卖店的联系，使这些专卖店积极配合福特汽车公司的促销活动。

抽奖促销活动举行之后，福特汽车公司的上述各项目标基本实现，有的甚至超出了意料之外。例如，有超过30万的新老顾客前往福特汽车公司的各家专卖店参观展览，大约有10%的人购买了新的福特汽车，使福特汽车的销售量比上年增加了30%；同时，经销商的参与率也比上一年增加了1倍多，从而大大提高了福特汽车公司的知名度，加深了福特汽车在消费者心目中的印象。

福特公司采用的是活动促销中的“抽奖促销”，通过抽奖的方式，吸引顾客注意和参与。抽奖与促销是指顾客在购买商品或消费时，对其给予若干次奖励机会的促销方式。可以说，抽奖是消费加运气并获得利益的活动。这种促销活动的其他形式还有很多，如刮卡兑奖、摇号兑奖、拉环兑奖、包装内藏奖等。

除了抽奖促销外，活动促销还包括新闻发布会、商品展示会、娱乐与游戏、制造事件等。

1. 新闻发布会

活动举办者以召开新闻发布会的方式来达到促销目的。这种方式十分普遍，是利用媒体向目标顾客发布消息，告知商品信息以吸引顾客积极去消费。

2. 商品展示会

通过举办展销会、订货会或自己召开产品演示会等方式来达到促销目的。这种方式每年可以定期举行，不但可以实现促销目的，还可以沟通网络、宣传产品。这种方式亦可称之为“会议促销”。

3. 娱乐与游戏

通过举办娱乐活动或游戏，以趣味性和娱乐性吸引顾客并达到促销的目的。娱乐游戏促销，需要组织者精心设计，不能使活动脱离促销主题。

4. 制造事件

即通过制造有传播价值的事件，使事件社会化、新闻化、热点化，并以新闻炒作来达到促销目的。“事件促销”可以引起公众的注意，并由此调动目标顾客对事件中关系到的产品或服务的兴趣，最终达到刺激顾客去购买或消费的目的。如果制造出的事件能够引起社会的广泛关注，那么，“事件促销”就会取得圆满的结果。

PART 02 “打”遍天下无敌手——巧拿订单的销售方法

最后期限成交法

销售心理学一点通：销售员要让客户知道如果他不尽快下决定的话，可能会失去这次机会。

心理学有一个观点：“得不到的东西才是最好的。”所以当客户在最后关头还是表现出犹豫不决时，销售人员可以运用最后期限成交法，让客户知道如果他不尽快做决定的话，可能会失去这次机会。在使用这种方法的时候，你要做到下面几点：

告诉客户优惠期限是多久；

告诉客户为什么优惠；

分析优惠期内购买带来的好处；

分析非优惠期内购买带来的损失。

例如，你可以说：

“每年的三、四、五月都是我们人才市场的旺季，我不知道昨天还剩下的两个摊位是不是已经被预订完了。您稍等一下，我打个电话确认一下，稍后我给您电话。”

“您刚才提到的这款电脑型号，是目前最畅销的品种，几乎每三天我们就要进一批新货，我们仓库里可能没有存货了，我先打个电话查询一下。”

“赵小姐，这是我们这个月活动的最后一天了，过了今天，价格就会上涨1/4，如果需要购买的话，必须马上下决定了。”

“王总，这个月是因为庆祝公司成立二十周年，所以才可以享受这么优惠的价格，下个月开始就会调到原来的价格，如果您现在购买就可以每盒节约60元。”

“李先生，如果你们在30号之前报名的话，可以享受八折优惠，今天是29号，过了今明两天，就不再享有任何折扣了。您看，我先帮您报上名，可以吗？”

这样，给客户限定了一个日期，就会给客户带来一种紧迫感，情急之下就会和你成交的。

但是，有些销售人员明明想用这种方法，最后却没成交，究其原因都是因为自己太“磨蹭”。

只要限定了最后时间，就一定要严格遵守，一旦再给客户留有余地，就会让客户产生怀疑，生意十有八九就谈不成了。所以，用最后期限成交法就一定要做得彻底，不能给对方留有余地。

善于运用**暗示法成交**

销售心理学一点通：销售员不仅可以通过语言来销售，也可通过动作引导和暗示对方，从而获得成功。

当巧舌如簧的销售员遇到故意刁难的客户时该怎么办呢？这个时候想绕开正面尴尬的情景，不妨用一句巧妙的语言或者恰到好处的一个动作从侧面暗示购买自己产品的必要性。

在空调刚兴起的时候，其售价相当昂贵，因此乏人问津。要是出去销售空调，那更是难上加难。销售员艾克森欲销售一套可供20层办公大楼用的中央空调设备，他经过很多努力，与某公司周旋了数月，仍然没有结果。一天，该公司董事会通知艾克森，要他到董事会上向全体董事介绍这套空调系统的详细情况，最终由董事会决定是否购买。在此之前，艾克森已向他们介绍过多次。这天，他强打精神，把以前不知讲过多少次的话题又重复了一遍。但在场的董事反应十分冷淡，提出了一连串问题刁难他，使他难以应付。面对这种情景，艾克森口干舌燥，心急如焚，脑门上冒出点点汗珠，眼看着几个月来的辛苦和努力将要付诸东流，他逐渐变得焦虑起来。

艾克森正要去擦脑门上的汗，突然看到各位董事脑门上也有细密的汗珠，不禁心生一计。在随后的董事们提问的阶段，他没有直接回答董事们的问题，而是很自然地换了一个话题，说："今天天气很热，请允许我脱掉外衣，好吗？"说着掏出手帕，认真地擦着脑门上的汗珠，这个动作马上引起了在场全体董事的条件反射，他们顿时觉得闷热难熬，一个接一个地脱下外衣，不停地用手帕擦脸，有的抱怨说："怎么搞的？天气这么热，这房子还不安上空调，闷死人啦！"这时，艾克森心里暗暗高兴，因为，购买空调并不是销售员强加给董事长的负担，而是全体董事的内在需求。就这样，这笔大生意终于成交了。

巴甫洛夫认为："暗示是人类最简化、最典型的条件反射。"暗示是指在无对抗条件下，用含蓄、抽象诱导的方法对人们的心理和行为产生影响，从而使人们按照一定的方式去行动或接受一定的意见，使其思想、行为与暗示者的期望相符合的一种心理现象。

从上面的案例中可以看出，艾克森巧妙地避开了当时难以应付的场景，出其不意地选择了在客户无对抗条件下的方法——一个脱上衣的动作——而成功地引起全体董事的条件反射。此时一个简单的脱上衣的小动作却胜过了他所要说的千言万语。其实重要的不是动作本身，而是通过这个动作传递给各位董事的心理暗示。因此销售员不仅可以通过语言来销售，还可通过动作引导和暗示对方，从而获得成功。

销售人员除了善于利用暗示诱导客户以外，还要能从对方的暗示中捕捉信息。如果能恰当地运用，暗示是非常微妙的。能够非常熟练地使用暗示的销售员，能影响客户的心理，且不会让对方感到自己正在被施加影响。要让客户觉得是他自己想买东西，而不是你向他推销东西。

销售人员可以通过肢体动作暗示，但其实语言才是最有效最直接的方式。暗示的语言有很多，如“如果您觉得可以，我先包起来”“最近金价涨得很快，这是个趋势，今天是个好机会，过两天再买就会贵很多”“这是流行的款式，我真的觉得非常适合您”“如果您不放心，我们公司可以……这么多年一直是这个样子，您应该相信自己”，等等。

在销售过程中，你也许常常会碰到客户的以下表现，这些暗示说明客户已有购买意愿，此时销售人员应加大推销力度，抓住时机，乘胜追击。

（1）谈过正式交易话题后，对方的态度忽然改变，对你有明显亲热的表示。

（2）客户忽然间请销售员喝茶或拿食物来招待。

（3）客户的视线忽然间开始移至商品目录或样品、销售员的脸上，表情认真严肃。

（4）客户的表情有些紧张。

（5）客户有些出神、发呆。

（6）客户忽然间热烈地回应销售员。

（7）客户的身体微往前倾。

（8）客户的声音忽然变大或变小。

（9）客户忽然间说“糟了”“怎么办”等一类话。

（10）客户视线置于面前某地方，默默不语陷入沉思（此时他正盘算着产品的利益及价格）。

（11）客户开始询问朋友，诸如“你认为怎么样”。

（12）客户开始批评或否定自己。

总而言之，人内心的真实感觉往往会在言行举止等方面表现出某些征兆或流露出某些迹象。一个优秀的销售员应该从客户的外在表情、动作言谈等方面判断出是不是销售的最佳时机，并加以把握、利用。

互补产品要放一起卖

销售心理学一点通：消费者在购买产品A的时候，不会想起A的互补产品B。而将二者一起卖，就会在无形中增加成交的机会。

在大学周围的饭店、商场等场所，我们经常能见到各种兼职的大学生。有一位女大学生经历的一件事情让她一直谨记在心，兼职所在的店铺老板也为那件事情奖励她500元。这位女大学生在北京某大学南门的一家店铺打工，平日勤勤恳恳，换取一些打工钱以作生活之用。有一次由于粗心大意，在填写酸奶订货单时，在订货数量上多写了一个零，使原本每天清晨只需3瓶酸奶的订货计划变成了30瓶，订货送达后卖了一天，还剩下20多瓶酸奶，由于普通包装新鲜酸奶保质期只有三天，女大学生一直愁眉不展，因为按照公司规定，剩下的20多瓶酸奶应该由那位女大学生自己承担损失。

女大学生着急了，为了减少损失，她就想方设法将这些酸奶卖出去，但专门前来这个小店买酸奶的客户一直很少。冥思苦想一番后，她就尝试着把装酸奶的冷饮柜转移到盒饭销售柜旁边，并制作了一个彩色的POP广告牌，上面写着“吃饭时饮酸奶有助于身体健康，保持一天好心情”。没办法，死马当作活马医，现在只能这样了。

令她喜出望外的是，在第二天早晨，20多瓶酸奶不仅销售一空，而且还断货了，谁也没有想到这个小女孩迫不得已想出的点子竟然带来了新的销售增长点。从此，店铺就将酸奶的冷藏柜和盒饭销售柜摆在了一起。店铺老板非常高兴，特地奖励了这个女大学生500元。

刚开始的时候，这个店铺的所有产品都是规规矩矩地按照空间摆放，所以有销售潜力的商品优势都没有发挥出来，也不能达到利用有限库房空间的目的。作为老板，你必须明白，摆放商品的一个原则是：方便顾客进行关联购买，提醒顾客能顺便买到和主要购买产品互补的关联产品，比如面包与各种酱包、咖啡与糖等。

了解顾客群体的真正需求，切实掌握商品定位原则，再站在消费者的角度上制定商品组合策略，才能达到减少库存量和货物运转流畅的目的，这样才能创造更多的利润。

利用**误听试探法**成交

销售心理学一点通：给客户来个小小的误导，说不定就会打破谈判僵局，收获意外惊喜。

在销售过程中，销售人员总是认认真真地按既定的方法步骤对客户进行销售。殊不知，有些时候，这样是收效甚微的，这种时候何不采用误听试探法呢？它能有效地促进成交。

销售人员：“喂，你好，刘经理吗？我是远方经贸有限公司的李慧，上星期一我到你们厂里来过，你还记得我吧？”

客户：“噢，李慧，你不就是那个远方公司做广告的吗？”

销售人员：“刘经理记性可真好。我们这个杂志广告是面向全国大建筑公司免费赠送的，反应相当好，通过我们的牵线搭桥，不少公司都取得了明显效益。而且据我们调查，你们公司新开发的几种石材，市场反应也好，应该大力推广。”

客户："哎呀，小李，我们在晚报和一些全国性的大报上都做了一些广告，但是效果都不太好。所以我们不打算做广告了，还是按照老的销售路子走。"

销售人员："你说得也对，花钱没有效益，谁也不愿意再做。但我想主要原因是，晚报是针对大众的，不够专业，而我们这个杂志是免费赠送给专业人士和单位阅读的，一般来说，大的买卖还是与这些专业建筑队成交的，是吧？"（诱导拍板人说出肯定的回答，同时也是诱导他对回答做出解释，以伺机采用误听试探法。）

客户："对，这方面我们有一定的老客户。老客户对于我们这14种石材反应都相当好，很受欢迎。"

销售人员："噢，你们主要是针对这4种石材进行推广。"（第一次采用误听试探法。）

客户："不，是14种。"（通常在我们用误听试探法时，拍板人会对我们的错误加以纠正。我们可以利用这个纠正，认同对方欲做出购买决定。）

销售人员："噢，那你就要准备14张石材照片，和一些相关的文字资料说明，两小时之后我来取。"（用认同购买的技巧促使成交。）

客户："好的。"

销售人员："那好，不耽误你的时间了，两小时后见。"

就这样，李慧用误听试探法做成了交易。

在销售活动中，销售人员就应该充分运用这种方法，给客户来个小小的误导。比如说，在谈判进入胶着状态时，销售人员就要开动脑筋，找寻一个能够对客户造成误导的关键点，围绕这一关键点来一招误听试探法。这样一来，很有可能会打破谈判的僵局，收获意外的惊喜。

客户强硬时不妨**以退为进**

销售心理学一点通：几乎每个人都有争强好胜的心理，都想比别人强一点，都想有胜利感、成就感。当你尝试促成又被拒绝之后，不妨先转移当时的话题，以退为进。

对于销售人员来说，顾客是自己的衣食父母，推销过程中绝不能与顾客争执，只能与顾客进行有效的谈判。为了避免与顾客争执或者流失顾客，有时进行合理的“退让”对

于销售来说是很重要的。当客户快要被说服了，但还有些动摇，这时不妨用一下“以退为进”的方法。使用这种方法时要注意以下几点：

采用让步的方式，使客户做决定。

让步时要从大到小，一步一步地让。

让步的同时改变附加条件。

表示你每让一步都非常艰难。

具体可参考如下做法：

“如果我提前一天，10号就给您送货，您今天可以下订单吗？”

“如果我能够以老价格卖给您新产品，您是不是打算订2万元的产品，而不是1万元？”

“如果贵公司连续做5期培训的话，价格方面我们可以给到9折。而如果是做1期的话，价格就是我们所提供的报价。您看是做一期，还是做5期呢？”

“如果交货期能推迟1周，我们可以优惠300元。”

“如果我再退，就只有粉身碎骨了。”

以退为进，并不意味着你就要一味地退让，而是在退让的时候一定要把握一个度，如果退让太多，顾客就会觉得你不诚实，或者是你的价格有很大的水分。你可以这样说：

“如果我提前一天，星期一就给您送货，您今天可以订货吗？”

“如果我以同样的价格卖给您产品，我们是不是可以成交？”

“由于我们的存货非常有限，我确实不知道这是否可能，不过我会努力为您争取。如果我给您找一个那种样子的，价格依旧，您是否愿意接受？”

“如果我能以老价格卖给您新产品，您是不是可以买4个，而不是2个？”

“如果我允许您3个月内交齐货款，您是不是可以买豪华型的，而不是标准型的？”

几乎每个人都有争强好胜的心理，都想比别人强一点，都想有胜利感、成就感。这并不完全表示想占别人的便宜，而是内心的一种深切的渴求。当你尝试促成又被拒绝之后，与其直接反驳顾客的问题，不如先转移当时的话题，让顾客认为你不会再继续说服他购买，等到气氛稍有改变之后，你再继续尝试促成，这样反而会收到意想不到的效果。

用对比法获得客户认可

销售心理学一点通：在销售过程中，善用对比的方法，明确地告诉客户不接受推销会产生怎样的严重后果，接受推销将会有什么益处，这样往往能够得到客户的认可。

乔治：“亨利，作为老板，我想您应该为本公司的核心人物吉姆购买人寿保险。”

亨利：“我知道现在为吉姆买保险很有必要，但是我们公司正处于鼎盛时期，资金不允许我们买保险。目前我们唯一的任务就是扩大市场占有率，发展企业，而不是买保险。”

乔治：“您好像把保险金当作一项开支，当作吉姆死后需要的支出。”

亨利：“难道不是吗？”

乔治：“亨利，您的公司在银行有储备金吧？”

亨利：“当然，但我们要用这些钱交税或买别的东西。我拿不出你要的那个数。”

乔治：“我相信您拿不出，我也不让您拿。我想您有两种选择：其一，您可以把钱放在法人银行账户上，需要时可以取出来用；其二，把钱转移到为投保开的账户上。第二种选择可以使您的钱一部分用于保险费，其余的以现金价值增长。这样一来，您只是转变了您的现金资产身份，即从银行转到了保单中。有了保险账户，公司就可以免受吉姆的死亡可能带来的损失。如果您需要钱，您可以以现金担保贷款。”

亨利：“听起来不错，但要花多少钱？”

乔治：“你们公司2年的销售收入是多少？”

亨利：“4000万美元。”

乔治：“我来帮您算一下，您为吉姆买保险要花多少钱。2年销售收入的1%是40万美元，40万美元的1/10是4万美元，4万美元才占您年销售收入的1‰。2年买4万美元的销售收入保险如何？您认为能接受吗？”

亨利：“听起来不错。可我还是有点怀疑，乔治。”

乔治：“如果您的副总裁吉姆死了，我给您400万美元的免税利润怎么样？这个数相当于4000万美元纯利润的10%，而且有保证。”

亨利："这……"

乔治："再打一个比方，如果税收和成本以销售收入1‰的速度增长，您明天会破产吗？"

亨利："不，当然不会。"

乔治："您会改变经营策略吗？您的市场会缩小吗？产品的发送和销售效率会降低吗？"

亨利："不，不会。"

乔治："那么，您还是付得起保险金的，您的钱仍然是流动现金资产。在您交过保险金以后，现金将以保单现金价值的形式归您所有。您真正要做的是改变现金资产的身份，在改变过程中捡起400万美元的保险。吉姆死后，您将不仅拥有本金，而且有400万美元创造以后2年的利润。"

电话结束时，乔治的记录本上又多了400万美元的终身保险。亨利完全接受了核心人物保险的观念，决定为公司各种各样的核心人物都买人寿保险。

对比是一种非常实用，也是非常容易成功的成交法，在这个案例中，推销员乔治就是利用对比的方法达到了自己的销售目的。

乔治是一名经验丰富的保险推销员，他试图说服某公司的老板亨利为其公司的核心人物吉姆购买人寿保险。但亨利表示，公司目前没有足够的资金用来购买保险，并且把保险看作是一项额外的支出，认为只要是支出就会增加成本。

乔治看到了这一点，他知道，这时候再试图通过介绍保险的好处是无法打动客户的，于是他询问了亨利公司2年的销售收入，并且用数据明确地把买保险与不买保险的利弊做了对比，最后得出结论：“吉姆死后，您将不仅拥有本金，而且有400万美元创造以后2年的利润。”最终，乔治的策略取得了预期的效果，客户不仅为吉姆购买了人寿保险，还为公司其他核心人物都购买了人寿保险。

要敢于主动提出成交要求

销售心理学一点通：在客户说他对商品很满意时，就说明他很想购买产品，此时销售人员不要等到客户先开口，而应该主动提出成交要求。

有位推销员多次前往一家公司推销。一天该公司采购部经理拿出一份早已签好字的合同，推销员愣住了，问客户为何在过了这么长时间以后才决定购买，客户的回答竟是：“今天是你第一次要求我们订货。”

成交是销售的关键环节，即使客户主动购买，而推销员不主动提出成交要求，买卖也难以成交。因此，如何掌握成交的主动权，积极促成交易，是推销员必须面对的一个重要问题。

“你也看到了，从各方面来看，我们的产品都比你原来使用的产品好得多。再说，你也试用过了，你感觉如何呢？”推销员鲁恩试图让他的客户提出购买。

“你的产品确实不错，但我还是要考虑一下。”客户说。

“那么你再考虑一下吧。”鲁恩无精打采地说道。

当他走出这位客户的门口后，恰巧遇到了他的同事贝斯。

“不要进去了，我对他不抱什么希望了。”

“怎么能这样，我们不应该说没希望了。”

“那么你去试试好了。”

贝斯满怀信心地进去了，没有几分钟时间，他就拿着签好的合同出来了。面对惊异的鲁恩，贝斯说：“其实，他已经跟你说了他对你的产品很满意，你只要掌握主动权，让他按照我们的思路行动就行了。”

在客户说他对商品很满意时，就说明他很想购买产品，此时鲁恩如果能再进一步，掌握成交主动权，主动提出成交请求，就能积极促成交易。面对这样的客户，销售人员不要等到客户先开口，而应该主动提出成交要求。

要顺利成交，销售人员就要主动提出成交请求。许多业务员失败的原因仅仅是因为没有开口请求客户订货。据调查，有71%的推销员未能适时地提出成交要求。美国施乐公司前董事长彼得·麦克说：“推销员失败的主要原因是不要求签单，不向客户提出成交要求，就好像瞄准了目标却没有扣动扳机一样。”

一些推销员害怕提出成交要求后遭到客户的拒绝，这种因担心失败而不敢提出成交要求的心理，使其一开始就失败了。如果推销员不能学会接受“不”这个答案，那么他们将无所作为。

在推销商谈中若出现以下三种情况，推销员可以直接向客户提出成交请求：

1. 商谈中客户未提出异议

如果商谈中客户只是询问了产品的各种性能和服务方法，推销员都一一回答后，对方也表示满意，但却没有明确表示是否购买，这时推销员就可以认为客户心理上已认可了产品，应适时主动地向客户提出成交。比如：“李厂长，你看若没有什么问题，我们就签合同吧。”

2. 客户的担心被消除之后

商谈过程中，客户对商品表现出很大的兴趣，只是还有所顾虑，当通过解释消除其顾虑，取得其认同时，就可以迅速提出成交请求。比如：“王经理，现在我们的问题都解决了，你

打算订多少货？”

3. 客户已有意购买，只是拖延时间，不愿先开口

首先，为了增强客户的购买信心，可以巧妙地利用请求成交法适当施加压力，达到交易的目的。比如：“先生，这批货物美价廉，库存已不多，趁早买吧，包你会满意。”

其次，向客户提出成交要求一定要充满自信。美国十大推销高手之一谢飞洛说：“自信具有传染性，业务员有信心，会使客户自己也觉得有信心。客户有了信心，自然能迅速做出购买决策。如果业务员没有信心，就会使客户产生疑虑，犹豫不决。”

最后，要坚持多次向客户提出成交要求。美国一位超级推销员根据自己的经验指出，一次成交成功率为10％左右，他总是期待着通过2次、3次、4次、5次的努力来达成交易。据调查，推销员每获得一份订单平均需要向客户提出46次成交要求。成交没有捷径，推销员首先要主动出击，引导成交的意向，不要寄希望于客户主动提出成交。

第七篇

营销心理就这么简单——销售员要懂点实用营销心理学

PART 01 为什么东西不贵就是没人买——定价心理学

价格与价值必须相符

销售心理学一点通：销售人员必须明白，在定价时应当考虑到价格与价值必须相符。

世界上没有什么东西能比水更有用了，可一吨水才几块钱，成千上万吨的水才换得来一颗钻石，而钻石除了能让人炫耀其财富外，几乎没有什么用途。但为什么水的用途大而价格低，而钻石的用途小却价值大呢？

这就是著名的价值悖论。价值悖论是指某些物品虽然实用价值大，但是廉价；而另一些物品虽然实用价值不大，但很昂贵。

著名经济学家马歇尔则用供求均衡来解释这一“谜团”。他认为，因为水的供应量极其充足，人们对水所愿意支付的价格仅能保持在一个较低的水平；可是，钻石的供应量却非常少，而需要的人又多。所以，要得到钻石的人，就必须付出高昂的价格。

对于销售人员来讲，了解价值悖论是让我们明白，在定价时要考虑到价格与价值必须相符，也就是制定出均衡价格。

均衡价格是指商品需求量与供给量相等时的价格。

均衡价格是在市场上供求双方竞争过程中自发形成的。需要强调的是，均衡价格的形成完全是在市场上供求双方的竞争过程中自发形成的，有外力干预的价格不是均衡价格。

在市场上，需求和供给对市场价格变化做出的反应是相反的。由于均衡是暂时的、相对的，而不均衡是经常的，所以供不应求或供过于求经常发生。

当供过于求时，市场价格下降，从而导致供给量减少而需求量增加；当供不应求时，市场价格会上升，从而导致供给量增加而需求量减少。供给与需求相互作用，最终会使商品的需求量和供给量在某一价格水平上正好相等，这时既没有过剩（供大于求），也没有短缺（供不应求），市场正好均衡。这个价格就是供求双方都可以接受的均衡价格，市场也只有在这个价格水平上才能达到均衡。

当一个市场价格高于均衡价格时，物品的供给量将超过需求量，这样就会出现物品的过剩。在现行价格时卖者不能卖出他们想卖的所有物品，这种情况被称为超额供给。例如，当水果市场上存在超额供给时，市场上就会出现很多卖不出去的水果，于是水果商降低价格，而且要一直下降到市场达到均衡时为止。同样，如果水果的市场价格低于均衡价格，此时，物品需求量将超过供给量，就会存在物品短缺——需求者不能按现行价格买到他们想买的一切，这种情况被称为超额需求。当水果市场出现超额需求时，买者不得不排长队等候购买水果，这时水果商提高价格，随着价格上升，市场又一次向均衡变动。

销售时，一定要顾客明白你所销售的产品是物超所值的，才会提高你的业绩。

在美丽的德国莱茵河畔，有一家装饰得非常雅致的小酒店。这家酒店所使用的餐巾纸上印着这样一则引人注目的广告："在我们缴纳过酒类零售许可税、娱乐税、增值税、所得税、基本财产税、营业资本税、营业收益税、工资总额税、教堂税、养犬税和资本收益税后，支付过医疗储蓄金、管理费、残疾人保险金、职员保险金、失业保险金、人身保险金、火灾保险金、防盗保险金、事故保险金和赔偿保险金，并在扣除电费、煤气费、暖气费、垃圾费、打扫烟囱费、电话费、报刊费、广播费、电视费，外加音乐演出和作品复制费等之后，本月我们仅剩下这点广告费。因此，我们愿意请您经常光顾以扶持本店。"顾客看到这则广告，大动恻隐之心，进店就餐者频频而来。

因此，许多买者与卖者的活动自发地把市场价格推向均衡价格。一旦达到其均衡价格，所有买者和卖者都得到满足，也就不存在价格上升或下降的压力。不同市场达到均衡的快慢是不同的，这取决于价格调整的快慢。实际上任何一种物品的价格调整都会使该物品的供给与需求达到平衡。

价格还是由你说了算

销售心理学一点通：建立在合理成本、利润基础上的价格，是不存在讨价还价的问题的。

在激烈的市场竞争中，价格往往成为焦点。因此，很多商家也多在价格上做文章，或是降价销售，或是低价大甩卖；批发商和经销商也会经常对制造商提出降价的要求。

建立在合理成本、利润基础上的价格，是不存在讨价还价的问题的。只有在降低成本、保持合理利润的前提下，才可以答应降价的要求。

面对这些问题，人际关系大师卡耐基是如何处理的呢？他有何秘诀？对于价格，卡耐基有两条基本的信念：一是物价越低，越能刺激消费，从而反作用于生产，进一步降低价格。这是卡耐基终身遵循的。二是价格是一个综合指数，包括成本，也包括服务、利润等，合理的定价是不应该随意变动的。

基于上述信念，卡耐基在生产中尽可能降低成本，以低廉的价格出售；另一方面，在市场上不随意减价。这就是说，卡耐基的降价功夫是在工厂里就做足了的，

这是降价的秘诀。那么，卡耐基不降价的秘诀又是什么呢？

第一，纠正错误行情。卡耐基在技术力量薄弱的情况下，很快就制造出了新产品，面对这种新产品的销售，卡耐基要求其定价要比市场上销售的货品高一些。他认为，有些商人在新产品一开始销售时就减价的做法并不可取。他以大家都是商人的立场剖析产品的价格成分，指出其合理性，请求推销商帮助，以图共存共荣。在卡耐基的劝说下，推销商们深明其理，况且这里也有自己销售利润的问题。这样，大家就接受了卡耐基的价格。

第二，击败杀价高手。卡耐基在创业初期推销商品时，价格问题常常成为争论的中心，经常碰到“杀价高手”。有一位杀价高手很厉害，你越说利润薄、生意难做，他就越是拼命杀价。就在卡耐基将要认输的时候，他面前浮现出了工厂里挥汗劳作的员工的形象，于是把工厂的情形和对方说了：“大家都是这样挥汗劳作的，好不容易才生产出这样的货品，价格也合理。如果再杀价，那生意就没法做了。”就这样，对方同意了。于是，这笔交易也就做成了。

卡耐基并不是立刻否定大杀价的。有时候，价格可能合理，但与购买能力脱节，就不应该一概而论地否定大杀价了。一次，一位经销商要求用低于现价1/3的价格进货，后来得知对方是以世界标准和购买能力来要求降价的，卡耐基没有立即否决他的要求，而是希望对方先以原价销售，给自己一定的时间改良产品，然后以对方要求的价格交易。

如此，对方接受了这种暂时的价格，卡耐基命令加紧电器改良进程。最后卡耐基说：“不要把降价要求当作荒唐的无稽之谈，不妨检讨一下看看。如果对方拿世界标准的价格来杀价，不可以认为这是无理取闹，而必须从所有的角度来研究其可行性。”

定价时以消费者的需求为导向

销售心理学一点通：企业定价的关键不在于卖方的生产成本，而在于买方对商品价格的理解水平。

一般来说，消费者在购买商品时，对商品的质量、性能、用途及价格会有自己一定的认识和基本的价值判断，会自己估算以一定价格购买某商品是否值得。因此，定价时，当商品价格与消费者对其价值的理解和认识水平相同时，就会被消费者所接受；反之，则消费者难以接受或不接受。

以价值为基础的定价方法因此应运而生。营销者以消费者对商品的理解和认识程度为依据制定商品价格，就是以价值为基础的定价，也称为需求导向定价法。这种方法的思路是：企业定价的关键不在于卖方的生产成本，而在于买方对商品价格的理解水平。

美国吉列刮胡刀片公司创立之初只是一家默默无闻的小公司，而现在，吉列公司已经发展成为一家全球闻名的大公司。吉列刮胡刀片畅销全球，只要有人的地方，几乎就有吉列刮胡刀片。1860年以前，只有少数贵族才有时间与金钱来修整他们的脸，他们可以请一个理发师来帮他们刮胡子。欧洲商业复兴之后，很多人开始注意修饰自己的仪容，但他们不愿使用剃刀，因为当时的剃刀笨重而且危险，而他们又不愿花太多的钱请一个理发师来替他们整修脸部。19世纪后半期，许多发明家都争先恐后地推出自己发明和制造的“自己来”刮胡刀片，然而，这些新刮胡刀片价格太高，很难卖出去。一把最便宜的安全刮胡刀需要5美元，相当于当时一个工人5天的工资，而到理发师那里刮一次胡子只不过10美分而已。

吉列刮胡刀片是一种舒适安全的刮胡刀片，但仅仅用“舒适安全”来形容的话，吉列刮胡刀并没有任何比其他品牌更高明的地方，何况其成本比其他品牌都要高。但吉列公司并不是“卖”它的刮胡刀，而是“送”它的刮胡刀。吉列公司把价格定在55美分，这还不到它制造成本的1/5。但吉列公司将整个刀座设计成一种特殊的形式，只有它的刮胡刀片才能适合这种特殊的刀座。每只刀片的制造成本只需1美分，而它却卖5美分。不过消费者考虑的是：上一次理发店刮胡子是10美分，而一个5美分的刀片大概可以用6次，也就是说，用自己的刮胡刀片刮一次胡子的费用还不到1美分，

只相当于理发师费用的1/10，算起来依然是划算的。

吉列公司不以制造成本加利润来定刮胡刀座的价格，而是以顾客心理来定刮胡刀座的价格。结果，顾客付给吉列公司的钱可能要比他们买其他公司制造的刮胡刀更多。吉列公司通过这样“此消彼长”的方式使消费者购买到其心目中的产品，自然大获全胜。应当注意的是，这种“此消彼长”策略是根据顾客的需要和价值及实际利益来销售产品，而不是根据生产者自己的决定与利益。简而言之，吉列的“此消彼长”代表了对顾客原有价值观的改变，而非厂商成本价格的改变。

这一策略一般用于互补产品（需要配套使用的产品），企业可利用价格对互补产品消费需求的调节功能来全面扩展销量。有意地廉价出售互补产品中处于不好销售的一种，再提高与其配套的另一种互补产品的价格，以此取得各种产品销量的全面增长。

以折扣定价来培养忠诚顾客

销售心理学一点通：折扣定价能够利用各种折扣和让价吸引更多的消费者，促使他们积极购买我们的商品，从而达到扩大销售、提高市场占有率的目的。

1962年开始创建的沃尔玛连锁企业现今在世界各地拥有数量众多的分店，这家从北美的小山村里走出来的零售巨头如今仍然是每一位零售商学习的最佳模范。以“天天平价”吸引着世界顾客的沃尔玛，其定价方式是许多店主都想探索与解密的。

沃尔玛的商品售价通常比其他连锁企业要低20%。在沃尔玛商店里，采取的是仓储式的商品陈列方式。简易的货架，几乎没怎么装修的地板和四壁，但价廉物美的商品仍旧吸引了众多的顾客。因此，当沃尔玛以这种方式一亮相，即取得了极大的成功。

这是老板山姆“折价销售”理念的成功，这一经营理念与一般的减价让利有着本质的不同。

虽然两者看起来都是以廉价销售为特征，但折价销售作为一种特定的销售方式，更着眼于一种长期稳定的战略目标，同时更需要经营管理多个环节的协调配合；而一般的减价让利却是一种只着眼于眼前利益的短期行为。

沃尔玛却将减价作为一种营销战略来考虑。商品进到商店后，沃尔玛的工作人员将根据对同业的调查估计出该行业的市场平均价格，然后在平均价格和进货价格之间找出一个中间价，作为该商品在沃尔玛的正式售价。通常的做法是，沃尔玛按比进价高30%的比率来定价，以体现“薄利多销”的原则。

这是沃尔玛雷打不动的原则。即使自己的进价比对手低廉得多，沃尔玛也始终坚持“把利让给顾客”的做法。

这种立足长远的经营战略，使沃尔玛赢得了时间上的胜利。人们坚信，沃尔玛就是价廉物美的代名词。随着时间的流逝，人们越来越深刻地体会到沃尔玛“厚道销售”的经营之魂。

沃尔玛的折扣定价已经成为行业中的标杆，成为许多商家争相学习的行业模范。随着市场竞争的激烈，折扣定价越来越成为大多数商家长期使用的定价模式。小店在经营过程中，可以借鉴采用以下几种主要的折扣定价形式：

1. 现金折扣

企业为了加速资金周转，防止呆账出现，给予现金付款、提前付款或持卡消费的买主一定比例的优待。采用这种策略，虽然销售方本身付出了一定的代价，但它可以吸引顾客用现金支付或电子的形式付款，减少企业风险，促进资金迅速回收，又可扩大经营，形成良性循环。

2. 数量折扣

数量折扣是购买者的购买达到一定数量或金额时，店方给予一定折扣。一般来说，顾客购买的数量或金额越大，折扣越大。数量折扣鼓励顾客大量购买，使店铺的销售成本减少，资金周转加快。

3. 季节性折扣

销售季节性产品的企业，对购买淡季商品的买主给予折扣优待，鼓励用户错开销售高峰期采购，同时也有利于减轻储存压力，或是低价解决积压的过季产品。对于平衡淡旺季的销售压力，季节性折扣是一种有效的折扣促销方式。

不过，对于销售人员而言，在对产品做出折价和折扣调整时必须非常小心，否则，我们的利润会远远低于预期，并有可能损害店铺的品牌形象。

PART 02

宣传的力量——广告与品牌心理学

让消费者**先爱上广告**

销售心理学一点通：让顾客先爱上广告，再爱上企业的产品和服务，从而使企业获得品牌和经济效益双丰收。

很多人都对这则广告留有深刻的印象：

一个年轻的女孩着一袭黑裙，心事重重地走在街上，广告画面上给出了女孩略显孤独和寂寞的背影。女孩在经过路边的首饰店橱窗时，忍不住停下来观望。

橱窗里摆放有一顶漂亮的白色礼帽。女孩看到自己的身影映在橱窗玻璃上，踮踮脚，礼帽刚好戴在橱窗上的身影上。于是女孩开始情不自禁地站在橱窗前利用橱窗玻璃的反射认真地比画起来。另外，橱窗里展示的还有一条美丽的项链，女孩“试完”礼帽后就开始旁若无人地“试戴”这条项链。

首饰店里的人员看到女孩试戴的样子，发出会心的微笑。这种微笑充满欣赏和善意。女孩也用微笑回应她们，并从口袋里拿出一块巧克力，掰下一块放在嘴里，闭上眼睛尽情地享

受，幸福美好的感觉似乎扑面而来。此时，广告宣传语“德芙巧克力，此刻尽丝滑”的声音悠然飘来。

这是德芙巧克力的一则电视广告，广告的画面完全给人一种美的感受。这位女孩作为广告主角，不仅年轻漂亮，而且气质优雅。橱窗里的礼帽洁白无瑕，项链光彩夺目。女孩“试戴”这些商品，使整个广告画面富有美感，令人心旷神怡。

年轻的女孩是这则广告诉求的对象，诉求主题是：橱窗里的礼帽、项链也许价格太贵，我们也许承受不起，但我同样拥有梦想的权利，想象拥有它们的感觉；也许虽然我们暂时还不能拥有梦想的东西，但内心并不缺失快乐的满足，一块巧克力就能满足内心小小的渴求。

广告中的女孩是我们身边很多人的化身，所以广告一经播出，立即引起巨大反响。这则广告在很多观众心中引起强烈共鸣，激发了观众对快乐和幸福生活的向往，让观众先爱上广告，再爱上德芙，使得德芙巧克力销量陡增。这则广告是当年最受欢迎的广告之一。

营销界流传这样一句话："想推销商品而不做广告，犹如在黑暗中向情人递送秋波。"幽默的语言道出了激烈的市场竞争中广告的重要性。如果说营销是一个作战部队，那么广告就是先锋部队，一个营销战略的应用，关键在于广告的推广力度有多大，广告在整个营销中有着不可替代的作用。

但是，随着广告的日益泛滥，要引起消费者的注意，首先你的广告要使消费者感觉耳目一新，甚至引起心理上的共鸣。在如今这个已经被广告包围的世界中，广告需要以不一样的风格引起关注。许多知名品牌都是依据这种策略获得了成功。

著名运动品牌阿迪达斯为运动经典系列发布广告。公司认为找一个拥有广泛知名度的代言人，固然可以让品牌变得更为大众所知，但是这样也会使品牌变得大众化，丧失了个性。因此，公司决定寻找对大众来说相对比较陌生，但是却更具个性的广告模特。

运动经典系列产品的色彩并不丰富，样式也非常简单。阿迪达斯找到一些有同样气质的人来表现，而且抓住了他们的神态和个人风格。虽然他们只是一些普通人，这则广告并没有邀请大牌明星参与，广告风格样式和画面都不奢华，但是这个系列的广告因其不拘传统的创意吸引了不少注意，广告宣传获得了成功。

要制作出让顾客喜爱的广告，离不开对广告受众心理的理解和把握。尤其在营销以消费者为中心，传播以受众为导向的今天，如果企业对广告受众的心理一无所知，对影响广告受众心理的各种因素一无所知，将无法使其产品发挥应有的市场效应。

所以，在策划一个广告时，首先要根据受众心理来给广告主题定位。广告主题定位的实质内容是研究广告应该向受众“说什么”。企业作为广告的发布者，应该分析其产品最能满足消费者需求的是哪方面，进一步分析这种产品还有其他的什么属性，消费者最关心的是什么，能够牵动受众心灵，找到广告心理诉求点，确定出能够产生最佳宣传效果的广告主题。

广告的目的是促进销售，也就是说，广告是为企业的经济效益服务的。不能促进经济效益提升的广告，一定不是好广告。与之相对应的是，一条好的广告不仅能让顾客记住产品，也能与顾客心灵契合，产生某种共鸣。让顾客先爱上广告，再爱上企业的产品和服务，从而使企业获得品牌和经济效益双丰收。

选择最适合的传播方式

销售心理学一点通：企业通过对自身与市场的有机结合分析，可以采取更适合自己的特色传播方式。

美国加利福尼亚兰丽化妆品公司在塑造“兰丽”这一系列化妆品品牌时，利用合乎心理规律的累积印象广告，针对一个个目标市场打开了自己的销路。

他们第一次为兰丽绵羊霜做广告，广告标题中有7个字：“只要青春不要痘。”这句话一下子抓住了少女们的心理。画面上的女子以扇遮面，只露两只眼睛，似羞似俏，其实是因为有“遮不住的烦恼”。

不久，他们策划了新的兰丽绵羊油广告，他们告诉孕妇们：“从怀孕的第三个月开始，早晚使用绵羊油，按摩腹部及乳房，能预防妊娠皱纹的产生及乳房下垂。”

人们又一次了解了兰丽系列化妆品。

一个月后，第三则广告出笼。画面上的家庭主妇送丈夫上班、孩子上学，她告诉所有的主妇：“冬天风寒，防止肌肤粗糙干裂，外出及睡眠前使用绵羊油，尤其是嘴脸、手脚、足踝等特别容易干裂的部位，可使肌肤免受寒风的伤害。”

人们又一次从兰丽化妆品感受到了母亲与妻子般的关爱。

过了一阵，第四则广告与读者见面。一位老祖母年龄的妇女告诉人们：“我现在唯一的遗憾，是脸上的皱纹多了些。假如能回到25岁前，我一定注意护理皮肤，常用绵羊油。”

女性从25岁起，皮肤开始走下坡路，如果这时注意滋润营养肌肤，就能起到防止肌肤衰老、保持肌肤光泽与弹性的效果。

兰丽警告人们，这是前车之鉴。

母亲节的时候，兰丽的广告又劝人买兰丽送给母亲。

企业通过对自身与市场的有机结合分析，可以采取更适合自己的特色传播方式。在竞争激烈的时代，差异化是有效的生存之道。如何提升品牌在受众心目中的地位？采用什么样的方式进行品牌推广？下面几种方式值得我们参考：

1. 新闻性广告

新闻是人们关注度与接受度最高的媒体信息之一。避开产品宣传，与媒体搞好关系，希望媒体（电视台、广播、报社、网站、专业性杂志社等）不间断性地采编或采用有益于自己公司的各方面的报道信息，进行品牌传播。

2. 公益性广告

进行公益性广告的投资也是一种有价值的传播方式，让企业在消费者心目中形成一种“为民、为公”的形象，以此来打动消费者的心。

3. 赞助广告

对体育、文化等各方面的官方、社区举办的活动进行赞助，推广企业品牌，提升企业形象。比如西门子的“自动化之光”中国系列巡展活动、百事可乐中国足球联赛等。

4. 网络广告

随着互联网行业的逐步成熟，眼球经济向现实转化，企业对电子商务的认可越来越高，也有很多企业现在或不久将采取电子商务模式对企业运作进行充实，摸索与积累未来的商业运作经验。

5. 手机短信广告

中国移动通信业已经建立起了一个很庞大的平台，在推出短信业务后，每年的短信收发量以几个数量级地增长，广告界和移动运营商合作推出广告业务也是一个不错的选择。

6. 口碑传播

如果你要去买某产品，对于亲朋的推荐甚至听到身边陌生人对某品牌产品赞不绝口时，你就容易购买。

借助名人会让你声名远播

销售心理学一点通：名人本身就具有新闻价值，借助名人，品牌就会较为容易地受到媒体的关注，从而使自己声名远播。

在中国和世界的顶级企业中，有不少品牌是以创始人的名字命名的。特别是在西方，个性的张扬和对家族的看重，使得以姓氏命名公司成为传统，姓名成为产品的代称，人成为一件商品。说起福特就知道是汽车，说起松下必然是电器，说起李宁必然是体育用品。

以名人名字命名商标尽管依赖于对商标名的解读能力，但它提供的信息是相当有魅力的。如“太白”酒自然会使人联想到唐代的浪漫主义诗人李白。他一生桀骜不驯，纵酒狂歌，以酒为名创作了大量脍炙人口的诗篇。在人们眼里，李白首先是酒仙，然后才是诗仙，因此以“太白”命名白酒，暗示了酒的效能信息与文化内涵。除此之外，还有“黄振龙”（凉茶）、“张

小泉”（剪刀）、“李宁”（运动系列）等，都是使用同样的取名策略。

在中国以名人名字命名的企业中，“李宁”可以说是鹤立鸡群、光彩夺目。如今的“李宁牌”已成为中国体育用品的第一品牌，也是中国屈指可数的以名人名字命名的驰名品牌之一。李宁以“魅力、亲和、时尚”的新个性，加上“一切皆有可能”的核心口号，赢得了消费者的注意，2002年它的销售额就突破了10亿大关。

李宁的成功除了品牌命名之外，其商标设计也是一个很重要的因素。李宁牌商标的整体设计由汉语拼音“Li”和“Ning”的第一个大写字母“L”和“N”的变形构成，主色调为红色，造型生动、细腻、美观，富于动感和现代意味，充分体现了体育品牌所蕴涵的活力和进取精神。其中，飞扬的红旗象征青春，燃烧的火炬象征热情，律动的旋律象征活力。

北京李宁体育用品有限公司由“体操王子”李宁先生始创于1990年。20多年来，李宁公司由最初单一的运动服装发展到拥有运动服装、运动鞋、运动器材等多个产品系列的专业化体育用品公司。目前，“李宁”产品有3大类5000余种，产品结构日趋完善，销售额稳步增长，2000年，“李宁”的销售额达7.56亿元。现在，“李宁”在中国体育用品行业中已处于举足轻重的领先地位。今天，“李宁”正在品牌国际化的道路上快速而稳步地前进着。“不做中国的耐克，要做世界的李宁”，这就是“李宁人”不懈追求的目标。

名人和品牌最好是一一对应的关系，只有这样，才能在消费者心目中构建名人和品牌的清晰联系。如果，你卖的是健身、营养或跟运动、健康相关的产品，最好选择具有强烈运动个性的代言人。如果你的产品是能量补充饮料、蛋白质饮料，找长跑或马拉松选手代言，甚至以身材健美的名人代言，也许加分效果会更明显。所以，在确定以名人为品牌时，你需要考虑以下几个问题：

以名人作品牌能给企业带来什么好处。

你所用的这位名人和公司产品有何关联。

你是否一定要用名人作品牌，其他方式是否也能行。

一定要**赋予品牌灵魂**

销售心理学一点通：品牌的核心价值是品牌资产的主体部分，同时也是品牌保持持久竞争力的保证。

由于消费者对不同的品牌有不一样的认知，他们在购买时就会做出不同的选择，如果公司不主动去给品牌塑造内涵并让公众接受，那在竞争中就容易处于被动。

米其林轮胎人“必比登”诞生于1898年，可是米其林这个品牌的诞生却要比它早60多年。

1832年，在那个还没有汽车的年代，马车是人们唯一的代步工具。米其林兄弟的祖父在法国科列蒙-费昂开办了一家小型的农业机械厂，起初只生产一些供小孩子玩耍的橡皮球玩具，之后便开始制造橡皮软管、橡皮带和马车制动块，并出口到英国去，这就是米其林公司的雏形。

1889年5月28日，爱德华·米其林继承了祖父的事业，并在其兄弟安德鲁·米其林的帮助下正式创立了米其林公司。爱德华成为第一任管理者，现代的米其林公司就是由此发展而来的。

当爱德华接手工厂的时候，工厂还在生产工艺简单的制动块。1889年，一个偶然的事件引起了米其林兄弟对自行车的注意，他们设想如果自行车轮胎能够方便地更换，那它必将有更广阔的发展前景。米其林轮胎的故事便从此开始了。

1891年，米其林兄弟终于研制出可在15分钟内拆换的自行车轮胎，并颇有远见地为他们第一件成功的发明申请了专利。这种可方便更换的轮胎在随后的各种自行车比赛中得到了最好的验证，也很快被大众认可。短短一年，便拥有超过1万名使用者。

1894年，米其林将刚刚发明的轮胎装在了公共马车上，代替了传统的铁制车轮，使乘车人感受到前所未有的舒适与安静。

1895年，在神奇的交通工具——汽车诞生一段时间以来，很少有人对它有足够的信心，原因之一就是硬质的“轮胎”无法充分保护车轮的力学结构，经常导致断裂，研制和推广新式汽车充气轮胎迫在眉睫。

当时，所有汽车厂家都不敢在比赛中装备米其林的充气轮胎。为了宣传和证实产品的优点，米其林兄弟设计制造了自己的汽车——标致公司的车身，4马力的戴姆勒发动机，最主要的是安装了可更换的米其林充气轮胎。

在“巴黎－波耳多－巴黎”的汽车赛事中，两兄弟亲自上阵，出色地跑完了全程，并在巴黎轰动一时，很多好奇的人甚至把轮胎切开，寻找其中的奥秘。比赛验证了充气轮胎在汽车上的适用性，同时也把第一个汽车轮胎的诞生写进了历史。

1906年，米其林发明了可拆换的汽车钢圈；1908年，米其林开发的复轮开始在载重货车和公共汽车上使用；1900—1912年，米其林的轮胎在所有大型国际汽车赛事中都取得了成功。

20世纪30年代，对于米其林来说是不断创新和进步的10年。在尝试了自行车、汽车和飞机之后，米其林又对火车产生了兴趣，并于1929年制造出第一条铁路轮胎，为铁路运输带来了安静、舒适、灵敏的加速和平稳的制动。

1930年，米其林为其嵌入式管状轮胎申请了专利，这就是现代无内胎轮胎的祖先。

1932年，胎压更低的超舒适型轮胎面世，寿命达到3万千米。

1934年，米其林推出了具有特殊花纹的超舒适制动型轮胎，以尽量避免汽车在湿滑路面上出现滑水情形。

1937年，米其林发明了宽截面的派勒轮胎，有效改善了汽车在高速运行情况下的道路操控性，它展示了当今低截面轮胎的最初形状。

1938年，米其林将橡胶和钢丝完美地结合，成功设计了钢丝轮胎，改良了轮胎的抗热和热载荷能力，并朝着子午线轮胎的发展迈出了重要的一步。

经过多年不懈的努力，在1946年，改变世界轮胎工业、举世闻名的子午线轮胎终于在米其林的工厂中“出生”了。这种轮胎以其独特的优势成为之后30年米其林在轮胎业中独领风骚

的决定性优势，也令其他同行很难望其项背。

米其林集团已发展出3500种产品来满足出行的需求，包括自行车、机车、轿跑车、卡车、飞机、F1方程式赛车、航天飞机和捷运电车。米其林轮胎有13万名员工，在18个国家中的80间工厂制造各种轮胎，提供营销服务超过170个国家。

品牌的核心价值是品牌资产的主体部分，同时也是品牌保持持久竞争力的保证，但品牌核心应该通过品牌的内涵去铸造。因此，要针对行业产品的不同特点，再结合适当的市场定位，才能赋予品牌独特的内涵。要维护品牌的核心价值，就需要从以下几方面入手去塑造内涵：

1. 内涵的确立

这是塑造品牌内涵的第一步，企业首先要做的就是收集竞争市场信息，包括竞争对手品牌的内涵及被接受程度，市场上品牌分布状况，产品特点、档次等；再根据自己公司或产品特点确定合适的内涵。

2. 内涵的传播

一旦内涵被确定，企业就需要制订合适的方案去传播，包括时间、地点、途径、是否请明星代言、广告的制定等。不同的传播途径会覆盖不同的消费群体，不一样的手段也会给人不一样的感觉，企业需要根据自身品牌和产品特点及公司实际情况做出合理安排，切不可一味依靠广告。

在品牌传播过程中，很多公司时常忘记的，也是需要遵守的一个原则是“避免品牌内涵与产品、服务或公司形象等不符合、不统一”。我们看到，很多品牌投入了很多资金大做广告，却在产品的设计或研发上显得落后，甚至公司内部有违法现象，这都极大地影响了品牌在公众心目中的形象。

3. 内涵的维护与创新

社会总是向前发展，客户需求也会随着时代的变化而变化，特别是竞争者会在你不小心时利用你的弱点，抢走你的客户。只有不断关注并满足客户需求，才能不断发展。

PART 03

方寸之间的心理对阵——谈判心理学

要留心“无声语言”

销售心理学一点通：动作和姿态语言传递的信息往往要比有声语言所传递的信息更真实、更可信。

在谈判中，我们不仅要听其言，还要观其行。广东有这样一句谚语：当一个人笑的时候腹部不动，就要提防他了。伯明翰大学的艾文·格兰特博士说：“要留心椭圆形笑容。”这是因为这种笑不是发自内心的笑，即皮笑肉不笑。因此，在谈判过程中，察言观色是很重要的，它能使我们获得更多信息。这里的“察”“观”就是指在谈判过程中对对方的观察，具体一点说，是对对方的姿态、动作的观察。

对人的了解，除了可以通过有声的语言获得信息外，还可以通过姿势、动作这种无声的语言来获得信息，有时后者可以传递前者所不能传递或无法传递的信息。哑剧虽没有有声语言，但观众可以通过演员的姿态、动作等知道他在想什么、干什么。有声语言与姿态、动作等无声语言都可以传递

信息，但这两种传递信息的方式在对信息的发送者与接收者如何控制与利用信息这方面是有区别的。通过有声语言来传递信息这种方式，对信息发出者来说是可以控制的；而通过无声语言（姿态和动作）来传递信息这种方式，信息的发出者有时是难以控制的。这是因为语言本身是人们有目的、有意识地发出的，而姿态和动作，虽然人们也可以有意识地去控制它，但更多时候是在人们无意识之中，或是下意识之中进行的。

人们的某些习惯动作是他们内心想法的外在表现。比如，你刚才与老板在办公室就某个问题进行了探讨，并且交换了看法。假如现在有人问你刚才说了些什么，你一定能够很快地、八九不离十地把内容讲出来。但如果那人再进一步问你在讲话时或者在讲某几句话时你又做过什么动作，你很可能就描述不出来了。这就是因为你说过的话是经过你的大脑有意识地思考的，所以你会有记忆；而你所做的动作除了某些特别的动作，如接了一个电话，你会有印象外，其他一般性的动作，你通常是记不起来的。这是因为你不是有意识地去做这些动作，它们是在无意识或下意识中完成的。

因此，动作和姿态语言传递的信息往往要比有声语言所传递的信息更真实、更可信。据一位曾在第二次世界大战期间服役于德国情报局的人讲，当时他在内部抓到许多美国的情报人员，其依据是这些人在吃东西时往往用右手拿叉子，而没有被严格训练成欧洲人吃东西时用叉子的方式。此外，他们在坐着的时候，两腿交叉的姿势是美国式的而不是欧洲式的。有经验的警察能在一伙小偷中很快地辨认出他们的首领，其依据是他们的眼神与手势有着细微的差别。一般的小偷对小偷首领都会显现出某种敬重之色，而小偷首领在眼神、手势等方面则会显露出某种权威。因此，在谈判过程中对谈判对手姿势和动作的观察、分析，是我们获得谈判信息、了解对手的一个极为重要的方法和手段。

有时，我们要判断对手通过有声语言传递的信息是否可信、可信度有多大，可以通过对对方动作、姿态和表情，尤其是讲话时的动作姿态和表情的观察来证实。对信息的接收者而言，有时对姿态、动作这种无声语言传递出的信息比有声语言传递出的信息更为敏感。举个例子，在法庭上，一个法官对他面前的律师或原告人、被告人眨一眨眼睛或皱一皱眉头，都会使对方神经高度紧张。他们的大脑会立刻高速运转，对法官用动作和姿态传递的信息做出分析、判断和解释。而实际上这位法官大人眨一眨眼睛、皱一皱眉头很可能是因为风将一粒沙子吹进了眼睛，或者是他在审案时有这么一个眨眼睛或者皱眉头的习惯，而并不代表什么意思，也没想向对方传递什么信息。

可以看出，通过察言观色，我们可以更好地了解对手的心理状态，为后面的销售谈判打好基础。

眼神的巧妙运用

销售心理学一点通：眼睛被誉为“心灵的窗户”，这表明它具有反映人的深层心理的功能，其动作、神情、状态是情感最明确的表现。

眼神能反映一个人的心理活动，特别是在商务交往和谈判中，眼神的巧妙运用会让谈判取得意想不到的良好效果。

2005年夏，海天集团的经理郭刚带着几位得力助手去广西与商业伙伴谈判。当谈判进行到一半时，突然陷入僵局，会议室中的气氛变得紧张起来，对方代表团虽仍有人表现得漫不经心，但谁都在用眼神较劲。

对方代表团希望郭刚对谈判条件做一些让步，然而这与郭刚的预期相去甚远。于是有将近5分钟的时间，没有人开口说话，会议室里一片死寂。突然，郭刚抬起头，把眼神从对方所有人的脸上扫过，最后落在主要对手的脸上，紧紧地盯着对方的眼睛。

对方一开始露出深沉的微笑，但是，1秒钟、2秒钟……随着时间的流逝，对方终于沉不住气了，说道："老郭，看你的眼神如此坚定，我想今天我再说什么也是徒劳，这样吧，我答应你们的条件，咱们先签一份合同，然后我请大家吃饭。老郭，你这个朋友我交定了！"

在谈判中，如果你想处于主动地位，那么就需要像郭刚一样善用眼神的力量。在谈判中，运用眼神的技巧主要有：

如果你希望给对方留下较深的印象，就要凝视他的目光久一些，以表自信。

如果你想在和对方的争辩中获胜，那你千万不要把目光移开，以示坚定。

如果你不知道别人为什么看你时，你就要稍微留意一下他的面部表情和目光，以便于应对。

如果你和别人四目相对，觉得不自在，你就要把目光移开，减少不快。

如果你和对方谈话时，他漫不经心且出现闭眼姿势，你就要知趣地暂停；你若还想做有效的沟通，那就要主动地随机应变。

如果你想和别人建立良好的默契，应该用60%～70%的时间注视对方，注视的部位是两眼和嘴之间的三角区域，这样信息的传递会被正确而有效地理解。

如果你想在交往中，特别是和陌生人的交往中获取成功，那就要以期待的目光，注视对方的讲话，不卑不亢，只带浅淡的微笑，不时以目光接触，这是常用的温和而有效的方式。

在不同的场所运用不同的眼神，这样你才可能在商场上立于不败之地。

在谈判中除了要巧妙地运用眼神外，还需要仔细观察对方的眼睛，因为眼睛是“心灵的窗户”，一个人的眼睛会告诉你他（她）心里在想什么。

爱默生曾对眼睛有过这样的描述：“人的眼睛和舌头所说的话一样多，不需要词典，却能够从眼睛的语言中了解整个世界，这是它的好处。”

眼睛的动作及其传达出的信息主要有：

（1）与人交谈时，视线接触对方脸部的时间在正常情况下应占全部谈话时间的30%～60%。如超过这一平均值，可认为对谈话者本人比对谈话内容更感兴趣，比如一对情侣在讲话时总是互相凝视对方的脸部；若低于此平均值，则表示对谈话内容和谈话者本人都不怎么感兴趣。

（2）倾听对方说话时，几乎不看对方，那是企图掩饰什么的表现。据说，海关的检查人员在检查已填好的报关表格时，他通常会再问一句：“还有没有什么东西要呈报？”这时多数检查人员的眼睛不是看着报关表格或其他什么东西，而是盯着你的眼睛，如果你不敢坦然正视检查人员的眼睛，那就表明你在某些方面不够老实。

（3）眼睛闪烁不定是一种反常的举动，通常被视为用来掩饰的手段或性格上的不诚实。一个做事虚伪或者当场撒谎的人，其眼睛常常闪烁不定。

（4）在1秒钟之内连续眨眼几次，这是神情活跃、对某事件感兴趣的表现；有时也可理解为由于个性怯懦或羞涩，不敢正眼直视而做出不停眨眼的动作。在正常情况下，一般人每分钟眨眼5～8次，每次眨眼不超过1秒钟。时间超过1秒钟的眨眼表示厌烦，不感兴趣，或显示自己比对方优越，有藐视对方和不屑一顾的意思。

（5）瞪大眼睛看着对方是表示对对方有很大兴趣。

（6）当人处于兴奋状态时，往往是双目生辉、炯炯有神，此时瞳孔就会放大；而消极、戒备或愤怒时，则愁眉紧锁、目光无神、神情呆滞，此时瞳孔就会缩小。实验表明，瞳孔所传达的信息是无法用意志来控制的。所以，现代的企业家、政治家及职业赌徒为了不使对方觉察到自己瞳孔的变化，往往喜欢戴上有色眼镜。

当然眼神传递的信息远不止这些，有许多只能意会而难以言传，这就需要我们在实践中用心观察、积累经验、努力把握。

让对方**只能回答“是”**

销售心理学一点通：如果一个人已经习惯性地对你说“不”，不同意你的看法，你想成功地说服他的可能性几乎为零。

我们先看一个有趣的实验：

假设有你与另外一人在一间屋子里，你站在或坐在房间的里端，而他在房间的外端。你希望他从房间的外端走到房间的里端。

不妨来做这个游戏。在游戏中，你问他问题。每次你问他一个问题，如果他答“是”，他就向房间的里端迈进一步；如果每次你问问题，而他回答“不是”，他就后退一步。

如果你想让他从房间的外端走到房间的里端，你最好的策略是不断地问一系列他只能回答“是”的问题。你必须避免问可能导致他回答“不是”的问题。

通过使用“只能回答‘是’”的问题，你就可以轻而易举地做到这一点。这是些封闭性问题，人们对它们的回答99.9%是肯定的。你让某人越多地对你说“是”，这个人就越可能习惯性地顺从你的要求。

比如：回想一位你经常同意其意见的朋友，你往往已经习惯于做肯定的表示。因此当这个人想劝说你做某事时，即使他还没有完全讲完他的请求，你往往已经决定去做了。

你肯定也认识你通常不同意其意见的人，此人的特点是经常听到你说“不”。当这个人开始要求你做某事时，你就会同多数人一样，在他还没有讲完他的请求之时，你就肯定已经在琢磨用什么理由来说“不”了，以便拒绝这个人的请求。

这些相近的倾向说明，让你想说服的人形成对你说“是”的习惯是多么的重要。反过来也是如此。如果一个人已经习惯性地对你说“不”，不同意你的看法，你想成功地说服他的可能性几乎为零。

提出“只能回答‘是’”的问题有个好办法，就是问你知道那个人会做肯定回答的问题。如果你愿意的话，你可以在问

话里加上以下词语，如：

“是这样吧？”

“对吧？”

“你会同意吧？”

一位推销员问一位可能的买主：“你想买这件设备的关键是其费用，是吧？”价格无疑99%是关键的，因此，这样的问题肯定会带来“是”的回答。或许就这样开始了让可能的买主对推销员养成做肯定回答的习惯。

当一位雇员想提醒同伴开始干一个项目时，这位雇员可能提出这样“只能回答‘是’”的问题：“我们需要尽快完成这个项目，是吧？”这里，一个明确的声明“我们需要尽快完成这个项目”跟着一个“只能回答‘是’”的问题“是吧”，它要求得到一个“是”的回答。

这种“只能回答‘是’”的问话技巧已被反复证明是非常有用的。

主动提出可行性提议

销售心理学一点通：当你的提议在谈判中被对方认同时，提议就成了协议。而你坐下来与对方谈判的目的就是要达成一项协议。

提议是商讨问题时提出的主张。卡耐基提出：巧用提议，可起到抛砖引玉的作用。接近双方目标的可行性提议，很有可能成为谈判最终达成的协议。因此，有利于己方的可行性提议

在整个谈判中是相当重要的。

提议的方式不拘一格，谈判专家习惯用试探性提议及条件式提议。

试探性提议往往能诱发出对方的反应，通过彼此的语言及表情，可以确定对方的意图及对此提议所持的态度。

一位谈判者在双方争论毫无结果的情况下向对方提议："如果我们考虑调整我们的做法，你们是否会撤销对我们的起诉？"对方回答道："不，我们还没有撤销起诉的计划。但是，如果你们的做法调整到一定程度时，我们会考虑。"

谈判双方不在原则上退让。一方是以调整做法，要求对方撤销对他们的起诉；另一方要求对方只有调整到一定程度，才会考虑，这里的一定程度，恰是其谈判目标的暗示。不过，这一提议给谈判者双方同时提供了一次争取的机会。

谈判过程中，条件式提议会让谈判者更容易赢得主动。但是，第一个提议最好不要用条件式提议，应先用试探性提议，来个投石问路，看看对方真正坚持的程度。探清对方的想法之后，再拿出有利于己方的条件或提议，击中对方要害。

在一次供求性商务谈判中，厂方在谈判接近尾声时提议："如果你们准备每件成衣增加20元成本费的话，我们可以考虑在款式上有所改进。"

其实改进服装款式本是服装厂分内的事，这时，如他们将其作为条件提出来，给对方一种"厂方已做出让步"的错觉，而这种错觉往往奏效。

对对手的背景要充分了解

销售心理学一点通：对对手的资料有一个详细的了解，对于我们在谈判中展开一系列公关活动获得客户信任有很大的作用，有助于促成谈判的成功。

几年前，××省移动局有一个电信计费的项目，A公司志在必得，系统集成商、代理商组织了一个有十几个人的项目小组，住在当地的宾馆里，天天跟客户在一起，还帮客户做标书、做测试，关系处得非常好。大家都认为拿下这个订单是十拿九稳的，但在投标时却输给了另一家系统集成商。

不打不相识，最后双方决定坐下来谈一谈，看看有没有合作的可能性。后来得知，中标方的代表是位长相很普通的李小姐。事后，A公司的代表问她："你们是靠什么赢了那么大的订单呢？要知道，我们的代理商很努力呀！"李小姐反问道："你猜我在签这个合同前见了几次客户？"A公司的代表就说："我们的代理商在那边待了好几个月，你少说也去了20多次吧。"李小姐说："我只去了3次。"只去了3次就拿下2000万的订单？肯定有特别好的关系吧。但李小姐在做这个项目之前，一个客户都不认识。

那到底是怎么回事呢？

她第一次来××省，就分别拜访局里的每一个部门，拜访到局长的时候，发现局长不在，办公室的人告诉她局长去北京出差了。她就问局长出差住在哪个宾馆，马上就给那个宾馆打了个电话，嘱咐该宾馆订一束鲜花和一个果篮，写上她的名字，送到局长房间。然后又打电话给她的老总，说这个局长非常重要，在北京出差，请老总一定要想办法接待一下。

她马上预订了机票，中断其他工作，下了飞机就去这个宾馆找局长。等她到宾馆的时候，发现她的老总已经在跟局长喝咖啡了。

在聊天中得知局长有两天的休息时间，老总就请局长到公司参观，局长对公司的印象非常好。参观完之后大家一起吃晚饭，吃完晚饭她请局长看话剧《茶馆》。

为什么请局长看《茶馆》呢？因为她在××省的时候问过办公室的工作人员，得知局长很喜欢看话剧。局长离开北京时，她把局长送到飞机场，对局长说："我们谈得非常愉快，一周之后我们能不能到您那儿做技术交流？"局长很痛快地答应了这个要求。一周之后，她的公司老总带队到××省做技术交流。

老总后来对她说，局长很给"面子"，亲自将相关部门的有关人员都请来，一起参加了技术交流。在交流的过程中，大家都感到了局长的倾向性，所以这个订单很顺利地拿了下来。

A公司的代表听后说："你可真幸运，刚好局长到北京开会。"

李小姐掏出了一个小本子，说："不是什么幸运，我的每个重要客户的行程都记在上面。"打开一看，上面密密麻麻地记了很多名字、时间和航班，等等。

在此案例中，中标方的销售代表只与客户接触了3次就成功谈下了2000万的订单，而竞争对手A公司花费了很大的人力、物力也未能如愿，原因就在于中标方的销售代表掌握了客户的关键决策人物——移动局局长的个人资料，并且根据这些资料采取了一系列主攻客户的谈判策略：

首先，打电话到局长下榻的酒店，请酒店送一束鲜花和一个果篮到局长的房间，并写上她的名字。

其次，打电话给本公司的老总，请老总亲自去接待一下客户。

最后，请局长参观自己的公司。

把握让步的原则与尺度

销售心理学一点通：让步是必要的，但让步也要讲究原则与尺度。

谈判是一种互动行为，有进就有退，所以让步在谈判中是一种常见现象。让步不是出卖自己的利益，而是为了获得更大利益，放弃小利益，可见让步是必要的。但是，让步也要讲究原则与尺度。如何把握好它呢？

（1）不要过早让步。让步太早，会助长对方的气焰。待对方等得将要失去信心时，你再考虑让步。在这个时候做出哪怕一点点的让步，都会刺激对方对谈判的期望值。

（2）你率先在次要议题上做出让步，促使对方在主要议题上做出让步。

（3）在没有损失或损失很小的情况下，可考虑让步。但每次让步，都要有所收获，且收获要远远大于让步。

（4）让步时要头脑清醒。知道哪些可让、哪些绝对不能让，不要因让步而乱了阵脚。每次让步都有可能损失一大笔钱，掌握让步艺术，减少你的损失。

（5）每次以小幅度让步，获利较多。如果让步的幅度一下子很大，并不见得会使对方完全满意；相反，他见你一下子做出那么大的让步，也许会提出更多的要求。若你是卖者，做出的让步幅度太大，也许会引起买者对你的产品价格的怀疑；若你在做出一连串小的让步后，再问对方："现在，你打算怎么办？"买者也许会因你数次让步，而在协议书上签字。

（6）承诺性让步最划算。如果你代表公司与经销商谈判时，上司要求你不能在价格上做出任何让步，而且还要你尽可能做到使客户满意时，你不妨试一试以下几种方法：

①虚心听取对方的意见和要求，对客户表现出你的真诚及友好，让客户接受你，并让客户意识到你是可靠的。

②向客户介绍你所服务的公司及你所推销的产品质量和服务品质，请公司负责人出面向客户做出承诺。

③你可以把公司信得过的老客户作为你的活广告，让新客户咨询老客户，为什么他们选择了你推销的产品。

（7）打算做出让步之前，首先考虑你的让步在对方眼里有无价值。别人并不看重的东西，没必要送给他。若谈判刚开始你就做出许多微小的让步的话，对方也许不仅不会领情，反而会加强对你的攻势，因为他知道你做出这些小的让步有企图，而且他们并不看重这些让步。当对方要你做出真正的让步时，你先前所做的让步也许早已被人遗忘了。此时，你再做出让步，可就吃大亏了。如果你先前并没有做出任何让步，当对方要求你做出让步时，即使这种让步只是一小步，只要你做出了，对方也许会领情，因为此时他们还需要你继续让步。

己方的任何一项让步都要获得一定的价值，不论这项让步对于你多么微小，只要对方需要，你就可以利用它达到你的理想目标。

应该提醒销售员的是：不论是哪一种让步方式，都传递出相同信息，那就是让步有三个面向——幅度、次数、速度。幅度当然是递减，次数应该要少，速度则原则上应该要慢。真正操纵对方期待的，就是这三个让步的面向。

将心理战进行到底

销售心理学一点通：商业谈判的双方是为了使己方的利益获得最大程度的增加。

谈判在表现形式上往往只是语言交锋的过程，但实质上是一场心理战。在谈判中如何察言观色，把握对方的心理，潜移默化地影响其感情因素，充分利用利益引导，都将关系到谈判的胜败。如何打赢谈判这场仗，需要谈判者懂得谈判这门艺术里蕴藏的心理战术。

香港某电视剧中有个经典的谈判场景：

快运公司的员工中有一对兄弟，弟弟是哑巴。有一天，弟弟在工作中被重物压成了瘫痪。哥哥找公司索赔，公司不但不答应，还骗他签了一份协议书，谎称他弟弟是在非工作期间受伤的。

哥哥非常气愤，失去理智之下，在公司布置了炸药，并冲进公司劫持了十多名人质，情况非常危急。这时警局派出了顶尖的谈判专家，派来的这位谈判专家由于早年的一次意外，不能正常行走，常年坐在轮椅上。但这个轮椅却为他与劫匪的谈判带来了积极因素。

劫匪："臭警察！不答应我的条件，我就开始杀人质！"

谈判专家："别紧张！我是坐轮椅的人，我不会伤害你的。"

劫匪看了他一眼，一直紧绷的神经似乎放松下来，情绪有所缓和。

谈判专家："我能理解你的心情。当我不能站起来的时候，我觉得全世界都抛弃了我。每天要在别人的帮助下生活，使我觉得尊严尽失。当时我也感到十分绝望，曾一度想到自杀。但我挺过来了，现在我觉得生活很美好。你还年轻，为什么不给自己留条后路呢？你想过你弟弟没有？他可只有你一个哥哥啊！”

这一番话使劫匪的心理防线有所松动。谈判专家趁热打铁，将刚刚录制的他弟弟的画面播放给他看，随即又派出快运公司的代表来跟他谈条件。劫匪的内心世界开始挣扎，过了一会儿，终于答应放下武器，交出人质。

心理战术在竞争中时常用到。利益是谈判的基础。商业谈判虽然没有电视剧中的谈判这么紧张和扣人心弦，但是谈判双方的心理模式是一样的，都是为了争取最大化利益。劫匪是为了获得赔偿，而谈判专家是为了人质的安全，商业谈判的双方则是为了使己方的利益获得最大程度的增加。

利益最大化，并非狭义地指金钱最大化。通常情况下，有6种可以用来交换的资源：爱、金钱、服务、商品、地位和信息。每一种资源的价值取决于对方对其的需求紧迫性和获得的难易程度。所以谈判人员要了解对方的真正需求，在这个基础上因势利导，就能掌握最大的主动权，控制住谈判的局面。

谈判是一种日常工作，对于谈判人员来说，谈判是开展合作成败的关键。谈判人员要面对无数次大大小小的谈判，每一次即是一次新的挑战。成功的谈判是机智与情感天衣无缝的结合。所以，谈判人员要善于使用心理战术，巧妙地将心理战进行到底，使谈判获得最大成功。

在谈判中发动心理战，谈判人员要做到以下三点：

首先，要全面及时地收集对方的信息。这是发起攻心战的前提。具体而言，需收集的信息包括对方的主体资格、谈判权限和个人情况等。掌握对方的信息越多，越能使心理战术有的放矢，越能够掌控谈判局面。

其次，要使对方心里产生公平感。这是公平理论在谈判过程中的应用。公平感是支配人们行为的重要心理现象，在谈判中，想方设法使对方在心理上产生公平感有助于缓和谈判气氛，让对方感到自己被重视，从而操纵对方的认知，达成谈判。

最后，要学会以退为进。老子说过：“将欲夺之，必固与之。”古有“以退为进”“欲擒故纵”的说法，退一小步，使对手消除戒备心理，让其放松警惕，然后转而“进”一大步，让对手猝不及防。“退”是表面的，“进”才是本质的。

利用竞争优势压制对方

销售心理学一点通：只要对手愿意和你一起坐在谈判桌上，就意味着你手中有对手希望获得的资源，就意味着与你合作要优于与你的竞争对手合作。

在实际的工作中，企业的销售人员最容易获得的不是心理优势，而是心理劣势。他们承受着市场、竞争对手及买方谈判力量的三重压力，在面对公司的大客户时，常常会有如履薄冰、谨小慎微的心态。这种心态导致的结果是：只要客户稍施压力，他们就会屈服而做出让步的态势，使客户更加大胆地运用他们的“心理优势”来索取更大的利益。

一家外贸公司为开发市场，与一家韩国企业洽谈招商业务。这家韩国企业是一个大客户，外贸公司派出一位业务员与对方交涉了足足两个月。不过，韩国企业一直拖着不签协议。

外贸公司的一名业务经理这时主动请缨，并提出保证三天完成任务。业务经理通过调查，发现韩国企业其实也需要外贸公司的服务，只是想通过拖延获得更大的利益。鉴于此，业务经理一到北京，立即联系上这家韩国公司，但他并没有马上要求与对方见面。

直到第三天，业务经理才约见韩方经理。见面后，业务经理直接切入正题，将公司的条件重新说了一遍，并将所有需要的文件、协议等都准备就绪。韩方经理仍想继续采取拖延战术，不过，经过两天的等待，韩方经理也摸不透业务经理到底有何打算。

在提出是否签协议时，眼见韩方经理仍在推托，业务经理对韩方经理说：“谢谢您的款待，您的工作也很忙。既然这次合作还有问题，那我们下次再找机会。”他的话让对方很吃惊：“我们并没有拒绝这次合作。”

业务经理平静地对韩方经理说：“我是专程为此次合作而

来，与贵公司已经交流了两个月，却迟迟得不到结果，我认为贵公司缺乏足够的诚意。既然我们可能无法合作，我只有去找别的合作者，再次感谢您的款待。”

业务经理的话一下将韩方经理逼得没有退路。已经完全丧失心理优势的韩方经理表示愿意签署协议，合作最终取得成功。

业务经理在联系对方后，并不立刻会面，这向对方传达的信息是对方在自己眼里并不是非常重要，从而软化对方的心理优势，使自己处于有利地位。

如何在销售谈判中占据心理优势？这需要谈判人员准确把握客户需求的紧迫程度，以及自己所提供的产品或服务的可替代性。一般而言，如果对方需求越紧迫，销售的一方就越容易获得心理优势；公司提供的产品或服务越稀缺，公司在面对客户时就越有心理优势。

我们都有这样的销售经验：如果你是卖方，有一客户的用户指明订购你的产品，这个客户就不得不与你达成交易，否则他的用户就会抱怨甚至投诉。在与这种客户谈判时，无论他们如何掩饰其焦急的心情、

如何装作镇定自若，他们心里依然认定你更有优势。

同样的道理，如果谈判对手的长期供应商不能及时供货，或者产品质量出现了问题，而你却是最佳的替代对象，他们在谈判时也会认为你更有优势。上述两种情况说明一个道理：真正决定谈判中心理优势的不是谈判技巧，而是需求本身。如果你的产品具有不可替代性，或者对方需求迫切，你就很容易获得心理优势。

尽管我们在前面强调决定心理优势的根源在于客户的需求本身，但这并不妨碍一些谈判技巧对心理优势的建立会产生微妙的影响。比如，在谈判刚开始的时候，双方通常会讲一些无关大局的话。经验丰富的谈判者知道，这是在为自己建立心理优势，为引导对方的心智创造条件。

在谈判中，谈判技巧有很多，最常使用并且效果最佳的方法就是利用竞争优势来压制对方。采用这种方法会在事前对谈判对手进行充分的调查，谈判时突然拿出数十张数据资料来证明自己在市场竞争中处于优势，或证明谈判对手在市场竞争中处于劣势。缺乏经验的谈判者面对这种情况，会立刻手足无措，顷刻间失去了所有的优势。

在这种场景中，心理素质决定着谈判的优势。首先我们要明确一点，只要对手愿意和你一起坐在谈判桌上，就意味着你手中有对手希望获得的资源，就意味着与你合作要优于与你的竞争对手合作，否则他们没必要浪费时间和精力与你讨价还价。所以，千万不要被对方所营造的虚幻的“心理优势”所击倒，要站稳阵脚。

对谈判对手进行归类、分析

销售心理学一点通：谈判人员要对谈判对手的类型进行归类和分析，根据不同的类型采取不同的措施，使谈判方法有的放矢，提升谈判效率。

每一次谈判，大到耗资数亿美元搅动行业格局的企业并购，小到订购一种纽扣的几毫厘差价，对谈判双方都是一种挑战。这是进攻与防守的过程，是尖矛与固盾的艺术。

不过，在谈判的过程中，往往会发现一种方法在某个对手身上适用，放到另一个对手身上却没什么效果。面对形形色色的谈判对手，自己往往会束手无策。

因此，谈判人员要对谈判对手的类型进行归类和分析，根据不同的类型采取不同的措施，使谈判方法有的放矢，提升谈判效率。

美国谈判家荷伯曾代表一家大公司去购买一座煤矿。矿主是个强硬的谈判者，开价3000万美元，荷伯还价1500万美元。

“你在开玩笑吧？”矿主大声道。“不，我们不是开玩笑。但是请把你的实际售价告诉我们，我们好进行考虑。”矿主仍坚持3000万美元不变。在随后的几个月里，双方形成僵局，价格也在2500万与3000万之间对峙。

为什么卖主不接受2500万这个显然是公平的还价呢？荷伯决定弄清楚，于是他请矿主吃饭。在荷伯的一再追问下，矿主终于解答了荷伯的疑问：“我兄弟的煤矿卖了2800万美元，还有一些附加利益。”荷伯明白了，矿主如此顽固原来是不想输给自己的兄弟。

有了这个信息，荷伯就跟公司的有关人员商议。他们首先搞清矿主的兄弟确切得到多少，然后制订了应对计划。不久，谈判达成协议，最后的价格没有超过公司的预算。同时，付款方式与附加条件也使矿主觉得自己赚得远比自己的兄弟多。

商界谈判中，谈判对手主要有四种类型：强硬型、团体型、阴谋型、搭档型。

强硬型对手通常很固执、自信、傲慢，总是咄咄逼人，不肯示弱，多数时候对对手提出的要求一口回绝，不留余地。即使他们表明将认真考虑对手提出的条件，但事实上，一转身就会把这种许诺忘得一干二净。如果对手步步紧逼，要求结果，他们立即会矢口否认。

团体型对手是以团体作战的方式出现的。如果谈判的一方是一个多人团体，而另一方是单枪匹马，这时在谈判桌上就出现了众寡悬殊的情况。相对来说，团体型对手很容易占据心理优势，因为他们可以轮流作战。另一方就会在对手的轮番攻击之下，疲于应付，最终筋疲力尽，降低判断能力，影响谈判目标的实现。

阴谋型对手会为了满足自身的利益和欲望，使用一些“诡计”来诱惑对方达成不公平的协议。这种对手不仅善于在谈判桌上采取车轮战术，通过不断更换谈判人员的方法来使对方精疲力竭，从而迫使对方做出某种让步，还善于使用“诡计”，以各种手法获得对方的谈判信息，从而使自己在谈判中始终处于主动地位。

搭档型对手常用的策略是：当谈判开始时，只派一些低层人员作为主谈手。等到谈判快要达成协议时，真正的主谈手突然插进来，表示以前的己方人员无权做出这样的决定，不仅会使之前达成的协议和共识失效，将谈判重新拉回到原点，还会因为对方底牌的暴露，而提出更为苛刻的谈判条件。

任何类型的谈判对手都会有缺点和弱项，谈判人员只要能做到以己之长攻对手之短，就能获得谈判的最终胜利。

面对强硬型谈判对手，要了解对方如此强硬的理由，只有摸清这些，才能进行有力的反击。例如，对手是依据领导指示而如此强硬，那么完全可以直接去找他的上层；如果这只是对方谈判的一种手段，大可不必惊慌错乱，要沉着应战，不要表现出乱了阵脚的样子。

面对团队型谈判对手，如果谈判人员是单人作战，就应该懂得一个道理：如果你离开谈判桌，对手一定会惊慌失措，因为他们需要有对手。如果对方依仗人多势众，发起强烈攻击，而己方在应辩上难以自顾，最好的办法就是拖延时间，为做各种准备赢得时间，以便使自己应对各种情况时更为从容。

面对阴谋型谈判对手，正确的方式是拖延谈判，让对手重新回到原来的谈判上，并拒绝向刚被换上场的谈判对手陈述之前的承诺和约定。以其人之道还治其人之身是最好的方法，如果对方临阵换人，自己也可以临阵换人。如果对方否认过去的条件，己方也同样否定之前的许诺。另外，还要加强内部防范，避免出现“内鬼”。

面对搭档型谈判对手，谈判人员要加强谈判对手资格的审查工作，必须了解对手是否有签字的权力。搭档型谈判策略极

具杀伤力，因为谈判进行到一定程度的时候，陷于被动的一方可能已经完全暴露了谈判底线，除了答应对方的条件，别无良策。为了避免这一情况的发生，如果对手表示签字权在上司手里，谈判人员就应该立即拒绝谈判。

以退为进能让对手束手就擒

销售心理学一点通：在谈判过程中，“以退为进”往往能起到事半功倍的效果。

一位商人带着三幅名画到美国出售，恰好被一位美国画商看中，这位美国人自以为很聪明，他认定：既然这三幅画都是珍品，必有收藏价值，假如买下这三幅画，经过一段时期的收藏肯定会涨价，那时自己一定会发一笔大财。于是下定决心无论如何也要买下这些名家名作。

主意打定，美国画商就问商人："先生，你的画不错，请问多少钱一幅？"

"你是只买一幅呢，还是三幅都买？"商人不答反问。

"三幅都买怎么讲？只买一幅又怎么讲？"美国人开始算计了。他的如意算盘是先和商人敲定一幅画的价格，然后再和盘托出，把其他两幅一同买下，肯定能便宜点，多买少算嘛。

商人并没有直接回答他的问题，只是脸上露出为难的表情。美国人沉不住气了，说："你开个价，三幅一共要多少钱？"

这位商人是一位地地道道的商业精，他知道自己画的价值，他还了解到，美国人有个习惯，喜欢收藏古董名画，要是看上，是不会轻易放弃的，肯定出高价买下。并且他从这个美国人的眼神中看出，他已经看上了自己的画，于是心中就有底儿了。

他漫不经心地回答说："先生，如果你真想买的话，我就便宜点全卖给你了，每幅3万美元，怎么样？"

这个画商也不是商场上的平庸之辈，他一美元也不想多出，便和商人还起价来，一时间谈判陷入了僵局。

忽然，商人怒气冲冲地拿起一幅画就往外走，二话不说就把画烧了。美国画商看着一幅画被烧非常心痛，他问商人剩下的两幅画卖多少钱。

想不到商人这回要价口气更是强硬，声明少于9万美元不卖。少了一幅画，还要9万美元，美国商人觉得太委屈，便要求降低价钱。

但商人不理会这一套，又怒气冲冲地拿起一幅画烧掉了。

这一回画商大惊失色，只好乞求商人不要把最后一幅画烧掉，因为自己实在太爱这幅画了。接着，他又问这最后一幅画多少钱。

想不到商人张口竟要12万美元。商人接着说：“如今只剩下一幅了，这可以说是绝世之宝，它的价值已大大超过了三幅画都在的时候。因此，现在我告诉你，如果你真想买这幅画，最低得出价12万美元。”

画商一脸苦相，没办法，最后只好成交。

就像这个案例中那位卖画的商人，他凭借对美国人习惯的了解和对这个美国人表情的观察，知道对方已经有了购买欲望。商人做出这个判断，一方面依靠的是其掌握的情况、收集到的信息，另一方面依靠的是其善于察言观色的能力。

得出这个结论后，商人知道自己在这场谈判中已经占据了主导地位。在谈判陷入僵局后，他机智地连烧两幅画，并且抬高了原来的价格，最终迫使美国人高价成交。这就是一种典型的“以退为进”的策略，于是他取得了谈判的胜利。

可见，在谈判过程中，“以退为进”往往能起到事半功倍的效果。因此，推销员如果遇到类似的情况，不妨向那位商人学习，采用“以退为进”的策略让谈判对手“束手就擒”。

第八篇

年薪百万不是梦——杰出销售员的心理修炼课

PART 01

拼的就是心态——修炼一颗百炼成钢的心

为你的工作而骄傲

销售心理学一点通：这个世界上没有人能真正离开销售活动。

想一想，小到一支几毛钱的铅笔，大到价值数百亿的交易，是不是都离不开商业销售？我们每个人，是不是没有谁能够离开销售活动？那么，在商业社会中，谁才是最重要的人？

答案是——销售工作者。

工作占据了几乎所有人生命中最长的阶段。人生就是在不停地自我展示和自我实现。工作不仅是人生的必经阶段，更是一个人展示自己能力的舞台和实现自身价值的平台。在这个舞台上，人们的知识、才能和素质都会一一得到展示。在展示的过程中，不仅可以表现自我，更能使个人使命感得到满足。

很多人都觉得销售工作很平凡，其实不然，这个世界没人能离得开销售。正是数以千万计的销售大军，支撑着现代社会的商业体系。他们为每个消费者带去方便和温暖。对销售界的从业人员来说，不管是高层的销售经理，还是底层的业务代表，其所从事的销售工作都是有价值的。

销售应该被看作一种服务性的职业，销售员在给客户带来方便的同时，也可以从中获得客户的认可和尊重。对于销售工作来讲，各种各样的挫折和打击是在所难免的。你要从另一个角度看待这个问题，只有在征服困难的过程中，一个人才能获得最大的满足。

成功只属于有准备的人。销售员要明白自己不仅是在为老板工作，还是在为自己的未来工作。唯有努力工作，方有可能赢得尊重，并进而实现自己的价值。即使自己的工作很平凡，也要学会在平凡的工作中寻找不平凡的地方。工作中无小事，并不是所有人都能把每一件简单的事做好，能做到的人绝对不简单。

既然选择了销售这种职业，就应该全身心投入进去，用努力换取应有的回报；而不应该因为对当下的工作不满意，每天消极地应付，浑浑噩噩。走脚下的路的同时，也要把目光放长远。

有两位大学生毕业后同时进入一家公司，又同时成为该公司的销售代表。

第一位虽然也知道这种低端

的工作并不让人满意，但是他仍然每天兢兢业业地工作，把每一个项目都做到最好。更重要的是，他做了长远规划。他把当下的销售工作当作未来事业的起点，不断地在实践中认真学习和提高自己的能力。他善于思考，经常花费时间和精力去解决市场中的问题。他每天都能积极乐观地面对自己遇到的一切难题，并对自己的前途充满希望。

另一位则只是把销售当作当下谋生的手段，表现不出对工作的热情。每天按部就班地照公司的规定办事，还时不时偷个懒。虽然表面上他也能把应该完成的业绩完成，但也仅限于此，从不多考虑一步。他还非常看重薪水，在这家公司没做多久，就跳槽去了另一家薪水稍高的公司。

十年过去了，两人的发展截然不同。前者因为业绩突出，能力超强，不断获得领导赏识，一路升职，已经成为那家公司的销售总裁；后者则不断跳槽，每次都是追求更高一点的薪水，但一直都是销售员而已。

“不想当将军的士兵不是好士兵。”工作中每个人都拥有成为优秀员工的潜能，都拥有被委以重任的机会。但只有你努力工作，一心向上，机会才能轮到你头上。

一个人一定要明白自己工作的目的和价值，要知道工作不仅仅是为了获得升职和赚到更多的钱。销售员要为自己的工作感到骄傲和自豪，因为好多伟大的人都是从这一行起家的。我们熟知的世界上最伟大的推销员，如原一平、博恩·崔西、克里蒙特·斯通，他们都是从底层做起的。他们对自己的工作充满激情，为自己的工作感到骄傲，从而在自己能够胜任的岗位上，最大限度地发挥自己的能力，实现自己的价值，不断实现自我提升。只要你能够积极进取，就会从平凡的工作中脱颖而出。梦不是靠想出来的，是靠做出来的。因此，做销售要树立正确的价值观，找到自己前进的方向，并为之努力奋斗。只有坚持不懈的人，才会最终成为那少数的成功者之一。

要培养积极的心态，因为积极心态是生命的灿烂阳光，能给人以温暖和力量。与之相对，消极的心态是生命的阴云，让人感到寒冷和无助。大量翻阅成功人士的故事和经历，我们会发现他们有个共同的特点，就是不管环境如何，都能保持积极的心态，决不敷衍了事。

努力克服怯场心理

销售心理学一点通：推销员其实是助人的好角色，你无须害怕什么。

几乎所有的艺术表演者都怯过场，在出场前都有相同的恐惧心理：一切会正常无误吗？我会不会漏词，忘表情？我能让观众喜欢吗？

营销大师贝特格在从事推销的头一年收入相当微薄，因此他只得兼职担任史瓦莫尔大学棒球队的教练。有一天，他突然收到一封邀请函，邀请他做个有关“生活、人格、运动员精神”的演讲，可是当时他连面对一个人说话都无法表达清楚，更别说面对一百位听众说话了。

由此贝特格认识到，只有先克服与陌生人说话时的胆怯与恐惧才能有成就。第二天，他向一个社团组织求教，最后得到很大进步。

这次演讲对贝特格而言是一项空前的成就，它使贝特格克服了懦弱的性格。

推销员的感觉基本上与他一样。不少推销员很难坦然、轻松地面对客户，会在最后签合同的紧要关头突然紧张害怕起来，不少生意就这么被毁了。

还有一些推销员，在与客户协商过程中，目标明确，手段灵活，直至签约前都一帆风顺，结果在关键时刻失去了获得工作成果和引导客户签约的勇气。

为什么会这样呢？这其实是害怕自己犯错，害怕被客户发觉错误，害怕丢掉渴望已久的订单。

如何避免这种状况发生呢？无疑只有完全靠内心的自我调节。

推销员其实是个助人的好角色，你无须害怕。

坚持不懈才能成功

销售心理学一点通：一个人做事没有耐心、没有恒心是很难成功的。

一个人做事没有耐心、没有恒心是很难成功的。因为任何一件事的成功都不是偶然的，它需要你耐心地等待。同样，一个人做事不坚持，他就很难看到成功，因为他在成功到来之前就放弃了。

一个人的毅力决定了我们在面对困难、失败、挫折、打击时，是倒下去还是屹立不倒。一个人如果想把任何事进行到底，单单靠着“一时的冲劲”是不行的，还需要毅力。

世界潜能大师博恩·崔西曾说过：“现在世界上大部分的人都处在不耐心的状态下，有许多人做销售、做推销有一个非常奇怪的习惯。东边有一只兔子，去追；西边有一只兔子，也去追；南边有一只兔子，也去追；北边有一只兔子，还去追。追来追去，一只兔子也追不到。所以，成功永远只有耐心不耐心的问题，要成功就要坚持只追一只兔子。”

有位国际著名的推销大师即将告别他的推销生涯，应行业协会和社会各界的邀请，他将在该城最大的体育馆做告别职业生涯的演说。

那天，会场座无虚席，人们在热切地等待着那位当代最伟大的推销员做精彩的演讲。当大幕徐徐拉开，6个彪形大汉抬着一个巨大的铁球走到舞台中央。

一位老者在人们热烈的掌声中走了出来，站在铁球的一边，他就是那位今天将要演讲的推销大师。人们惊奇地望着他，不知道他要做出什么举动。

这时两位工作人员抬着一个大铁锤，放在老者的面前。老人请两个年轻力壮的人用这个大铁锤去敲打那个铁球，直到让它滚动起来。

一个年轻人抡起铁锤，全力向铁球砸去，一声震耳的响声过后，那铁球动也没动。他用大铁锤接二连三地搞了一段时间后，很快就气喘吁吁了。

另一个人也不甘示弱，接过大铁锤把铁球敲得叮当响，可是铁球仍旧一动不动。

台下逐渐没了呐喊声，观众好像认定那是没用的，铁锤是敲不动铁球的。他们在等着老人的解释。

会场恢复了平静，老人从上衣口袋里掏出一个小锤，然后认真地面对着那个巨大的铁球。他用小锤对着铁球“咚”敲了一下，然后停顿一下；再一次用小锤“咚”敲一下，停顿一下；然后又“咚”敲一下，就这样持续地用小锤敲打着。

10分钟过去了，20分钟过去了，会场早已开始骚动，有的人干脆叫骂起来，人们用各种声音和动作发泄着他们的不满。老人好像什么也没发生，仍然一小锤一小锤地工作着。人们开始愤然离去，会场上出现了大块大块的空缺。

大概在老人进行到40分钟的时候，坐在前面的一个妇女突然尖叫一声：“球动了！”霎时间会场立即鸦雀无声，人们聚精会神地看着那个铁球。那球真的以很小的幅度动了起来。老人仍旧一小锤一小锤地敲着，人们好像都听到了那小锤敲打铁球的声响。铁球在老人一锤一锤的敲打中越动越快，最后滚动起来了，场上终于爆发出一阵阵热烈的掌声。在掌声中，老人转过身来，说：“当成功来临的时候，你挡都挡不住。”

每个人在生命的每一天都要接受很多的考验。如果销售人员能够坚韧不拔，勇往直前，迎接挑战，那么一定会成功。

当好时间的主人

销售心理学一点通：虽然人们的时间一样多，但各自的成就却有差别。为什么呢？因为他们对时间的管理策略不同。

一天，时间管理专家为一群商学院的学生讲课。“我们来做个小测验。”专家拿出一个1加仑的广口瓶放在桌上。随后，他取出一堆拳头大小的石块，把它们一块块地放进瓶子里，直到石块高出瓶口再也放不下了。他问：“瓶子满了吗？”所有的学生应道：“满了。”他反问：“真的？”说着他从桌下取出一桶沙子，倒了一些进去，并敲击玻璃壁使沙子填满石块间的间隙。

“现在瓶子满了吗？”这一次学生有些明白了，“可能还没有。”一位学生应道。“很好！”他伸手从桌下又拿出一桶沙子，把沙子慢慢倒进玻璃瓶。沙子填满了石块的所有间隙。他又一次问学生：“瓶子满了吗？”“没满！”学生们大声说。然后专家拿过一壶水倒进玻璃瓶直到水面与瓶口齐平。他望着学生，“这个例子说明了什么？”一个学生举手发言：“它告诉我们：无论你的时间多么紧，如果你真的再加把劲，你还可以干更多的事！”

“不，那还不是它的寓意所在。”专家说，“这个例子告诉我们，如果你不先把大石块放进瓶子里，那么你就再也无法把它们放进去了。那么，什么是你生命中的‘大石块’呢？你的信仰、学识、梦想？或是和我一样，传道授业解惑？切切记住，得先去处理这些‘大石块’，否则你就将错过终生。”

上帝是公平的，给每个人的时间一样多，每个人一天的时间都是24小时。没有谁比谁多一分钟，亦没有谁比谁少一分钟。

我们除了把大部分时间和主要精力运用于重要事情以外，还要学会利用琐碎时间。

工作与工作之间总会出现时间的空当，人们都会在每件事情与事情之间浪费琐碎的片段时间，如等车、等电梯。这些片刻的空闲时间，如果我们不善加利用，它们就会白白溜走；倘若能够善加利用，积累起来的时间所产生的效果也是非常可观的。

推销员在等公共汽车时总有近10分钟的空当时间，若是毫无目标地与人闲聊或四下张望，就是缺乏效率的时间运用。如果每天利用这10分钟等车的时间想一想自己将要拜访的客户，想一想自己的开场白，对自己的下一步工作做一下安排，那么你的推销工作一定能顺利展开。不要小看这不起眼的几分钟，说不定正是在这几分钟的策划下，你的推销就取得了成功。

妥善地规划行程也是有效利用时间的方法。

在时间的运用上，最忌讳的是缺乏事前计划，想到哪里就做到哪里，这是最浪费时间的。推销员拜访客户时，从甲客户到丙客户的行程安排中，遗漏了两者中间还有一个乙客户的存在，等到拜访完丙客户时，才又想到必须绕回去拜访乙客户，这就是事先未做好妥善的行程规划所致，如此一来，做事的效率自然事倍功半。另外，某些私人事务也可以在拜访客户的行程中顺道完成，以减少往返时间的浪费，如交水电费、交电话费、寄信、买车票等。因此，一份完整的行程安排表是不可或缺的。

要做时间的主人还要有积极的时间概念。

凡事必须定出完成的时间，才会迫使自己积极地掌握时间。就比如住得近的人容易晚到一样，其原因是住得近，容易忽略时间。例如，一些推销员为了方便上班，在离公司一步之遥的地方租房子，因为很快就可以到达公司，但也容易养成磨磨蹭蹭的坏习惯，结果往往是快迟到的时候，才惊觉时间已经来不及了。事实上，不是时间不够用，而是因为消极的心态让你疏忽了时间的重要性。因此，要改变自己的想法，就必须用正确而积极的态度对待时间管理，要求自己凡事都得限时完成，如此才能提高工作效率。

推销员是可以自由支配自己时间的人，如果没有时间概念，不能有效地管理好自己的时间，那么想推销成功就无从谈起。

自信的人一定会赢

销售心理学一点通：信心是我们获得财富、争取自由的出发点。有句谚语说得好："必须具有信心，才能真正拥有。"

每当海菲在推销商品的过程中遇到挫折时，他会想：我是世界上独一无二的，我是上帝创造的杰作和奇迹，即使当我屡被拒绝。我真是自然界伟大的奇迹，我将永远不再自怜自贱，而且从今天起，我要加倍重视自己的价值。

因为他坚信《羊皮卷》中的真言乃是神的谕旨，于是他毫无顾忌地大声诵读起来：

我相信，我是自然界最伟大的奇迹。

我不是随意来到这个世间的。我生来应为高山，而非草芥。从今天起，我要倾尽全力成为群峰之巅，发挥出最大的潜能。

我要汲取前人的经验，了解自己及手中的货物，这样才能更大程度地增加销量。我要斟酌词句，反复推敲推销时所用的语言，因为这关系到事业的成败。我知道，许多成功的推销员其实只有一套说辞，却能使他们无往不利。我还要不断改进自己的仪表和风度，因为这是最能吸引别人的关键。

真正的自信不是孤芳自赏，也不是夜郎自大，更不是得意忘形、自以为是和盲目乐观；真正的自信就是看到自己的强项并加以肯定、展示或表达。它是内在实力和实际能力的一种体现，能够清楚地预见并把握事情的正确性和发展趋势，引导自己做得最好或更好。

世界酒店大王希尔顿用200美元创业起家，有人问他成功的秘诀，他说："信心。"拿破仑·希尔说："有方向感的自信心，令我们每一个意念都充满力量。当你有强大的自信心去推动你的致富巨轮时，你就可以平步青云。"美国前总统里根在接受《SUCCESS》杂志采访时说："创业者若抱有无比的信心，就可以缔造一个美好的未来。"

只有先相信自己，别人才会相信你。多诺阿索说：“你需要推销的首先就是你的自信，你越是自信，就越能表现出自信的品质。”一个人一旦在自己心中把自己的形象提升之后，其走路的姿势、言谈、举止无不显示出自信、轻松和愉快。

如果没有坚定的自信去勇于面对责难和嘲讽，去不断地尝试着动摇和挑战权威，那么爱迪生不可能发明电灯，莫尔斯不可能发明电报，贝尔不可能发明电话。居里夫人说：“我们的生活都不容易，但是，那有什么关系？我们必须有恒心，尤其要有自信心，我们的天赋是用来做某件事情的，无论代价多么大，这件事情必须做到。”

汤姆·邓普西生下来的时候只有半只左脚和一只畸形的右手，父母从不让他因为自己的残疾而感到不安。结果，他能做到任何健全男孩所能做的事：如果童子军团行军10千米，汤姆也同样可以走完10千米。

后来他学踢橄榄球，他发现，自己能把球踢得比在一起玩的男孩子都远。他请人为他专门设计了一只鞋子，参加了踢球测验，并且得到了冲锋队的一份合约。

但是教练却尽量婉转地告诉他，说他“不具备做职业橄榄球员的条件”，劝他去试试其他的事业。最后他申请加入新奥尔良圣徒球队，并且请求教练给他一次机会。教练虽然心存怀疑，但是看到这个男子这么自信，对他有了好感，因此就留下了他。

两个星期之后，教练对他的好感加深了，因为他在一次友谊赛中踢出了55码并且为本队得了分。这使他获得了专为圣徒队踢球的工作，而且在那一季中为他的球队得了99分。

他一生中最伟大的时刻到来了。那天，球场上坐了6.6万名球迷。球是在28码线上，比赛只剩下几秒钟。这时球队把球推进到45码线上。“邓普西，进场踢球！”教练大声说。

当邓普西进场时，他知道他的队距离得分线有54码远。球传接得很好，邓普西一脚全力踢在球身上，球笔直地向前飞去。但是踢得够远吗？6.6万名球迷屏住气观看，球在球门横杆之上几英寸的地方越过，接着终端得分线上的裁判举起了双手，表示得了3分，汤姆的球队以19比17获胜。球迷为踢得最远的一球而兴奋得狂呼高叫，因为这是只有半只左脚和一只畸形的手的球员踢出来的！

“真令人难以相信！”有人感叹道。但是邓普西只是微笑。他想起他的父母，他们一直告诉他的是他能做什么，而不是他不能做什么。他之所以创造了这么了不起的纪录，正如他自己说的：“他们从来没有告诉我，我有什么不能做的。”这就是自信。

烦恼是看不见的“瘟疫”

销售心理学一点通：烦恼会影响血液循环，以及整个神经系统。很少有人因为工作过度而累死，可是真有人是烦死的。

我们许多人一生都背负着两个包袱，一个包袱装的是“昨天的烦恼”，一个包袱装的是“明天的忧虑”。人只要活着就永远有昨天和明天，所以，人只要活着就永远背着这两个包袱。

其实，你完全可以选择另外一种生活，你完全可以去掉这两个包袱，把它们扔进大海里、扔进垃圾堆里。没有人要求你要背负着这两个包袱。

忧能伤人，尔士·梅耶医生说："烦恼会影响血液循环，以及整个神经系统。很少有人因为工作过度而累死，可是真有人是烦死的。"

素珊第一次去见她的心理医生，一开口就说："医生，我想你是帮不了我的，我实在是个很糟糕的人，老是把工作搞得一塌糊涂，肯定会给辞掉。就在昨天，老板跟我说我要调职了，他说是升职。要是我的工作表现真的好，干吗要把我调职呢？"

可是，慢慢地，在那些泄气话背后，素珊说出了她的真实情况。原来她在两年前拿了MBA学位，有一份薪水优厚的工作。这哪能算是一事无成呢？

针对素珊的情况，心理医生要她以后把想到的话记下来，尤其在晚上失眠时想到的话。在他们第二次见面时，素珊列下了这样的话："我其实并不怎么出色，我之所以能够冒出头来全是侥幸。""明天定会大祸临头，我从没主持过会议。""今天早上老板满脸怒容，我做错了什么呢？"

她承认说："单在一天里，我列下了26个消极思想，难怪我经常觉得疲倦，意志消沉。"

素珊听到自己把忧虑和烦恼的事念出来，才发觉自己为了一些假想的灾祸浪费了太多的精力。

现实生活中，有很多自寻烦恼和忧虑的人，对他们来说，忧烦似乎成了一种习惯。有的人对名利过于苛求，得不到便烦躁不安；有的人性情多疑，老是无端地觉得别人在背后说他的坏话；有的人嫉妒心重，看到别人超过自己，心里就难过；有的人把别人的问题揽到自己身上而自怨自艾，这无异于引火烧身。

忧虑情绪的真正病源，应当从忧烦者的内心去寻找。大凡终日忧烦的人，实际上并不是遭到了多大的不幸，而是对生活存在片面的认识。聪明的人即使处在忧烦的环境中，也往往能够自己寻找快乐。因此，当受到忧烦情绪袭扰的时候，就应当自问为什么会忧烦，从主观方面寻找原因，学会从心理上去适应你周围的环境。

所以，要在忧烦毁了你以前，先改掉忧烦的习惯。

不要去烦恼那些你无法改变的事情，你的精神气力可以用在更积极、更有建设性的事情上面。如果你不喜欢自己目前的生活，别坐在那儿烦恼，而是要设法去改善它。多做点事，少烦恼一点，因为烦恼就像摇椅一样，无论怎么摇，最后还是留在原地。

保持乐观精神很重要。人生是一种选择，不一样的选择会有不一样的结果。你选择心情愉快，你得到的也是愉快。你选择心情不愉快，你得到的也是不愉快。我们都愿意快乐，不愿意不快乐。既然这样，我们为什么不选择愉快的心情呢？毕竟，我们无法控制每一件事情，但我们可以选择我们的心情。

每个人的观念及价值观不同，所以对待同一件事情的反应也不同。你觉得是件快乐的事情，在别人看来却有点伤感。每个人都有不同的快乐标准，每个人也都有不一样的忧愁。

吃葡萄时，悲观者从大粒的开始吃，心里充满了失望，因为他所吃的每一粒都比上一粒小；而乐观者则从小粒的开始吃，心里充满了快乐，因为他所吃的每一粒都比上一粒大。

悲观者的眼光与乐观者的眼光截然不同，悲观者看到的都令他失望，而乐观者看到的都令他快乐。在销售过程中，销售员一定不要悲观，遇到问题时要学会用乐观的心态去面对。

善于规划才能高效

销售心理学一点通：没有其他办法比按重要性办事更能有效利用时间了。

身为一个推销员，必须了解，你的日程表上的所有事项并非同样重要，不应对它们“一视同仁”，这是很重要的。如果推销员列出日程表，但开始进行表上的工作时，却未按照事情的轻重缓急来处理，就会导致办事的效率偏低。

在确定了应该做哪几件事之后，推销员必须按它们的轻重缓急开始行动。许多推销员是根据事情的紧迫感，而不是事情的优先程度来安排先后顺序的。因此，这些人的做法是被动而不是主动的。成功的推销员会这样做：

首先，每天开始都有一张先后顺序表。

伯利恒钢铁公司总裁查理斯·舒瓦普曾会见效率专家艾

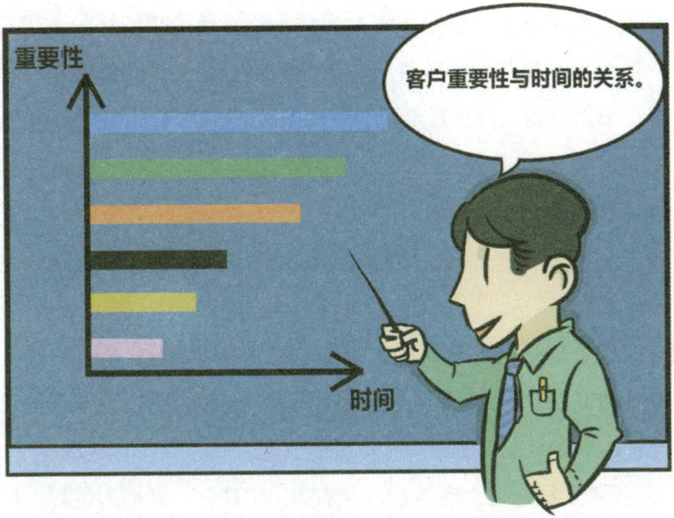

维·利。会见时，艾维·利说自己的公司能帮助舒瓦普把他的钢铁公司管理得更好。舒瓦普承认他自己懂得如何管理但事实上公司不尽如人意。可是他说需要的不是更多的知识，而是更多的行动。他说："应该做什么，我们自己是清楚的。如果你能告诉我们如何更好地执行计划，我听你的，在合理范围之内价钱由你定。"

艾维·利说可以在10分钟内给舒瓦普一样东西，这东西能把他公司的业绩提高至少50%。然后他递给舒瓦普一张空白纸，说："在这张纸上写下你明天要做的6件最重要的事。"过了一会儿又说："现在用数字标明每件事情对于你和你的公司的重要性次序。"这花了大约5分钟。

艾维·利接着说："现在把这张纸放进口袋。明天早上第一件事是把字条拿出来实施第一项。不要看其他的，只看第一项。着手办第一件事，直至完成为止。然后用同样的方法对待第二项、第三项……直到你下班为止。如果你只做完第一件事，那不要紧。保证最重要的事情先做即可。”

艾维·利又说：“每一天都要这样做。你对这种方法的价值深信不疑之后，叫你公司的人也这样干。这个试验你爱做多久就做多久，然后给我寄支票来，你认为值多少就给我多少。”

整个会见历时不到半个钟头。几个星期之后，舒瓦普给艾维·利寄去一张2.5万元的支票，还有一封信。信上说从钱的观点看，那也是他一生中最有价值的一课。

5年之后，这个当年不为人知的小钢铁厂一跃而为世界上最大的独立钢铁厂，艾维·利提出的方法功不可没。这个方法还为查理斯·舒瓦普赚得1亿美元。

人们有不按重要性顺序办事的倾向，多数人宁可做令人愉快的或是方便的事。但是没有其他办法比按重要性办事更能有效利用时间了！试用这个方法一个月，你会见到令人惊讶的效果。

其次，把事情按重要程度写下来，定个进度表把一天的时间安排好，这对于一个推销员的成功是很关键的。这样你可以每时每刻都集中精力处理要做的事。同样，把一周、一个月、一年的时间安排好。

每个月的开始，你都应该坐下来看该月的日历和本月的主要任务表。然后把这些任务填入日历中，再定出一个进度表。这样做之后，你会发现你不会错过任何一个最后期限或忘记一项任务。

亨瑞·杰克出生于美国旧金山市一个移民家庭。亨瑞因家庭条件所限，连中学都没有念完就开始自谋生路。18岁时亨瑞成为一名公交车司机，后因伤病离职。29岁时进入人寿保险推销行业，初期业绩很不理想，后来一帆风顺，成为成功的推销员。

当亨瑞远离了失业带来的痛苦，满怀信心地投入人寿险推销工作时，为了鼓励自己，他常对自己说："亨瑞，你有常人的智慧，你有一双能走路的腿，你每天走出去把保险的好处告诉四到五个人是绝不成问题的。如果你能坚持下去，就一定能够成功。"

由新生活带来的巨大积极性，使亨瑞决心每天都记日记，把每一天所做的访问详细地记录下来，以保证每天至少访问四个以上客户。通过每天记录，他发现自己每天实际上可以尝试更多的拜访；并且还发现，坚持不懈地每天访问四位客户真不是一件简单的事。亨瑞感觉到以前实在是太懒惰了，否则不至于如此落魄。

采取新的工作方法之后的第一周，亨瑞卖出了1.5万美元的保单，这个数字比其他10个新推销员卖出的总和还要多。1.5万美元的保险在别人眼里也许算不了什么，但却证明他的决定是正确的，也证明了他有能力做得更好。

为了尽量少浪费时间、拜访更多的客户，亨瑞决定不再花时间去写日记。但命运又一次捉弄了他，从他停止记日记之后，他的业绩又开始往下掉，几个月之后，他发现又回到以前那种叫天天不应、呼地地不灵的地步。亨瑞只好向公司的资深推销员求教。他向这位资深推销员讲述了自己的苦恼，对方并没有多说，只是向亨瑞推荐了一首诗。

亨瑞将自己锁在办公室里，反复诵读这首诗，进行了几个小时的反省，不停地反问自己到底是哪里出了问题。终于他明白了一个道理，业绩回落，并不是因为他偷懒，而是因为自己拜访客户无规律的结果。此后他又重新记工作日记了。

通过坚持写工作日记，亨瑞发现他每次出门的效率在不断地提升。在短短的几个月之中，他从每出门29次才能做成一笔生意上升到每出门25次就成交一笔，又到每20次一笔，直至每出门10次，甚至3次就有一笔生意成交。

通过仔细地研究工作日记，亨瑞发现有70%的生意实际上是在跟客户碰面的第二次时就成交了，其中23%是在第一次碰面时做成的，而只有7%是至少拜访了3次以上才做成的。再详细一分析，亨瑞发现，他竟在7%的生意上花掉了自己15%的时间，他不禁问自己："我为什么要事倍而功半地做这7%的生意呢？为什么不把所有的时间都集中在第一次或第二次就能成交的生意上呢？"这一顿悟使他每天出门拜访的价值开始成倍地增长。

对工作进行了调整、分析之后，亨瑞感到要使工作效率得到更大的提高，就必须把生活和工作安排得井然有序。他说："我必须花时间做好工作计划。如果每次出门之前把40张或50张客户的名片丢在一起，就认为自己已做好出发前的准备工作的话，那只能是自欺欺人。应该在每次出发之前，找出旧的工作记录，仔细地研究一下以前拜访客户时说过哪些话、做过哪些事，再写下当天拜访中要说的内容、提的建议，整理出当天的行动计划。安排好从星期一到星期五的约会时间是推销员必须做的工作。”

他发现要使一周的工作计划做得很充分，至少需要4～5个小时的时间。

这种做法使他的心态和工作效率有了很大的改观。对此，亨瑞说：“任何事情都可能由别人代劳，唯有两件事情非要自己去做不可。这两件事一是思考，一是按照计划执行。”

在接下来的一周里，亨瑞严格地按工作计划去工作，每次出门的时候，再也不会因为无准备和无目标而团团转了。他回忆那段时间时说：“从此我可以从容地带着热诚和自信去拜访每一位客户了。因为有了星期六上午的计划，我每天都渴望能见到这些客户，渴望和他们一道研究他们的情况，告诉他们我精心想出来的那些对他们有帮助的建议。在一个星期结束之后，我再也不会觉得精疲力竭，或者沮丧而没有成就感；相反，我感到前所未有的兴奋，并且迫不及待地希望下一个星期早些到来，我有信心在下一个星期得到更大的收获。”

一年之后，亨瑞骄傲地在同事面前展示了他的工作日记。一年之内他不间断地记录了12个月的工作情况，其中的每一笔记录都相当清楚，每天的每一个数字都准确无误。

几年之后，亨瑞把“自我规划日”从星期六上午移到星期五上午，使自己有更多的时间享受真正的周末。

积极的人才能成功

销售心理学一点通：你的未来将走哪一条路，决定于你的心态，决定于你在快乐或是颓丧的心态支配下的人生选择！

一个星期六的早晨，住在美国犹他州的一个牧师正在为第二天的布道词煞费苦心。他的妻子出去购物了，外面下着小雨，儿子强尼无所事事，烦躁不安。牧师随手抓起一本旧杂志，翻了翻，看见一张色彩鲜丽的世界地图。于是他把这一页撕下来，然后把它撕成小片，丢在客厅的地板上说：“强尼，你把它拼起来，我就给你一块巧克力。”

牧师心想，他至少会忙上半天，自己也能安静地思考明天的布道词。谁知不到10分钟，儿子敲响了他书房的门，他已经拼好了。牧师十分惊讶，强尼居然这么快就拼好了，每一片纸

头都拼在了它应有的位置上，整张地图又恢复了原状。

“儿子，你怎么这么快就拼好啦？”牧师问。

“噢，”强尼说，“很简单呀！这张地图的背面有一个人的图画。我先把一张纸放在下面，把人的图画放在上面拼起来，再放一张纸在拼好的图上面，然后翻过来就好了。我想，假使人拼得对，地图一定拼得不错。”

牧师非常高兴，给了儿子一块巧克力，说：“你不但拼好了地图，而且也教给了我明天布道的题目——假使一个人是对的，他的世界也是对的。”

这个故事的意义非常深刻。如果你不满意自己的现状，想力求改变它，那么首先应该改变的是你自己，即“如果你是对的，你的世界也是对的”。

心态具有无比神奇的力量。它既可以使一个人在浑噩中奋起拼搏，也可以使一个人在安逸消闲中腐化堕落。你的未来将走哪一条路，决定于你的心态，决定于你在快乐或是颓丧的心态支配下的人生选择。每个人都为不同的心态所驱使，哈佛哲学告诉我们：你要认识你自己，你要相信自己不是在地面踱步的鸭子，而是要变成一只展翅高飞、翱翔万里的雄鹰！

拿破仑·希尔曾讲过这样一个故事，相信它会对每个推销人员都有所启发：

塞尔玛陪伴丈夫驻扎在一个沙漠的陆军基地里。丈夫奉命到沙漠里去演习，她一个人留在陆军的小铁皮房子里，天气热得受不了——在仙人掌的阴影下也有125华氏度。她没有人可以聊天——身边只有墨西哥人和印第安人，而他们不会说英语。

她非常难过，于是就写信给父母，说要丢开一切回家去。她父亲的回信只有两行，这两行信的内容却永远留在她心中，完全改变了她的生活：两个人从牢中的铁窗望出去，一个看到了泥土，一个却看到了星星。

看了回信的塞尔玛非常惭愧：父亲能从不同的角度看问题，我为什么不能呢？她很感谢自己的父亲，决定要在沙漠中找到“星星”。于是，塞尔玛开始有意识地和当地人交朋友，她主动地接近当地人，同当地人聊天，并对他们的纺织、陶器表示出兴趣，他们就把最喜欢但舍不得卖给观光客人的纺织品和陶器送给了她。这一切使塞尔玛高兴极了，并开始研究那些引人入胜的仙人掌和各种沙漠植物。她观看沙漠日落，还寻找海螺壳，这些海螺壳是几万年前这沙漠还是海洋时留下来的。原来难以忍受的环境变成了令人兴奋、流连忘返的奇景。

沙漠没有改变，印第安人也没有改变，改变的只是塞尔玛的心态。一念之差，使她把原先认为恶劣的环境变为一生中最有意义的冒险乐园。她为发现新世界而兴奋不已，终于看到了“星星”。

生活中，好多推销人员一遇到困难总是想：“我不行，还是算了吧。”不言而喻，他们失败了。成功者遇到困难，仍然保持积极的心态，用“我要！我能”“一定有办法”等积极的意念鼓励自己，于是便能想尽方法，不断前进，直到成功。

拿破仑·希尔说，一个人能否成功，关键在于他的心态。成功人士与失败者的差别在于成功人士有积极的心态，而失败者则习惯于用消极的心态去面对人生。

我们从来没有见过持消极心态的人能够取得持续的成功。即使碰运气能取得暂时的成功，那成功也是昙花一现，转瞬即逝。

积极的心态实际上就是一种信念——相信自己，相信自己成功的能力。只有自己相信才能让别人相信，才能让别人看到一个乐观、自信的推销人员，他们才愿意买你的产品，因为是你的心态影响了他们的购买。

决心是制胜的法宝

销售心理学一点通：决心是制胜的法宝，克服优柔寡断，下定决心，那么一切困难都变成暂时性的了。

很多推销员害怕顾客的拒绝，在磋商过程中始终在等待一个最好的机会以便提出成交请求，但遗憾的是，很多推销员无法清晰地辨认出真正的成交信号，于是在自己主观的彷徨与选择中失去最好的机会。

在销售场合中，推销员不仅要做到业务精通、口齿伶俐，还必须做到善于察言观色。推销员在出示产品之外，还必须做更多的努力，在这个时候有些推销员会感到力不从心，尤其是看到客户并不急于购买时，就容易丧失信心。但是如果推销员能够关注客户购买心理的阶段性变化，如注意力的转移、言语的变化，甚至口气的变化，然后针对这些变化采取针锋相对的措施，往往能够迅速达成交易。当然这需要推销员具有察言观色的能力。

决心是取胜的法宝，克服优柔寡断的最佳方法就是下定决心。

马丹诺做推销员的时候只有17岁，他所有的亲戚朋友都非常反对他做推销员，所以马丹诺只有从拜访陌生人开始自己的工作。可是他又害怕在敲别人家门或跟陌生人谈论产品的时候会被拒绝，因此业绩一直无法突破。有一天，马丹诺的经理跑来找他，对他说："你今天跟我去拜访。"

马丹诺跟他下楼走到马路上，经理看到对面有一个小女孩，就告诉马丹诺："假如我走过这条马路后还没有办法向她推销产品，我走回马路时就让车撞死。"马丹诺听后吓了一大跳，心想他怎么可以说出这种话。

马丹诺看他走过马路，开始向这位小女孩推销产品，15分钟之后，他就把产品卖出去了。

于是，马丹诺开始向陌生人推销。可是，当他向陌生人开口的时候，头脑里马上想到万一被拒绝怎么办，于是心里又打起退堂鼓了。

后来马丹诺回到公司里面，找了一位同事并带他下楼，对他说："你看着，假如我无法向对面那个陌生人推销产品的话，我就走回马路让车撞死。"

当马丹诺说完这句话的时候，他的脑海里一片空白，根本不知道该如何推销。马丹诺不得不硬着头皮走过去，开始与陌生人交谈，他根本不知道自己要说什么，但是又不能走回头路，因为他刚刚做过承诺、发过誓，于是马丹诺使出浑身解数向这位陌生人推销产品。20分钟之后，不可思议的事情发生了：陌生人买了马丹诺的产品。

后来马丹诺发现，原来是自己的决心帮助自己推销成功的。

在马丹诺20岁那年，他学习了一门课程，在课堂上老师告诉他："下一次还有一门非常棒的课程，这门课程可以帮助我们激发所有的潜能，让自己能够成为顶尖人物。"

马丹诺说："这门课程很好，可我没有钱，等我存够了钱再上。"这时候老师问他："你到底是想成功，还是一定要成功？"

马丹诺说："我一定要成功。"他又问马丹诺："假如你一定要成功的话，请问你会怎样处理这件事情？"

于是马丹诺说，自己立刻借钱来上课。

当然，上完课之后，马丹诺有了很大的进步。

于是，老师又告诉他们："下次还有一门课程，仍然相当棒，会教授领导与推销方面的知识。"

马丹诺听了之后非常兴奋，可是他还是没有钱，想等到明年再上。

当时老师又问他："你到底是想成功，还是一定要成功？"他又回答："我当然一定要成功啊！"

"你一定要成功，那你要等到什么时候才来上课？你的收入不够，所以你没有钱，你更应该来上课才是，你说是不是呢？"于是马丹诺又借钱来上课。就这样反反复复，他一共借了十几万元来上课。

当上完这些课程之后，马丹诺的人生发生了一个非常大的改变，他认为自己这一辈子是在那几次课程中塑造出来的。

谦虚让你有求必得

销售心理学一点通：在和客户交往中，谦虚一点、“愚蠢”一点，反而是聪明的表现。所以我们要时刻保持谦虚。

一个人有一点能力，取得一些成绩和进步，产生一种满意和喜悦感，这是无可厚非的。但如果这种“满意”发展为“满足”，“喜悦”变为“狂妄”，那就成问题了。这样，已经取得的成绩和进步，将不再是通向新胜利的阶梯和起点，而成为继续前进的包袱和绊脚石，就会酿成悲剧。

在这个世界上，谁都在为自己的成功拼搏，都想站在成功的巅峰上风光一下。但是成功的路只有一条，那就是学习。在这条路上，人们都行色匆匆，有许多人就是在稍一回首、品味成就的时候被别人超越了。因此，有位成功人士的话很值得借鉴：“成功的路上没有止境，但永远存在险境；没有满足，却永远存在不足；在成功路上立足的最基本的要点就是学习，学习，再学习。”

真正有本事、胸怀大志的人是不容易骄傲的。倒是那些

胸无大志、一知半解的人，很容易骄傲。要在成功的道路上走得稳健，必须戒骄戒躁，永不自满。销售员要以一种空杯为零的态度虚心学习，养成进取上进的良好习惯，这样才能取得成功。

克服恐惧心理促成交

销售心理学一点通：你必须认识到拒绝不是针对个人的，拒绝与你个人没有任何关联。

销售人员是遭遇拒绝最频繁的人群，许多初入此行的人容易因挫折而灰心丧气。这个时候销售人员最应该做的事情是反省自身，提高销售技巧。最重要的是，不要被拒绝打垮。

小王是一名普通的推销员，入职不久，只和熟人做过几单小生意。有一次，出于业务需要，他约了一家大公司的老板谈生意。这次机会很难得，经过多次预约，这位老板才答应和他见面。如果生意谈成，他至少能拿到几十万的订单。

自己从来没有接触过这种级别的人物，一想到此小王就非常紧张，生怕会出什么乱子。进到对方的办公室之后，他更是一下子被那豪华气派的装饰震慑住了，以至于见到这位老板之后，结结巴巴几乎说不出话来。经过很大努力，他终于结结巴巴地说出来几句话："王老板，我早就……想见您……现在我来了，却紧张得说不出话来。"王老板修养很好，一直微笑地看着他。

奇怪的是，他开口承认自己心中的恐惧之后，恐惧却一下子不复存在了，下面的谈话就顺利得多了。有过这次偶然的经历，他得出了一条很管用的小窍门：每次遇到紧张的情况，就自己主动承认，然后紧张就自动消除了。

《羊皮卷》上说："我不是注定为了失败才来到这个世界上的，我的血脉里也没有失败的血脉在流动。我不是任人鞭打的羔羊，我是猛虎，不与羊群为伍。我不想听失败者的哭泣、抱怨者的牢骚，这是羊群中的性情，我不能被它传染。失败者的屠宰场不是我人生的归宿。

"从今往后，我每天的奋斗就如同对参天大树的一次砍击，前几刀可能留不下痕迹，每一击似乎微不足道，然而，积累起来，巨树终将倒下。这正如我今天的努力。"

李贵是一名保险推销员。刚开始做销售的时候，他很敏感，不单是害怕拒绝，哪怕客户的一句冰冷的话语或一个冷漠的眼神都会让他感觉如芒刺在背。有一次，他甚至和一个心急气躁的客户吵了起来。

由于长期沉浸在这种压抑状态中无法自拔，李贵的工作效率很低。虽然工作时间比别人长，也比别人努力，可是销售成绩却一直赶不上别人。

他偶然遇到了一位销售界的前辈高手，向对方倾诉自己的苦衷。对方听到他的事情，语重心长地跟他讲了一席话，让他茅塞顿开、获益匪浅："你的敏感其实是没有意义的。你想啊，如果一个客户拒绝了你，你以后就不会再见到这个人。在乎一个不存在的人的拒绝，岂不是很好笑？当然，一次拒绝并不代表就没有机会。如果你最终得到了这个客户，那么之前的拒绝就属于成功的过程，该值得骄傲才是。你以前之所以销售成绩不好，就是因为对失败和拒绝一直耿耿于怀。如果能够一笑而过，就既能让自己心情愉快，遗忘那些不开心的事，同时也容易获得客户的好感。何乐而不为呢？”

俗话说万事开头难，做销售也不例外。对新手来讲，要顺利开展销售，有两个主要障碍需要克服。这两个障碍都是精神层面的，即“害怕失败”和“害怕拒绝”。

第一个案例告诉我们，承认害怕有助于消除害怕。初入行的销售人员都可以借鉴这个窍门。尤其不要害怕与大人物见面，而要把它当成是一种机会。当你遇见一个让你害怕的大人物时，要直言不讳地承认你的恐惧，不要因害怕出丑而故意遮掩。

害怕拒绝，是另外一种恐惧心理。顶尖销售人员当然已经达到不怕拒绝的境界。如果有人对他们说“不”，他们也不会因此感到受伤或气馁，他们不会因为遭到拒绝而沮丧地退回办公室或车里，因为他们有着强烈的自尊心和自我意识。但是很多销售员尤其是新手，常常会害怕潜在客户说“不”，害怕目标客户可能会对自己无礼、反感或批评。

按照定律，80%的销售拜访都会以被拒绝告终，原因可能是多方面的。但这并不一定就意味着销售人员自身或者他所销售的产品或服务有什么不好。人们说“不”只不过因为他们不需要、不想要、不能用、买不起或者别的原因。你必须认识到拒绝不是针对个人的，拒绝与你个人没有任何关联。克服了这两道障碍，不再害怕失败，不再害怕拒绝，你就成功了一半。

学习应成为你的信仰

销售心理学一点通：爱默生说："知识与勇气能够造就伟大的事业。"推销员想成功，就要持续不断地学习，让自己的知识随时储备，不断更新。

有人认为销售只是一项技术活，完全靠嘴皮子说话，只需跟客户搞好关系，个人的学习和修养无关紧要。其实，最优秀的销售员是最善于学习、最勤于学习的。学习不仅是一种态度，而且是一种信仰。

原一平有一段时间，一到星期六下午，就会自动失踪。

原一平的太太久惠是有知识有文化的日本妇女，因原一平书读得太少，经常听不懂久惠话中的意思。另外，因业务扩大，认识了更多更高层次的人，许多人的谈话内容原一平也是一知半解。

所以，原一平选了星期六下午为进修的时间，并且决定不让久惠知道。

每周原一平都事先安排好主题。

原本久惠对原一平的行踪一清二楚，可是自从原一平开始进修后，每到星期六下午就失踪了。久惠很好奇地问原一平："星期六下午你到底去了哪里？"

原一平故意逗久惠说："去找小老婆啊！"

过了一段时间，原一平的知识长进了不少，与人谈话的内容也逐渐丰富了。

久惠说："你最近的学问长进不少。"

“真的吗？”

“真的啊！从前我跟你谈问题，你常因不懂而躲避，如今你反而理解得比我还深入，真奇怪。”

“这有什么奇怪呢？”

“你是否有什么事瞒着我呢？”

“没有啊。”

“还说没有，我猜想一定跟星期六下午的小老婆有关。”

事情到了这个地步，原一平只好全盘托出。

“我感到自己的知识不够，所以利用星期六下午的时间，到图书馆去进修。”

"原来如此，我还以为你的小老婆才智过人。"

经过不断努力，原一平终于成为推销大师。

无论什么时候，学习都是非常重要的事情。要时时储备知识，对知识要做好更新工作，真正的幸运之神永远在有实力的人旁边，只有不断地学习、不断地进步，幸运之神才会来到你身边。

有许多推销员，特别是新手，都会苦于没有足够的推销信息。信息从哪里来呢?

让我们看看这位推销员是怎样说的吧。

"你得多参加公共活动，多看书报杂志，多动脑子，这样才能获取大量信息。说白了就是要不断学习，不断丰富充实自己。"

有人问："你哪有时间读书报杂志并琢磨它呢？"

他回答："要学会利用时间。"

也许有人会说挤不出时间，那么他永远也不会成功。

爱默生说："知识与勇气能够造就伟大的事业。"推销员想成功，就要持续不断地学习，让自己的知识随时储备，不断更新。

在当今社会，要想永远立于不败之地，就必须使自己拥有核心的竞争力。想拥有超强的核心竞争力，就必须拥有超强的学习力。

销售人员需要不断学习的知识主要包括以下几种：

1. 不断学习市场营销知识

作为一名优秀的推销员，其任务就是对企业的市场营销活动进行组织和实施。因此，必须具有一定的市场营销知识，这样才能在理论基础上、实践活动及探索和把握市场销售的发展趋势上占优势。

2. 不断学习心理学知识

现代企业的营销活动是以人为中心的，它必须对人的各种行为，如客户的生活习惯、消费习惯、购买方式等进行研究和分析，以便更好地为客户提供最大的方便与满足；同时实现企业利益的增加，为企业的生存和发展赢得一定的空间。

3. 掌握一定的企业管理知识

一方面是为满足客户的要求，另一方面是为了使推销活动体现企业的方针政策、达到企业的整体目标。

4. 不断学习市场知识

市场是企业和推销员活动的基本舞台，了解市场运行的基本原理和市场营销活动的方法，是企业和推销获得成功的重要条件。

懂得在反省中获得进步

销售心理学一点通：苏格拉底说："没有经过反省的生命，是不值得活下去的。"有迷才有悟，过去的"迷"正好是今日"悟"的契机。

很多销售员喜欢抱怨客户，抱怨老板，但就是不会反省，认识不到自己身上的缺点和毛病，结果是屡犯错误，难以获得提升或成长。而只有善于反省，才不会重复犯错误，才能一步一个脚印地前进。

日本近代有两位一流的剑客，一位是宫本武藏，另一位是柳生又寿郎。宫本是柳生的师父。

当年，柳生拜师学艺时，问宫本：“师父，根据我的资质，要练多久才能成为一流的剑客呢？”

宫本答道：“最少也要10年！”

柳生说：“哇！10年太久了。假如我加倍努力地苦练，多久可以成为一流的剑客呢？”

宫本答道：“那就要20年了。”

柳生一脸狐疑，又问：“如果我晚上不睡觉，夜以继日地苦练，多久可以成为一流的剑客呢？”

宫本答道：“你晚上不睡觉练剑，必死无疑，不可能成为

一流的剑客。”

柳生颇不以为然地说：“师父，这太矛盾了。为什么我越努力练剑，成为一流剑客的时间反而越长呢？”

宫本答道：“要当一流剑客的先决条件，就是必须永远保留一只眼睛注视自己，不断地反省。现在你两只眼睛都看着一流剑客的招牌，哪里还有眼睛注视自己呢？”

柳生听了，当场开悟，终成一代名剑客。

从这个故事得到的启示是，要当一流的剑客，光是苦练剑术不管用，必须永远留一只眼睛注视自己，不断地反省。同理，要当一流的推销家，光是学习推销技巧也不管用，也必须永远留一只眼睛注视自己。

反省就是反过身来省察自己，检讨自己的言行，看自己犯了哪些错误，看有没有需要改进的地方。

一般来说，自省心强的人都非常了解自己的优劣，因为他时时都在仔细检视自己。这种检视也叫作“自我观照”，其实质也就是跳出自己的身体之外，从外面重新观看审察自己的所作所为是否合理。这样做就可以真切地了解自己了。

能够时时审视自己的人，一般都很少犯错，因为他们会时时考虑：我到底有多少力量？我能干多少事？我该干什么？我的缺点在哪里？为什么失败了或成功了？这样做就能轻而易举地找出自己的优点和缺点，为以后的行动打下基础。

主动培养自省意识也是一种能力。要培养自省意识，首先得抛弃那种“只知责人，不知责己”的习惯。

推销员一定要勤奋

销售心理学一点通：推销这一行和其他行业一样，都需要勤奋。勤能补拙，勤奋造就天才。

推销员选择了勤奋，就相当于选择了成功。勤能补拙，大发明家爱迪生曾说，天才是一分的天资，加上九十九分的努力。意思是说，后天的努力才是成功的重点所在。有些人知识储备不足，学习能力不如别人，专业水平也不够，却想出人头地，这时只有勤奋能助他成功。

作为一个优秀的推销员，要勤于接触客户。

俗话说“见面三分情”，人与人之间如果有几分熟悉，说起话来就亲切许多。中国人比较注重情感的交流，所以客户的培养必须从勤于接触开始，找机会和客户建立友谊，从内心深处真诚地关心客户，自然就可以获得相对的认同，面对推销员的要求，客户也就不好意思拒绝了。特别是在谈话之中，若能善用肢体的接触，更可以影响对方的思想。不过在面对女性客户时，使用这种方式要注意把握尺度。

一个杰出的推销员，需要勤练推销技巧。

没有人天生就具备超乎常人的推销能力，任何推销技巧都必须学习。

在学习之后必须不断地练习以提升自己的胆量，长久累积，推销能力就会有一个质的飞跃。需要注意的是，推销员千万不要好高骛远，许多不切实际的人往往是说得多做得少，光说不练绝对是无法达到目标的。

总之，推销这一行和其他行业一样，都需要勤奋。勤能补拙，勤奋造就天才。

微笑是谁都无法抗拒的魅力

销售心理学一点通：一个人亲切、温和，洋溢着笑意，远比他穿着一套高档、华丽的衣服更引人注意，也更容易受人欢迎。

威廉是美国推销寿险的顶尖高手，年收入高达百万美元。他成功的秘诀就在于拥有一张令客户无法抗拒的笑脸。但那张迷人的笑脸并不是天生的，而是长期苦练出来的。

威廉原来是美国家喻户晓的职业棒球明星球员，到了四十几岁因体力日衰而被迫退休，而后去应征保险公司推销员。

他自以为凭他的知名度理应被录取，没想到竟被拒绝。人事经理对他说："保险公司推销员必须有一张迷人的笑脸，但你却没有。"

听了经理的话，威廉并没有气馁，立志苦练笑脸，他每天在家里放声大笑上百次，邻居都以为他因失业而发神经了。为避免误解，他干脆躲在厕所里大笑。

经过一段时间练习，他去见经理。可经理说还是不行。

威廉没有泄气，继续苦练。他搜集了许多公众人物迷人的笑脸照片，贴满屋子，以便随时观摩。

他还买了一面与身体同高的大镜子摆在厕所里，只为了每天进去大笑三次。隔了一阵子，他又去见经理，经理冷冷地说：“好一点了，不过还是不够吸引人。”

威廉不认输，回去加紧练习。一天，他散步时碰到社区管理员，很自然地笑了笑，跟管理员打招呼，管理员说：“威廉先生，您看起来跟过去不太一样了。”这话使他信心大增，立刻又跑去见经理，经理对他说：“是有点意思了，不过仍然不是发自内心的笑。”

威廉仍不死心，又回去苦练了一阵，终于悟出“发自内心如婴儿般天真无邪的笑容最迷人”，并且练成了那张价值百万美元的笑脸。

推销大师乔·吉拉德说，有人拿着价值100美元的东西，却连10美元都卖不掉，为什么？你看看他的表情！要推销出去，自己的面部表情很重要：它可以拒人千里，也可以使陌生人立即成为朋友。

笑可以增加你的价值。吉拉德这样解释他富有感染力并为他带来财富的笑容：皱眉需要9块肌肉，而微笑，不仅用嘴、用眼睛，还要用手臂、用整个身体。

“当你笑时，整个世界都在笑。一脸苦相没有人愿意理睬你。”他说。从今天起，直到你生命最后一刻，用心笑吧。

我国有句俗语，叫“非笑莫开店”，意思是做生意的人要经常面带笑容，这样才会讨人喜欢、招徕顾客。这也如另一句俗话所说：“面带三分笑，生意跑不了。”

纽约一家大百货商店的人事部主任曾说过，他宁愿雇用一个有着可爱微笑的小学未毕业的女职员，而不愿雇用一位面孔冷淡的哲学博士。原一平取得成功的一个最大秘诀，就是他善于微笑。原一平认为：对推销人员而言，“笑”至少有下列10大好处：

（1）笑能把你的友善与关怀有效地传递给准顾客。

（2）笑能拆除你与准顾客之间的“篱笆”，敞开双方的心扉。

（3）笑使你的外表更迷人。

（4）笑可以消除双方的戒心与不安，以打破僵局。

（5）笑能消除自卑感。

（6）你的笑能感染对方，让对方也笑，创造和谐的交谈基础。

（7）笑能建立准客户对你的信赖感。

（8）笑能去除自己的哀伤，迅速地重建自信心。

（9）笑是表达爱意的捷径。

（10）笑会增进活力，有益健康。

在现实工作、生活中，一个人对你满面冰霜、横眉冷对，而另一个人对你面带笑容、温暖如春，他们同时向你请教一个工作上的问题，你更欢迎哪一个？显然是后者。你会毫不犹豫地对他知无不言、言无不尽；而对前者，恐怕就恰恰相反了。

一个人亲切、温和，洋溢着笑意，远比他穿着一套高档、华丽的衣服更引人注意，也更容易受人欢迎。因为微笑是一种宽容、一种接纳，它缩短了彼此的距离，使人与人之间心心相通。喜欢微笑着面对他人的人，往往更容易走入对方的天地。难怪学者们强调：“微笑是成功者的先锋。”

的确，如果说行动比语言更具有力量，那么微笑就是无声的行动。它所表达的是："我很满意你，你使我快乐，我很高兴见到你。"笑容是结束谈话的最佳"句号"，这话真是不假。

有微笑面孔的人，就会有希望。因为一个人的笑容就是他传递好意的信使，他的笑容可以照亮所有看到它的人。没有人喜欢帮助那些整天皱着眉头、愁容满面的人，更不会信任他们；很多人在社会上站住脚是从微笑开始的，在社会上获得了极好的人缘是从微笑开始的，在事业上畅行无阻也是通过微笑获得的。微笑是十分奇妙的，它能在生活中荡开一层层涟漪，把生活的湖泊变成一种源自于生命深处的美感。

任何一个人都希望自己能给别人留下好感，这种好感可以创造出一种轻松愉快的气氛，可以使彼此结成友善的联系。一个人在社会上就是要靠这种愉快的联系才能立足，而微笑正是打开愉快之门的金钥匙。

PART 02

金科玉律的指引——金牌销售员要铭记的十二条心理定律

二八定律：抓住重要客户

销售心理学一点通：销售中的“二八定律”通常是指80%的订单来自20%的客户。

有位十分勤快的销售人员，几乎每个月都会把他负责的所有客户像梳子一样梳两遍，而且时间分布得相当均匀，大概算下来整个销售团队里就数他出差最多。可奇怪的是，他的业绩并不好。这位销售人员也很纳闷，自己问自己：“不是说付出会有回报吗？为什么到我这儿就不适用了呢？”

销售主管看到他日渐消沉，于是找到他，并帮他分析问题出在哪里。当销售主管问清楚销售人员的销售举动后，对他说：“你这样的工作热情非常好，它可以帮助你充分地了解你负责的所有客户的大体情况，但是你的业绩不理想，是因为没有遵守‘二八定律’。”

“二八定律”是意大利著名经济学家维佛列多·巴瑞多提出的学说，在当时的意大利，80%的财富为20%的人所拥有，并且这种经济趋势在全世界存在着普遍性——这就是著名的“80∶20原理”。后来人们发现，社会中许多事物的发展都符合这一法则。比如，社会学家说，20%的人身上集中了人类80%的智慧，他们一生卓越；管理学家说，一个企业或一个组织往往是20%的人完成80%的工作任务，创造80%的财富。

销售也是如此。销售中的“二八定律”通常是指80%的订单来自20%的客户。例如，一个成熟的销售人员如果统计自己全年签订单的客户数目有10个，签订的订单有100万，那么按照“二八定律”，其中的80万应该只来源于两个客户，而其余8个客户总共不过贡献20万的销售额。这在销售界是经过验证的，所以又叫“二八铁律”。

在现实的工作中，还有这样一种情况：有些刚从事销售工作的新手确实不知道这个“二八定律”，而有些销售人员则是存在“畏难心理”而陷入误区的。比如，那些重要的大客户往往由于事务繁忙，平常不愿意见销售人员，即使见面也只有很短的时间，而那些不太重要的客户本来就相对比较空闲，有人倒是很愿意和销售人员说话，并且聊得很投机。渐渐地，对自己态度友好、有时间的客户那里，销售人员就经常去；而对自己态度冷淡、没有时间和自己聊的大客户那里，销售人员就不喜欢去，甚至怕去，导致销售人员把大把的时间都花在不出产订单的地方了。

所以，通过了解并掌握这个“二八定律”，销售员可以做到事半功倍。首先在较短的时间内准确判断出究竟哪些客户是高产客户，值得分配80%的精力去频频拜访，而哪些客户只需要保持一定频率的联系即可。然后是克服自身的心理障碍，敢于在难接触但是重要的客户那里投入时间和精力，最终将订单拿下。

我们将“二八定律”更进一步引向推销领域，同样具有指导意义，具体表现在以下几点：

对于刚从事销售工作的你来说，一定要拿出80％的时间和精力去向内行学习、请教，或用80％的时间和精力去参加培训。这样，在你真正从事推销工作的时候，你就可以用20％的时间和精力来取得80％的业绩。如果你一开始只用20％的时间和精力去学习新东西，那么，你花了80％的时间和精力，也只能取得20％的业绩。

对推销员来说，第一印象十分重要，而第一印象80％来自仪表。所以，花20％的时间修饰一番再出门是必要的。在客户面前，你一定要花80％的努力去微笑。微笑是友好的信号，它胜过你用80％的言辞所建立起的形象。如果在客户面前，你只有20％的时间是微笑的，那么，会有80％的客户不愿看见你。

如果你要与一位重要客户商谈，最好能够了解他80％的个人“资讯”，对其个性、爱好、家庭、阅历掌握得越多越好，这样当你向他面对面推销的时候，只花20％的努力就可以达到80％的成功希望。如果你对客户一点儿都不了解，尽管你付出了80％的努力，也只有20％的成功希望。

“勤奋”应该作为你的灵魂。在你的推销生涯中，80％的时间是工作，20％的时间是休息。

80％的客户都会说你推销的产品价格高、质量差，杀价是客户的本能，但你大可不必花80%的口舌去讨价还价，你只需用20%的力量去证明你的东西为什么价格高就足够了。另外，一定要拿出80%的时间证明它能够给客户带来多大的好处，这才是重要的。

跨栏定律：勇于跨越缺陷

销售心理学一点通：相信上帝在关上一扇门的同时也会打开一扇窗户，多点坚韧，你会找到成功销售的突破点。

阿弗烈德·艾德勒小时候，有天早上醒来，突然发现他弟弟死在床上，就在他身旁。这使他下了一个决心：做个医生，和死神搏斗。

艾德勒行医之初，发现一连串现象，从而使他对人的心灵有重大发现。他解剖尸体时，注意到以前并没特别受人注意的种种情况。他发现一具死尸的心脏大得异乎寻常，同时发现一个心瓣被堵住，血液不能充足流到肺里去。那心脏是为了应付这种缺陷而变大的吗？

一具死尸里有病的一个肾已经割掉，他发现剩下的那个肾也比寻常的大得多。他又发现如果一叶肺因为有病而萎缩，另一叶肺就可能变得更有力量。这些健全器官岂不正是想弥补不健全器官所失去的功能吗？骨头断了，会长出厚骨痂，为的是使骨头比以前更结实吗？这些现象一再出现，仿佛人体自有其规律：为了自保，本能地以强补弱。

艾德勒进一步研究下去，开始到各美术学校去检验学生

的视力。结果发现学生7/10以上视力都很差，只不过程度不同罢了。视力既然不好，这些学生为什么还偏要读必须用眼的专业呢？他发现这些学生从小就感觉到视力欠佳，因此特别努力，要使自己比别人看得更清楚、更敏锐。他们训练自己的观察能力，培养用眼睛看的乐趣，结果对视觉世界的兴趣比普通人更大。

艾德勒又去研究大画家的生平，发现其中许多人的眼睛都有缺陷。眼睛不好而偏要做画家的人为何这么多呢？难道也是受他在解剖尸体时发现的那条补偿缺陷规律的驱使吗？

他又去研究盲人，证实盲人的听觉、触觉和嗅觉都特别灵敏。贝多芬是令人惊奇的例子，他的听觉从小就有机能性的缺陷，28岁时已经聋得很厉害。4年之后，如果不借助耳筒，他连整个乐队的声音都听不清楚。就在那年，他写出了美妙的《第二交响曲》。耳朵全聋之后，贝多芬又写出了更优美的《英雄交响曲》《月光奏鸣曲》《第五交响曲》，以及不朽的《第九交响曲》。

他渐渐发现，这好像是一种定律，仿佛人往往因为早期的弱点而获得他们奋力以求的成就。人仿佛必须有个栏才会跳过去，栏越高，跳得也越高。后来，艾德勒将自己的发现总结成著名的“跨栏定律”。

不可否认，每个人都存在着一定的缺憾，没有一个人堪称全能。然而，我们不必为缺陷自卑或自弃，只要我们敢于正视，承认缺陷的存在，努力加以克服，就一定能得到意外的收获。“跨栏定律”给我们的启示也在于此。相信上帝在关上一扇门的同时也会打开一扇窗户，多一点坚韧，你会找到成功销售的突破点。

360法则：管好客户档案

销售心理学一点通：拥有越多客户的购买记录，也就越容易创造和客户合作的机会，进而为客户提供满意的服务。

推销员记录客户信息的最终目的是建立自己的客户档案，这样即使时间紧迫，只要抽出点时间浏览一下客户档案，就能立刻对客户的信息了如指掌。

在这方面，乔·吉拉德是个典范。

乔·吉拉德说："你要记下有关客户和潜在客户的所有资料——他们的姓名、地址、联系电话，他们的孩子、嗜好、学历、职务、成就、旅行过的地方、年龄、文化背景及其他任何与他们有关的事情。这些都是有用的推销情报。

"所有这些资料都可以帮助你接近客户，使你能够有效地跟客户讨论问题。谈论他们感兴趣的话题，有了这些材料，你就会知道他们喜欢什么、不喜欢什么，你可以让他们高谈阔论、兴高采烈、手舞足蹈……只要你有办法使客户心情舒畅，他们就不会让你失望。"

当然，建立客户档案不仅要随手记录下来，还必须及时进行档案整理。

刚开始工作时，吉拉德把收集到的客户资料写在纸上，塞进抽屉里。后来，有几次因为缺乏整理而忘记追踪某一位准客户，他开始意识到自己动手整理客户档案的重要性。他去文具店买了日记本和一个小小的卡片档案夹，把原来写在纸片上的资料全部做成记录，建立起了他的客户档案。

即使对于已经成交的客户，这些档案记录也能发挥作用。通过对这些客户购买记录的详细分析，可以把握客户的深层购买趋势，从而便于进行更持久的销售。其实，这种档案管理与分析的方法不仅仅是推销员的特例，也是诸多商家采取的一种策略。

号称"经营之神"的王永庆最初开了一家米店，他把到店买米的客户家米缸的大小、家庭人口和人均消费数量记录在心。估摸着客户家里的米缸快没米时，不等客户购买，王永庆就亲自将米送上门，因此深得客户的好评和信任。这种经营方法和精神使王永庆的事业蒸蒸日上。

王永庆之所以能够做到这些，是因为他通过对客户购买记录的分析，在心里已经为各个客户做了一个详细的销售计划，这一计划一旦开展起来，那么销售的就不只是产品了，而是一种服务。

在这一方面，华登书店做得非常好。他们充分利用客户购买记录来进行多种合作性推销，取得了显著效果。最简单的方法是按照客户兴趣，寄发最新的相关书籍的书目。

华登书店把书目按类别寄给曾经购买相关书籍的客户，旨在鼓励客户大量购买。除了鼓励购买之外，这也是一项目标明确、精心设计的合作性推销活动——引导客户利用本身提供给书店的资讯，满足其个人需要，找到自己感兴趣的书。活动成功的关键在于邀请个别客户积极参与，告诉书店自己感兴趣和最近开始感兴趣的图书类别。

华登书店还向会员收取小额的年费，并提供更多的服务，大部分客户也都认为花这点钱成为会员是十分值得的。客户为什么愿意加入呢？基本上，交费加入“爱书人俱乐部”，就表示同意书店帮助自己买更多的书，但客户并不会将之视为敌对性的推销，而是合作性的推销。

通过对客户购买记录的分析，华登书店适时开发了新的营销模式，把推销变成为客户提供更全面的服务，从而加大了客户的购买力度，增加了销售量。

而对于推销员来说，如果要以明确的方式与个别客户合作，最重要的是要取得客户的回馈，以及有关客户个人需求的一切资料。一般来说，拥有越多客户的购买记录，也就越容易创造和客户合作的机会，进而为客户提供满意的服务。

因果定律：比别人多做一些

销售心理学一点通：在销售中，多份热忱，多份付出，你才会有额外的收获。

因果定律的含义为：今天的结果是昨天造成的，今天又为明天种下了因。这个法则是如此深奥且具影响力，以致世人往往称之为人类命运的“铁律”。它几乎可以解释所有发生在你身上的事情。

正如同“物有本末，事有始终”“种瓜得瓜，种豆得豆”的道理一样，该定律告诉我们：人这一世的生命发展，可以由不同的努力（不同的因），而得到不同的发展（不同的果）。所谓“事在人为”“人定胜天”，也是因果定律的另一种说法。

如果你在任何一个领域里种下同样的因，你终究会得到和别人同样的果。这并不是奇迹，不是要靠好运，也不是由“天时地利”所决定的。

如果你觉得生活沉闷，就应该检查一下自己付出了多少。总有人说：“我天天早睡早起，经常做运动，不断充实自己，培养人际关系，并且尽心尽力地工作，然而生活中却没有一件好事。”生活是一个因果循环系统。如果生活中一点好事都没有，那就是你的错了。只要你了解你的现状是自己一手造成

的，你就不再会觉得自己是受害者。

面对别人的遭遇，我们可能会问："这还有天理吗？"同事升职了，我们也许会愤愤不平地质问："他凭什么升职？"隔壁夫妇庆祝结婚40周年，我们会说："他们感情怎么那么好？"其实在因果定律之下，每个人都是平等的。

在你的销售职业生涯中，因果定律告诉你：如果你要成为某一行业中最成功、收入最高的人，你就要去发现其他高收入、高成就的人所做的事情，并且学着去做。如果你能够做得和他们一样好，你最后也会得到同样的结果。

爱默生曾说过，因与果、手段与目的、种子与果实是不可分割的。因为果早就酝酿在因中，目的存在于手段之前，果实则包含在种子中。

爱默生在他的随笔《论报酬》中写道，每一个人会因他的付出而获得报酬。这项法则叫作“报酬法则”，也可以被称作“耕耘收获法则”。这表示不管你耕耘的种类与多寡，你永远会因付出与努力而获得报酬。

博恩·崔西认为，报酬法则的含义是：以长期来看，你的报酬绝对不会超过你的付出，你今天的收入就是过去努力的报酬。假如你要增加报酬，就要增加你的价值贡献量。

你的心态、快乐与满足感，是耕耘心态的结果。假如你将许多思想、远景、成功的意念、快乐和乐观放进心里，就会在日常活动中得到积极肯定的经验。

你生活中的主要责任就是要把因果法则（及其必然结果）紧密地应用在自己及行动上面，不管别人是否在看，你都要坚信这个法则必定有效。你的工作就是播种你期待欢乐生活的种子。如果你这么做，必定会获得并享受你的收获。

阿穆尔饲料厂的厂长麦克道尔之所以能够由一个速记员一步一步往上升，就是因为他能做别人并未希望他做到的工作。他最初是在一个懒惰的书记手下做事，那书记总是把事情推给下面的职员去做。他觉得麦克道尔是一个可以任意指派的人，有一次，阿穆尔先生叫他编一本前往欧洲时需要的密码电报书，那个书记的懒惰使麦克道尔有了做事的机会。

麦克道尔做这个工作时，并不是随意简单地编几张纸片，而是把它们编成了一本小小的书，并且用打字机清楚地打出来，然后再装订得好好的。做好之后，那个书记便把电报本交给阿穆尔先生。

“这大概不是你做的吧？”阿穆尔先生问。

“不……是……”那书记不安地回答道。

“是谁做的呢？”

“我的速记员麦克道尔做的。”

“你叫他到我这里来。”

麦克道尔来到办公室，阿穆尔说：“小伙子，你怎么会想到把我的电码做成这个样子的呢？”

“我想这样你用起来会方便些。”

“你什么时候做的呢？”

“我是晚上在家里做的。”

“啊，我很喜欢它。”

过了几天之后，麦克道尔便坐在前面办公室的一张写字台前；再过一些时候，他便顶替了以前那个书记。

你要比你所能做的还要多做一点，把这种额外的工作作为一种刺激，尽力做你所能做的。这样做你更有一种满足的感觉，即使你还没有得到回报。

在销售中，多份热忱，多份付出，你才会有额外的收获。

两个报童

某一个地区，有两个报童在卖同一报纸，二人是竞争对手。

第一个报童很勤奋，每天沿街叫卖，嗓门也响亮，可每天卖出的报纸并不是很多，而且还有减少的趋势。

第二个报童肯用脑子，除去沿街叫卖外，他还每天坚持去一些固定场合，去了之后就给大家分发报纸，过一会儿再来收钱。地方越跑越熟，卖出去的报纸也就越来越多，当然也有些损耗，但很小。渐渐地，第二个报童的报纸卖得更多，第一个报童能卖出去的更少了，不得不另谋生路。

为什么会这样呢？第二个报童的做法大有深意。

第一，在一个固定地区，对同一报纸，读者是有限的。买了我的，就不会买他的，我先把报纸发出去，这些拿到报纸的人肯定不会再去买别人的报纸。等于我先占领了市场，我占领得越多，他人的市场就越少。这对竞争对手的利润和信心都构成打击。

第二，报纸不像别的消费品，有复杂的决策过程，随机性购买多，一般不会因质量问题而退货。而且钱数不多，大家也不会不给钱，今天没零钱，明天也会一块给，不会为难小孩子。

第三，即使有些人看了报，退报不给钱，也没什么关系。一则总会积压些报纸，二则他已经看了报，肯定不会去买别人的报纸，还是自己的潜在客户。

营销智慧：聪明的营销员不但要努力做到与客户保持长期合作的伙伴关系，还要善于打破竞争对手与客户之间的合作关系——一种平衡状态，进而牢固自己与客户之间的关系。

兄弟两人的命运

福建某贫穷的乡村里，住了兄弟两人。他们忍受不了穷困的环境，便决定离开家乡，到海外去谋发展。大哥到了富庶的旧金山，弟弟到了菲律宾。

30年后，兄弟俩又幸运地聚在一起，今日的他们，已今非昔比了。做哥哥的，当了旧金山的侨领，拥有两间餐馆、两间洗衣店和一间杂货铺，而且子孙满堂，个个都很有出息。

弟弟呢？居然成了一位银行家，拥有东南亚相当数量的山林、橡胶园和银行。经过几十年的努力，他们都成功了。但为什么兄弟两人在事业上的成就，却有这样的差别呢？

兄弟聚头，不免谈谈分别以来的遭遇。哥哥说，我到了美国，没有什么特别的才干，唯有用一双手来打拼。总之，白人不肯做的工作，我统统顶上了，生活是没有问题的，事业却不敢奢望了。

看见弟弟这般成功，哥哥不免羡慕弟弟的幸运。弟弟却说，运气是不存在的，初到菲律宾的时候，他做些低贱的工作，但发现有些当地人比较懒惰，于是便顶下他们放弃的事业，慢慢地不断收购和扩张，生意便逐渐做大了。

营销智慧：心态决定人的成败，积极的心态导致积极的思维和行为，而积极的思维和行为则有助于实现你的梦想。

把斧头卖给总统

2001年5月20日，美国一位名叫乔治·赫伯特的推销员，成功地把一把斧子推销给了小布什总统。布鲁金斯学会得知这一消息后，把刻有“最伟大的推销员”的一只金靴子颁发给了他。这是自1975年该学会的一名学员成功地把一台微型录音机卖给尼克松总统以来，又一名学员获此殊荣。

布鲁金斯学会创建于1972年，以培养世界上最杰出的推销员而著称于世。它有一个传统，在每期学员毕业时，设计一道最能检验推销员能力的实习题，让学生去完成。克林顿当政期间，它出了这么一道题目：请把一条三角裤推销给现任总统。8年间，有无数个学员为此绞尽脑汁，最后都无功而返。克林顿卸任后，布鲁金斯学会把题目换成：请把一把斧子推销给小布什总统。

鉴于前8年的失败与教训，许多学员知难而退。个别学员甚至认为，这道毕业实习题会和克林顿当政期间一样毫无结果，因为当今总统什么都不缺，即使缺，也用不着他亲自购买；退一步说，即使他亲自购买，也不一定正赶上你去推销的时候。

然而，乔治·赫伯特却做到了，并且没有花多少功夫。一位记者采访他时，他是这样说的："我认为，把一把斧子推销给小布什总统是完全可能的。因为，小布什总统在得克萨斯州有一个农场，那里种着许多树。于是我给他写了一封信，说：‘有一次，我有幸参观您的农场，发现那里种着许多矢菊树，有些已经死掉，木质已变得松软。我想，您一定需要一把小斧头，但是从您现在的体质来看，小斧头显然太轻，因此您仍然需要一把不甚锋利的老斧头。现在我这儿正好有一把这样的斧头，它是我祖父留给我的，很适合砍伐枯树。假若您有兴趣的话，请按这封信所留的地址，给予回复。’最后他就给我汇来了15美元。”

乔治·赫伯特成功后，布鲁金斯学会在表彰他的时候说，金靴子奖已空置了26年。26年间，布鲁金斯学会培养了数以万计的推销员，造就了数以百计的百万富翁。这只金靴子之所以没有授予他们，是因为我们一直想寻找这么一个人：这个人从不因有人说某一目标不能实现而放弃，从不因某件事情难以办到而失去自信。

营销智慧：不是因为有些事情难以做到，我们才失去自信；而是因为我们失去了自信，有些事情才显得难以做到。

斯通定律：态度决定结果

销售心理学一点通：很多轻易放弃的人，也许也有很强的成功欲望，有很强的工作能力，但是由于他们没有足够的恒心，导致成功并没有青睐他们。

一切取决于销售人员的态度，而不是客户。这一定律是由美国“保险怪才”斯通提出的，意思是对于同样一件事，用不同的态度去对待，就会有不同的结果。

“态度决定一切”是在美国西点军校广为流传的一句名言。这句名言告诉我们没有什么事情是做不好的，关键要看做事的态度。想成为一名优秀的销售人员，就要切记：一切归结为态度，你付出了多少，你采取什么样的态度，就会得到什么样的结果。

著名的推销商比尔·波特在刚刚从事推销业时，屡受挫折，但他硬是一家一家走下去，终于找到了第一个买家，成了一名走街串巷的英雄。如今的他，成了怀特金斯公司的招牌。比尔·波特说：“决定你在生活中要做的事情，要看到积极的一面，没有实现它之前要永远地勤奋下去。”

1932年，比尔出生时因难产导致大脑患上了神经系统瘫痪，这影响了比尔说话、行走和对肢体的控制。专家们说他永远不能工作。

比尔受到妈妈的鼓励，开始从事推销员的工作。他从来没有将自己看作是残疾人。开始时，好几家公司都拒绝了他，但比尔坚持下来，发誓一定要找到工作，最后怀特金斯公司很不情愿地接受了他。

1959年，比尔第一次上门推销，反复犹豫了四次，才最终鼓足勇气按响了门铃，开门的人对比尔推销的产品并不感兴趣。接着第二家、第三家。比尔的生活习惯让他始终把注意力放在寻求更强大的生存技巧上，所以即使顾客对产品不感兴趣，他也不感觉灰心丧气，而是一遍一遍地去敲开其他人的家门，直到找到对产品感兴趣的顾客。

38年来，他每天几乎重复着同样的路线，去从事推销工作。不论刮风还是下雨，他都背着沉重的样品包，四处奔波。比尔几乎敲遍了这个地区的所有家门。当他做成一笔交易时，顾客会帮助他填写好订单，因为比尔的手几乎拿不住笔。

每天出门14个小时后，比尔会精疲力尽地回到家中，此时关节疼痛，而且偏头痛还时常折磨着他。每隔几个星期，他就打印出订货顾客的清单，因为他只有一个手指能用，这项简单的工作要用去他10个小时的时间。深夜，他通常将闹钟定在4点45分，以便早点起床开始明天的工作。

一年年过去了，比尔负责的地区的家门越来越多地被他打开，他的销售额渐渐地增加了。24年过去了，他上百万次地敲开了一扇又一扇的门，最终他成了怀特金斯公司在西部地区销售额最高的推销员，成为推销技巧最好的推销员。

怀特金斯公司对比尔的勇气和杰出的业绩进行了表彰，他第一个得到了公司主席颁发的杰出贡献奖。在颁奖仪式上，怀特金斯公司的总经理告诉他的雇员们："比尔告诉我们：一个有目标的人，只要全身心地投入追求目标的努力中，坚持不懈地勤奋工作，那么工作中就没有事情是不可能做到的。"

世上无难事，只怕有心人。古语早就教导我们，做任何事情都必须下定决心，不怕苦不怕累，只要认真地去做了，人生就会无憾，也相对会得到一个好的结果。

成败往往在一念之间。一个人能否成功，就要看他对待事业的态度。成功者与失败者之间的区别就是：成功者始终用最积极的行动、最乐观的精神和最丰富的经验支配和控制自己的人生；而失败者则刚好相反，他们的人生是受过去的种种失败与疑虑所引导和支配的。

销售人员要懂得“将心比心，以情换情”，要认识到真诚的态度胜过一切。要获得客户的认同与信任，就要与他们真诚交流，耐心听取他们的意见、需求和顾虑。只有在理解了客户的需求之后，销售人员才能担当好客户的顾问，才能把产品成功销售给客户。

价值永恒

“我永远也不会忘记那次在讨论会上听到的演讲。”一位经济学家说道。

那还是经济学家上学的时候，学校组织学生去礼堂听演讲，对于这样的活动已经没有人感到新鲜了，每天礼堂都在上演这样无聊的闹剧。但这一次听说是一位著名的演说家，所以大家都很捧场地来了。演讲开始了，他并没有像其他人那样用让人厌烦的话来折磨大家的耐心，而是在手里高举着一张20美元的钞票。

对于他的举止，大家都感到很奇怪，这好像和今天演讲的主题没有多大关系。

他问道：“有谁想要这20美元？”下面立刻举起了200多只手，而且很整齐，大家几乎是毫不犹豫地就把自己的手举起来了。

他笑了，把手中的钞票揉成一团，然后问：“还有人要吗？”200多只手依然整齐地举了起来。

他把钞票扔到地上，用脚在上面踩了好半天，那张20美元的钞票已经又脏又破了。他又问：“现在还有人要吗？”这次举起来的手少了一些，但还是有很多人举起了手。

“看来，朋友们，无论我如何对待这张钞票，你们还是想要它，因为它并没有贬值，它依旧值20美元。今天，我想用这个实验告诉你们一些东西，这些东西是看不见、摸不着的，但是它的价值是永恒的，你们要深信这一点！”

演说家继续说道：“前进的道路从来就不是一帆风顺的，

当我们面对挫折的时候，都会感觉自己一文不值。但是你们要知道：无论发生了什么，或者将要发生什么，在上帝的眼中，你们的价值是永恒的。每个人都是独特的个体，在上帝的眼中，每个人都是无价之宝。”

营销智慧：无论你的处境如何改变，你的自身价值都丝毫未变。一张小小的钞票并不因它的脏破而贬值，而你呢？是否在一次次营销失败之后而怀疑过自己呢？

不一样的薪水

两个同龄的年轻人同时受雇于一家店铺，并且拿同样的薪水。

可是一段时间后，叫阿诺德的那个小伙子青云直上，而那个叫布鲁诺的小伙子却仍在原地踏步。布鲁诺很不满意老板的不公正待遇，终于有一天他到老板那儿发牢骚了。老板一边耐心地听着他的抱怨，一边在心里盘算着怎样向他解释清楚他和阿诺德之间的差别。

“布鲁诺先生，”老板开口说话了，“您现在到集市上去一下，看看今天早上有什么卖的。”

布鲁诺从集市上回来后向老板汇报说，今早集市上只有一个农民拉了一车土豆在卖。

“有多少？”老板问。

布鲁诺赶快戴上帽子又跑到集市上，然后回来告诉老板一共40袋土豆。

“价格是多少？”

布鲁诺又第三次跑到集市上问来了价格。

“好吧，”老板对他说，“现在请您坐到这把椅子上一句话也不要说，看看别人会怎么说。”

阿诺德很快就从集市上回来了，向老板汇报说到现在为止只有一个农民在卖土豆，一共40袋，价格是多少多少；土豆质量很不错，他带回来一个让老板看看。这个农民一个钟头以后还会弄来几箱西红柿，据他看价格非常公道。昨天他们铺子的西红柿卖得很快，库存已经不多了。他想这么便宜的西红柿老板肯定会要进一些的，所以他不仅带回了一个西红柿做样品，而且把那个农民也带来了，他现在正在外面等回话呢。

此时老板转向了布鲁诺，说：“现在您肯定知道为什么阿诺德的薪水比您高了吧？”

营销智慧：“付出多少，收获多少！”然而付出与收获有时却不成正比，原因就是在你付出行动时是否动了脑子，不动脑子所做出的行为只会是无用功，当然收获不多。

假“竞争”

在美国费城西部，有两个敌对的商店，一个叫纽约贸易商店，一个叫美洲贸易商店。两个商店是隔壁邻居，店老板却是死对头，他们之间经常展开价格竞争。

当纽约贸易商店的窗口上挂出：“出售爱尔兰亚麻被单，该被单质量上乘，完美无缺，价格低廉，每床价格6.5美元。”

美洲贸易商店的窗口就会出现：“人们应擦亮眼睛，本店床单世界一流，定价5.9美元。”

此外，两店老板还经常走出商店，相互咒骂，甚至大打出手。最终他们中间有一个人会从竞争中退出来，宣称另一个店老板是疯子，在他那里买东西的人都是疯子。

于是人们便纷纷跑到竞争获胜的商店买完所有的床单。在这一带，由于他们的不断竞争，人们买到了各种自认为物美价廉的商品。

说起来也十分有趣。有一天，他们中间的一位老板去世了。而几天以后，另一位老板开始停业清仓大甩卖，然后搬了家，人们再也没看见他。这是为什么呢？房子的新主人进行大清理时发现了其中的秘密，原来两位老板的住房有一条暗道。后来经过进一步核查，才知道这两位老板竟是亲兄弟。

原来所有的咒骂、恐吓和人身攻击都是在演戏。所有的价格竞争都是骗人的，谁获得胜利，谁就把两人的商品一起卖出去。

营销智慧：竞争能够刺激需求，即使有时实施一些技巧性的策略来制造一点竞争，也远比回避竞争要收获得更多。

把垃圾换成财富

一对犹太父子在美国休斯敦做铜器生意。一天，父亲问儿子一磅铜的价格是多少，儿子说是35美分。父亲说：“对！整个得克萨斯州都知道每磅铜的价格是35美分，但作为犹太人，你应该说是35美元。你试着把一磅铜做成门把看看。”

20年后，父亲死了，儿子独自经营铜器店。他做过铜鼓，做过瑞士钟表上的簧片，做过奥运会的奖牌，甚至曾把一磅铜卖到3500美元的天价。后来他成了麦考尔公司的董事长。

然而，真正使他扬名的，是纽约州的一堆垃圾。

1974年，美国政府为清理给自由女神像翻新扔下的废料向社会广泛招标，但好几个月过去了，仍没人应标。正在法国旅行的他听说后，立即飞往纽约，看过自由女神像下堆积如山的铜块、螺丝和木料，未提任何条件，当即就签了字。

很多同行对他的举动暗自发笑，认为他的行动是愚蠢的。因为在纽约州，垃圾处理有严格规定，弄不好会受到环保组织的起诉。就在一些人准备看这个得克萨斯人的笑话时，他开始组织工人对废料进行分类。他让人把废铜熔化，铸成小自由女神像；他把木头等加工成底座，把废铅、废铝做成纽约广场的钥匙；最后，甚至是自由女神像上的灰尘都被扫下来，包装起来卖给花店。不到3个月的时间，他把这堆废料变成了350万美元现金，每磅铜的价格整整翻了1万倍。

营销智慧： 机会一直都在你的手中，而你往往在不经意间把它放飞，不要等到他人抓住它时才后悔。

沟通伊始，恰当地称呼他人很重要

做足功课，提前摊牌

winshare文轩

四川人民出版社

判断顾客的性格类型、洞察顾客的心理需求、突破顾客的心理防线、解除顾客的心理包袱、赢得顾客的心理认同……

掌握销售心理学，
使顾客快速做出购买决定。

销售的成功与销售员对人心的把握有着密不可分的联系。

——世界权威销售培训师博恩·崔

上架推荐：心理学

ISBN 978-7-220-11632-2

定价：78.00元